Nichtigkeits- und Anfechtungsgründe bei GmbH-Beschlüssen

Europäische Hochschulschriften

European University Studies

Publications Universitaires Européennes

Reihe II	**Rechtswissenschaft**
Series II	Law
Série II	Droit

Band/Volume **5856**

Bettina Buddenberg

Nichtigkeits- und Anfechtungsgründe bei GmbH-Beschlüssen

PL ACADEMIC RESEARCH

Bibliografische Information der Deutschen Nationalbibliothek
Die Deutsche Nationalbibliothek verzeichnet diese Publikation in der Deutschen Nationalbibliografie; detaillierte bibliografische Daten sind im Internet über http://dnb.d-nb.de abrufbar.

Zugl.: Marburg, Univ., Diss., 2015

D 4
ISSN 0531-7312
ISBN 978-3-631-67404-8 (Print)
E-ISBN 978-3-653-06737-8 (E-Book)
DOI 10.3726/978-3-653-06737-8

PL Academic Research ist ein Imprint der Peter Lang GmbH.
Peter Lang – Frankfurt am Main · Bern · Bruxelles · New York · Oxford · Warszawa · Wien

Diese Publikation wurde begutachtet.

www.peterlang.com

Vorwort

Die vorliegende Arbeit wurde im Wintersemester 2015/2016 vom Fachbereich Rechtswissenschaften der Philipps-Universität Marburg als Dissertation angenommen. Rechtsprechung und Literatur konnten für die Druckfassung bis Dezember 2015 berücksichtigt werden.

Mein besonderer Dank gilt meinem Doktorvater, Herrn Prof. Dr. Johannes Wertenbruch, der die Anregung zu diesem Thema gab und mich während meiner gesamten Promotionszeit sehr gut betreut hat. Für die ausgesprochen zügige Erstellung des Zweitgutachtens danke ich Herrn Prof. Dr. Michael Kling. Besonders herzlich danke ich meinen Eltern und meinem Ehemann, die mich während der gesamten Promotionszeit unterstützt haben.

Frankfurt am Main, im März 2016 *Bettina Buddenberg*

Inhaltsverzeichnis

Abkürzungsverzeichnis

a.A.	andere Ansicht
Abs.	Absatz
AcP	Archiv für die civilistische Praxis
AG	Aktiengesellschaft
AktG	Aktiengesetz
AktR	Aktienrecht
Alt.	Alternative
a. M.	andere Meinung
Anh.	Anhang
Aufl.	Auflage
BB	Betriebsberater
BetrVG	Betriebsverfassungsgesetz
BGB	Bürgerliches Gesetzbuch
BGH	Bundesgerichtshof
BGHZ	Entscheidungen des Bundesgerichtshofs in Zivilsachen
BiRiLiG	Bilanzrichtliniengesetz
bzw.	beziehungsweise
DB	Der Betrieb (Zeitschrift)
DCGK	Deutscher Corporate Governance – Kodex
ders.	derselbe
d.h.	dass heißt
DIS	Deutsche Institution für Schiedsgerichtsbarkeit
DStR	Deutsches Steuerrecht (Zeitschrift)
ERGeS	Ergänzende Regeln für gesellschaftsrechtliche Streitigkeiten
EWiR	Entscheidungen zum Wirtschaftsrecht (Zeitschrift)
f., ff.	folgend(e)
FamFG	Gesetz über das Verfahren in Familiensachen und in den Angelegenheiten der freiwilligen Gerichtsbarkeit
Fn.	Fußnote
FS	Festschrift
GbR	Gesellschaft bürgerlichen Rechts
GmbH	Gesellschaft mit beschränkter Haftung
GmbHG	Gesetz betreffend die Gesellschaft mit beschränkter Haftung
GmbHR	Die GmbH – Rundschau (Zeitschrift)
HGB	Handelsgesetzbuch
h. M.	herrschende Meinung
i.d.R.	in der Regel

i.S.v.	im Sinne von
i.V.m.	in Verbindung mit
JA	Juristische Arbeitsblätter (Zeitschrift)
JR	Juristische Rundschau
Jura	Juristische Ausbildung (Zeitschrift)
JuS	Juristische Schulung (Zeitschrift)
JZ	Juristenzeitung (Zeitschrift)
Kap.	Kapitel
LG	Landgericht (mit Ortsnamen)
Lit.	Literatur
MOMIG	Gesetz zur Modernisierung des GmbH-Rechts und zur Bekämpfung von Missbräuchen
NJW	Neue Juristische Wochenschrift (Zeitschrift)
Nr.	Nummer
NZG	Neue Zeitschrift für Gesellschaftsrecht
OLG	Oberlandesgericht (mit Ortsnamen)
Rn.	Randnummer
RG	Reichsgericht
RGZ	Entscheidungen des Reichsgerichts in Zivilsachen
S.	Seite
s. o.	siehe oben
u. a.	unter anderem
UG	Unternehmergesellschaft
vgl.	vergleiche
WiB	Zeitschrift für wirtschaftsrechtliche Beratung
z. B.	zum Beispiel
ZHR	Zeitschrift für das gesamte Handels- und Gesellschaftsrecht
ZGR	Zeitschrift für Unternehmens- und Gesellschaftsrecht
Ziff.	Ziffer
ZIP	Zeitschrift für Wirtschaftsrecht
ZPO	Zivilprozessordnung

1. Kapitel: Einleitung und Fragestellung

Das Beschlussmängelrecht der GmbH lässt sich nicht auf eine Regelung im GmbHG stützen. Bereits bei der Einführung des GmbHG im Jahr 1892 unterließ der Gesetzgeber die Aufnahme konkreter Bestimmungen in Bezug auf das Beschlussmängelrecht in der GmbH.[1] Aus diesem Grund bedurfte es von jeher einer Einschaltung der Rechtsprechung.[2] Einig war man sich in der Rechtsprechung bereits frühzeitig dahingehend, dass bei fehlerhaften Gesellschafterbeschlüssen keine uneingeschränkte Anwendbarkeit der allgemeinen Vorschriften möglich sein dürfe, da dies zur Konsequenz hätte, dass eine Unterscheidung zwischen Nichtigkeits- und Anfechtbarkeitsgründen unterbleiben müsse und Beschlussmängel ausschließlich zur Nichtigkeit des Beschlusses führen würden.[3] Ein solcher Umgang mit Beschlussmängeln könne weder den Interessen der Gesellschaft, noch denen der Gesellschafter gerecht werden.[4] Das Recht eines GmbH-Gesellschafters, sich gegen gesetzes- und satzungswidrige Beschlüsse zur Wehr zu setzen, wurde von Beginn an von Seiten der Rechtsprechung anerkannt.[5] In daran anschließenden Entscheidungen wurde die Tendenz in der Rechtsprechung deutlich, einer Anlehnung an das AktG den Vorzug geben zu wollen.[6] So sah das RG u. a. den Bedarf, Anfechtungsklage zu erheben, auch für die GmbH als gegeben an.[7] Der BGH schloss sich in seiner Rechtsprechung dem RG an und bestimmte, dass „Vorschriften des Aktienrechts sinngemäß angewendet werden könnten, soweit Besonderheiten der GmbH keine Abweichung notwendig machten."[8] Der BGH wich in seiner weiteren Rechtsprechung von diesem eingeschlagenen Weg nicht mehr ab.[9] Er bejaht nach wie vor eine entsprechende Anwendung aktienrechtlicher Anfechtungsvorschriften.[10] So sind denn auch vom Versammlungsleiter festgestellte Beschlüsse zunächst verbindlich und ihnen anhaftende Anfechtbarkeitsmängel können ausschließlich mittels Anfechtungsklage geltend gemacht werden.[11] Die h. A. in der Literatur pflichtet dem BGH in seiner

1 Michalski/*Römermann*, Anh. § 47 Rn. 1 ff.; Bork/Schäfer/*Casper*, § 47 Rn. 61.
2 Michalski/*Römermann*, Anh. § 47 Rn. 1 ff.
3 RGZ 49, 141 (145); RGZ 64, 14 (14); RGZ 80, 330 (335).
4 RGZ 49, 141 (145); RGZ 64, 14 (14); RGZ 80, 330 (335).
5 RGZ 49, 141 (145); RGZ 64, 14 (14); RGZ 80, 330 (335).
6 RGZ 85, 311 (313); RGZ 89, 367 (379); RGZ 131, 141 (144 f.); BGHZ 11, 231 (235); BGHZ 14, 25 (30); BGHZ 101, 113 (116 ff.); BGHZ 104, 66 (68); BGHZ 108, 21 (23).
7 RGZ 85, 311 (313); RGZ 89, 367 (379); RGZ 131, 141 (144 f.).
8 BGHZ 11, 231 (235).
9 BGHZ 14, 25 (30); BGHZ 101, 113 (116 ff.); BGHZ 104, 66 (68); BGHZ 108, 21 (23).
10 BGHZ 97, 28 (31); BGHZ 88, 320 (320 ff.).
11 BGHZ 97, 28 (31); BGHZ 88, 320 (320 ff.).

Rechtsprechungs-Praxis bei.[12] In jüngster Zeit wurden jedoch auch kritische Stimmen laut.[13] So wird vertreten, Nichtigkeits- und Anfechtungsklage seien ein allgemeines Institut des Verbandrechts und dementsprechend hätte eine Ausdehnung auf Personengesellschaften und Vereine zu erfolgen.[14] Andere kritisieren u. a. den Ausschluss aller anderen Rechtsbehelfe bei der GmbH.[15] In diesem Bereich seien die Voraussetzungen für eine analoge Anwendung aktienrechtlicher Vorschriften nicht gegeben. Es bestehe mithin vor allem keine vergleichbare Interessenlage bei AG und GmbH.[16] So muss sich die bislang h. M. neuerdings mit Kritik auseinandersetzen.

In Ermangelung jedweder gesetzlicher Regelung im Bereich des Beschlussmängelrechts der GmbH kommt der hier behandelten Thematik also eine besondere Bedeutung im Rahmen des Gesellschaftsrechts zu. So überrascht es nicht, dass das Beschlussmängelrecht der GmbH in der Diskussion steht. Einerseits erscheint es nahe liegend, aufgrund der augenscheinlich kapitalistischen Struktur der GmbH die aktienrechtlichen Vorschriften entsprechend heranzuziehen, andererseits können auch gewisse Parallelen der GmbH zu den Personengesellschaften nicht bestritten werden. Die GmbH ist als Gesellschaftsform also strukturell zwischen AG und Personengesellschaft angesiedelt.[17] Dieser Umstand wirft einige Fragen auf. So bereitet die rechtliche Einordnung des Beschlussmängelsystems der GmbH größere Schwierigkeiten. Ob eine Orientierung am Personengesellschaftsrecht zu erfolgen hat oder ob die aktienrechtlichen Bestimmungen heranzuziehen sind, ist im Detail entscheidend für die Frage, wann ein Beschluss als fehlerhaft einzustufen ist. Daran schließen sich Überlegungen dahingehend an, welche Möglichkeiten den Gesellschaftern an die Hand zu geben sind, die Fehlerhaftigkeit von Beschlüssen geltend zu machen. Diese Arbeit soll der Aufklärung dieser Fragestellungen dienen. Es soll der Versuch unternommen werden, einen Beitrag zur Entscheidungsfindung im Rahmen der aktuellen Diskussion zu leisten.

---

12 Hachenburg/*Schilling/Zutt*, 7. Aufl., Rn. 2; Lutter/Hommelhoff/*Bayer*, Anh. § 47 Rn. 3; Rowedder/Schmidt-Leithoff/*Koppensteiner*, § 47 Rn. 71; Roth/Altmeppen/*Roth*, § 47 Rn. 136; MüKoGmbHG/ *Wertenbruch*, Anh. § 47 Rn. 171; Däubler, GmbHR 1968, S. 4 (4 ff.); Schröder, GmbHR 1994, S. 532 (532 ff.).

13 Baumbach/Hueck/*Fastrich/Haas/Noack/Zöllner*, Anh. § 47 Rn. 12ff.; Zöllner/Noack, ZGR 1989, 525 (525 f.); Joost, ZGR 1984, 71 (102f.); Casper, ZHR 163, S. 54 (54 ff.); Noack, S. 117 ff.; K. Schmidt, in: FS Stimpel, S. 217 (217 ff.); K. Schmidt, GesR, § 15 II 3 a).

14 Schmidt, in: FS Stimpel, S. 217 (217 ff.); K. Schmidt, GesR, § 15 II 3 a), S. 447 f.

15 Baumbach/Hueck/*Fastrich/Haas/Noack/Zöllner*, Anh. § 47 Rn. 12ff.; Zöllner/Noack, ZGR 1989, 525 (525 f.); Joost, ZGR 1984, 71 (102f.); Casper, ZHR 163, S. 54 (54 ff.); Noack, S. 117 ff.

16 Baumbach/Hueck/*Fastrich/Haas/Noack/Zöllner*, Anh. § 47 Rn. 12ff.; Zöllner/Noack, ZGR 1989, 525 (525 f.); Joost, ZGR 1984, 71 (102f.); Casper, ZHR 163, S. 54 (54 ff.); Noack, S. 117 ff.

17 Baumbach/Hueck/*Fastrich*, Einleitung Rn. 4.

Diese Untersuchung untergliedert sich in vier Teile. In einem ersten Schritt bedarf es für eine umfängliche Beurteilung der Thematik einer Grundlegung. So sollen zunächst die Struktur von GmbH und AG betrachtet sowie der Bedeutung von Stimmabgabe und Beschluss nachgegangen werden. Die Bestimmung der Rechtsnatur von Beschluss und Stimmabgabe ist wesentlich für eine spätere Einordung der einzelnen Fehlertatbestände sowie für deren Geltendmachung. Eine Kategorisierung des Beschlusses als Rechtsgeschäft führt zu einer Anwendbarkeit der das Rechtsgeschäft regelnden bürgerlich-rechtlichen Vorschriften und darauf aufbauender Spezialvorschriften.[18] Um schließlich eine Einordnung unter die verschiedenen Fehlertatbestände vornehmen zu können, ist es wichtig, sich mit den Teilhabe- und Partizipationsrechten des einzelnen Gesellschafters auseinanderzusetzen, vor allem mit dem Stimmrecht, welches sich als das herausragende Verwaltungsrecht des einzelnen Gesellschafters darstellt.[19] Insofern nimmt auch die Betrachtung von Stimmbindungen einen gewissen Stellenwert ein, da hierdurch die Freiheit zur Stimmrechtsausübung, als „das" Teilhaberecht, eine Einschränkung erfährt.[20] Allein im Rahmen von Stimmabgabe und Beschlussfassung kann also eine Reihe von Fehlern auftreten, die schließlich dazu führen, dass der Beschluss nichtig ist oder doch zumindest angreifbar wird.

An die Grundlegung schließt sich der Schwerpunkt dieser Untersuchung an. Dort werden die Nichtigkeits- und Anfechtungsgründe, die als solche einen Beschluss zu Fall bringen können, genau betrachtet. Zunächst erfolgt eine Auseinandersetzung mit der Fragestellung, ob die aktienrechtlichen Nichtigkeitsvorschriften auch bei Beschlüssen der GmbH zur Anwendung gelangen. Dies wird zumeist als fast schon selbstverständlich hingenommen,[21] lohnt aber einer eingehenden Betrachtung. Im Rahmen der Nichtigkeitsgründe werden zuallererst Verstöße gegen Einberufungsvorschriften i.S.v. § 241 Nr. 1 AktG beleuchtet. Vor allem die Einberufung durch Unbefugte ist von besonders praktischer Relevanz; denn Streitigkeiten über die wirksame Bestellung eines Geschäftsführers, welcher i.d.R. die Gesellschafterversammlung einberufen wird, sind nicht unüblich und das Bedürfnis nach Rechtsklarheit ist in diesem Bereich daher groß. Auch die Bestimmung des § 241 Nr. 3 AktG, welche bei wesentlichen Rechtsverstößen eingreift, bedarf aufgrund der Unbestimmtheit der darin enthaltenen Begriffe einer genauen Untersuchung. Es erfolgt

---

18 Baumbach/Hueck/*Zöllner*, § 47 Rn. 5; Bartl/*Fichtelmann*, § 47 Rn. 2; Baltzer, S. 171 ff.; K. Schmidt, S.436; Lindemann, S. 38.

19 Baumbach/Hueck/*Zöllner*, § 47 Rn. 32; MüKoGmbHG/*Drescher*, § 47 Rn. 68; Michalski/*Römermann*, § 47 Rn: 43.

20 Baumbach/Hueck/*Zöllner*, § 47 Rn. 110 ff.; Henssler/Strohn/*Hillmann*, § 47 Rn. 86 ff.; Roth/Altmeppen/*Roth*, § 47 Rn. 38 ff.; Michalski/*Römermann*, § 47 Rn. 492; Piehler, DStR 1992, S. 1654 (1654).

21 BGHZ 11, 231 (235); Baumbach/Hueck/*Fastrich/Haas/Noack/Zöllner*, Anh. § 47 Rn. 44; Lutter/Hommelhoff/*Bayer*, Anh. § 47 Rn. 9; Michalski/*Römermann*, Anh. § 47 Rn. 64 f.; Ulmer/Habersack/Löbbe/*Raiser*, Anh. § 47 Rn. 33; MüKoGmbHG/*Wertenbruch*, Anh. § 47 Rn. 1.

eine Auseinandersetzung mit dem Verhältnis der einzelnen Tatbestandsmerkmale des § 241 Nr. 3 AktG zueinander. So soll eine kritische Auseinandersetzung mit der von Einigen vertretenen Auffassung erfolgen, der Alternative „Unvereinbarkeit mit dem Wesen der AG" könne keine eigene Regelungskompetenz zugestanden werden.[22] Alsdann soll die Anwendbarkeit der „Wesensalternative" auf die GmbH mit Hilfe einer Hervorhebung der wichtigsten Strukturmerkmale der GmbH näher beleuchtet werden. Es folgen Ausführungen zu den Alternativen, Verletzung von gläubigerschützenden Vorschriften (§ 241 Nr. 3 Alt. 2) und Schutz des öffentliches Interesses (§ 241 Nr. 3 Alt. 3 AktG).

Fraglich ist des Weiteren, wann ein inhaltlicher Verstoß gegen die guten Sitten (§ 241 Nr. 4 AktG) in der GmbH gegeben sein kann. Auch hier wird über die richtige Auslegung der Vorschrift gestritten.[23] Vor allem in Diskussion steht die Frage der Reichweite des Nichtigkeitsgrundes „Sittenwidrigkeit". Darf nur auf den inneren Gehalt eines Beschlusses abgestellt werden oder kann es auch auf die Motive ankommen, die die Gesellschafter zur Beschlussfassung bewogen haben?[24] Hier fügt sich auch die aktuell in der Rechtsprechung zutage tretende Problematik der sogenannten Firmenbestattung ein. So hat sich die Rechtsprechung derzeit verstärkt mit der Frage der Unwirksamkeit von Beschlüssen im Rahmen einer Firmenbestattung, die die Bestellung bzw. Abberufung von Geschäftsführern zum Inhalt haben, zu beschäftigen.[25] Aber auch die Wahlen von Aufsichtsratsmitgliedern nach § 250 AktG oder die Feststellung des Jahresabschlusses nach § 256 AktG können oftmals wegen ihrer Fehleranfälligkeit die Nichtigkeit eines Beschlusses zur Folge haben.

Im Rahmen der Anfechtungsgründe bedarf es zunächst der Klärung, wann ein Beschluss als verbindlich anzusehen ist; denn an die Verbindlichkeitswirkung knüpft letztlich die Anfechtbarkeit eines Beschlusses an.[26] Die Anfechtungsgründe gliedern sich im Wesentlichen in formelle und materielle Anfechtungsgründe. So kommen als formelle Fehler solche bei der Vorbereitung sowie bei der Durchführung der Gesellschafterversammlung oder bei der Feststellung des Abstimmungsergebnisses in Betracht. Aber auch die Verletzung der Auskunftserteilungspflicht gegenüber den Gesellschaftern kann als formeller Fehler zur Anfechtbarkeit des

22 KölnKommAktG/*Zöllner*, § 241 Rn. 97; MünchHdbGesR IV/ *Semler*, § 41 Rn. 13; Roth/Altmeppen/*Roth*, § 47 Rn. 96; Casper, 207 ff.

23 Schmidt/Lutter/*Schwab*, § 241 Rn. 23; MüKoAktG/*Hüffer*, § 241 Rn. 68.

24 BGHZ 8, 348 (355); BGHZ 15, 382 (385); BGHZ 101, 113 (117); OLG München Urt v. 8.6.1994 – 7 U 4606/93; Schmidt/Lutter/*Schwab*, § 241 Rn. 23; Ulmer/Habersack/Löbbe/*Raiser*, Anh. § 47 Rn. 58; MüKoGmbHG/*Wertenbruch*, Anh. § 47 Rn. 61 ff.

25 AG Memmingen GmbHR 2004, S. 952; OLG Karlsruhe, Beschl. v. 19. 4. 2013 – 2 (7) Ss 89/12 – AK 63/12; OLG Zweibrücken, Beschluss v. 3.6.2013 – 3 W 87/12.

26 Hoffmann/Köster, GmbHR 2003, S. 1327 (1328); Raiser, in: FS Heinsius, S. 645 (647); Ulmer/Habersack/Löbbe/*Raiser*, Anh. § 47 Rn. 96 ff.; Zöllner/Noack, S. 525 (526 f.).

Beschlusses führen.[27] Als materielle Fehler kommen Verstöße gegen Vorschriften der Satzung oder gegen Bestimmungen des Gesetzes in Betracht (§ 243 AktG analog). So führt eine Satzungsdurchbrechung, sofern diese nicht dauerhaft ist, zur Anfechtbarkeit eines Beschlusses. Möglich sind in diesem Bereich insbesondere Verstöße gegen den Gesellschaftszweck, den Unternehmensgegenstand sowie Verstöße gegen Verschmelzungs- und Unternehmensverträge.[28] Soweit es Verletzungen gegen Bestimmungen des Gesetzes anbelangt, kommt dem Grundsatz auf Gleichbehandlung und der Treuepflicht besondere Bedeutung zu. Im Rahmen der Treuepflicht besteht vor allem erhebliches Konfliktpotential, soweit es die Verfolgung eigener Interessen anbetrifft.[29] Ferner ist die Rechtsprechung dazu übergegangen, Beschlüsse einer sog. materiellen Inhaltskontrolle auf Grundlage der gesellschafterlichen Treuepflicht zu unterwerfen. Beschlüsse werden dahingehend überprüft, ob sie „sachlich berechtigt" sind und nicht willkürlich beschlossen wurden.[30] Umstritten ist jedoch, ob diese Kontrolle nur auf bestimmte strukturändernde Beschlüsse anzuwenden ist.[31] Ebenfalls hervorzuheben sind Verstöße gegen Gesellschaftervereinbarungen. Es ist zu prüfen, welche Auswirkungen ein solcher Verstoß auf den Beschluss tatsächlich haben kann. Entscheidend ist in diesem Zusammenhang die Bestimmung der Rechtsnatur solcher Vereinbarungen. Sind sie als materieller Satzungsbestandteil anzusehen, so bedeutet eine Verletzung die Anfechtbarkeit des Beschlusses.[32] Fraglich ist, wie solche Vereinbarungen zu behandeln sind, wenn sie sich außerhalb des Satzungstextes befinden oder diese nur formeller Bestandteil der Satzung geworden sind. Es steht in Diskussion, ob Verstöße gegen schuldrechtliche Nebenabreden die Anfechtbarkeit eines Beschlusses begründen können.[33]

Im sich daran anschließenden Kapitel wird die Frage der Geltendmachung solcher Beschlussmängel behandelt. So ist es äußerst umstritten, ob Mängel des

---

27 BGHZ 86, 1 (3); Scholz/*Schmidt*, § 51 b Rn. 9; Baumbach/Hueck/*Fastrich/Haas/Noack/Zöllner*, Anh. § 47 Rn. 127; Ulmer/Habersack/Löbbe/*Raiser*, Anh. § 47 Rn. 116 ff.

28 BGHZ 123, 15 (19); Ulmer/Habersack/Löbbe/*Raiser*, Anh, § 47 Rn. 147; Habersack, ZGR 1994, S. 34; Lawall, DStR 1996, S. 1169.

29 BGHZ 14, 25 (38); Dreher, DStR 1993, S. 1632 (1634).

30 BGHZ, 71, 40 (44); BGHZ 33, 175 (186); BGHZ 80, 69 (74); BGHZ 83, 319 (321).

31 Geßler/Hefermehl/Eckardt/Kropff/*Hüffer*, § 243 Rn. 45 ff.; Ulmer/Habersack/Löbbe/*Raiser*, Anh. § 47 Rn. 136; Zöllner, S. 350 ff.; Raiser, ZHR 151, S. 422 (429 ff.); Lutter, ZGR 1979, S. 401 (411 f.); Wiedemann, ZGR 1980, S. 147 (155); Timm, ZGR 1987, S. 403 (408).

32 Scholz/*Priester/Veil*, § 53 Rn. 5 ff.; Ulmer/Habersack/Löbbe/*Hüffer/Schürnbrand*, § 47 Rn. 69; Priester DB 1979, S. 681 (681).

33 BGH NJW 1983, S. 1910 (1910); BGH GmbHR 1987, 94 (94); BGH NJW 1983, S. 1910 (1910 f.); BGHZ 123, 15 (15 ff.); Ulmer/Habersack/Löbbe/*Hüffer/Schürnbrand*, § 47 Rn. 83 f.; MüKoGmbHG/ *Wertenbruch*, Anh. § 47 Rn. 160 ff.; Goette, § 7 Rn. 102; ders., RWS – Forum 8, GesR, S. 113 (120 ff.); Dürr BB 1995, S. 1365 (1366 ff.); Hoffmann-Becking, ZGR 1994, S. 442 (450); Vomhof, GmbHR 1984, S. 181 (181 f.); Ulmer, in: FS Röhricht, S. 633 (633 ff.).

Beschlusses, wie in der AG, ausschließlich gemäß § 246 AktG analog mittels Anfechtungsklage geltend gemacht werden können oder ob es den Gesellschaftern einer GmbH ermöglicht werden muss, Mängel auch auf andere Weise geltend zu machen.[34] Die bestehenden Auffassungen werden einander gegenübergestellt und neue Lösungsansätze vorgestellt.

Die Arbeit schließt im letzten Kapital mit einer Zusammenfassung der wesentlichen Ergebnisse ab.

34 RGZ 166, 129 (131); RGZ 172, 76 (77); BGHZ 18, 334 (338); Ulmer/Habersack/Löbbe/*Raiser*, Anh. § 47 Rn. 107; Baumbach/Hueck/*Fastrich/Haas/Noack/Zöllner*, Anh. § 47 Rn. 12 ff; Raiser, in: FS 100 Jahre GmbHG, S. 587 (600 f.); Zöllner/Noack, ZGR 1989, 525 (525 ff.); Casper, ZHR 163, S. 54 (54 ff.); Hüffer, ZGR 2001, S. 833 (864); K. Schmidt, in: FS Stimpel, S. 217 (221 ff.); Schröder, GmbHR 1994, S. 532 (532 ff.).

2. Kapitel: Grundlagen der Beschlussfassung

A. Beschlussfassung in den Kapitalgesellschaften

Im Zentrum dieser Arbeit steht der Beschluss als Mittel der Willensbildung in der GmbH. So soll in diesem Kapitel das Zustandekommen eines Beschlusses, die Beteiligung der Gesellschafter an der Beschlussfassung sowie die Bedeutung des Beschlusses im Gefüge der Kapitalgesellschaften betrachtet werden. Um die Bedeutung des Beschlusses besser erfassen zu können, bedarf es zunächst einer Skizzierung der Strukturen von GmbH und AG und deren Beschlussfassungssysteme.

I. Die GmbH

Die GmbH wurde mit der Einführung des GmbHG im Jahre 1892 geschaffen.[35] Mit ihr sollte eine neue Gesellschaftsform ins Leben gerufen werden, welche eine Alternative zu den bereits bestehenden Gesellschaftsformen, AG und Personengesellschaften, darstellen sollte.[36] Motivation für die Schaffung dieser neuen Gesellschaftsform war der Umstand, dass nicht sämtliche Bedürfnisse der Praxis von AG und Personengesellschaft abgedeckt werden konnten.[37] Bezweckt war die Gestaltung einer Rechtsform, die den Anforderungen mittelständischer Unternehmen gerecht werden konnte, um so die Lücke zwischen Personengesellschaft und AG zu schließen. Es sollte im Vergleich zur AG eine einfachere und billigere Gründung ermöglicht sowie ein Zuwachs an Dispositivität und Gestaltungsfreiheit herbeigeführt werden.[38] Im Vergleich zur Personenhandelsgesellschaft war eine Erleichterung der Übertragung von Anteilen und vor allem die Einführung einer beschränkten Haftung auch für kleinere und mittlere Unternehmen zur Minderung des unternehmerischen Risikos beabsichtigt.[39] Der Gesetzgeber hatte bei der näheren Ausgestaltung der GmbH zwischen dem Entwurf einer modifizierten Personengesellschaft und der Heranziehung der Aktiengesellschaft als Vorbild zu entscheiden. Er wählte eine Orientierung an

35 RGBL. 1892, 477; Baumbach/Hueck/*Fastrich*, Einleitung Rn. 18; Roth/Altmeppen/*Roth*, Einleitung Rn. 1; Bork/Schäfer/*Schäfer*, Einleitung Rn. 12; Schubert, in: FS 100 Jahre GmbHG, S. 1 ff.; Koberg, S. 35 ff.

36 Baumbach/Hueck/*Fastrich*, Einleitung Rn. 20; Roth/Altmeppen/*Roth*, Einleitung Rn. 1ff.; Schubert, in: FS 100 Jahre GmbHG, S. 1 ff.; Koberg, S. 35 ff.

37 Baumbach/Hueck/*Fastrich*, Einleitung Rn. 20; Roth/Altmeppen/*Roth*, Einleitung Rn. 1ff.; Schubert, in: FS 100 Jahre GmbHG, S. 1 ff.; Koberg, S. 35 ff.

38 Baumbach/Hueck/*Fastrich*, Einleitung Rn. 20; Roth/Altmeppen/*Roth*, Einleitung Rn. 1ff.; Koberg, S. 35 ff.

39 Baumbach/Hueck/*Fastrich*, Einleitung Rn. 18 ff.; Roth/Altmeppen/*Roth*, Einleitung Rn. 1; Schubert, in: FS 100 Jahre GmbHG, S. 1 ff.; Koberg, S. 35 ff.

der AG als Vorbild für die GmbH, so dass die GmbH als modifizierte Kapitalgesellschaft entstand.[40] Dennoch wurde die GmbH auch mit personalistischen Elementen ausgestattet; denn der Gesetzgeber wollte eine nähere Bindung der Gesellschafter an die Gesellschaft als in der AG üblich herbeiführen.[41] Dementsprechend ist die GmbH nun eine körperschaftlich organisierte Kapitalgesellschaft, bestehend aus einer oder mehreren Personen, deren Gründung nach § 1 GmbHG zu jedem zulässigen Zweck erfolgen kann.[42] Die Einordnung als Kapitalgesellschaft bedeutet, dass sie ein in Geschäftsanteile[43] zerlegtes Stammkapital besitzt.[44] Gemäß den §§ 6 HGB, 13 II GmbHG ist die GmbH Kaufmann kraft Rechtsform und mithin Handelsgesellschaft. Ferner ist sie juristische Person und als solche mit einer eigenen Rechtspersönlichkeit ausgestattet, sodass ihr selbstständige Rechte und Pflichten nach § 13 GmbHG zuzuordnen sind.[45] Mithin ist die GmbH rechts- und parteifähig und kann vor Gericht klagen und verklagt werden. Sie wird vor allem von mittelständischen Unternehmen als Gesellschaftsform gewählt und so präsentiert sich die GmbH zumeist als Gesellschaft mit geringer Gesellschafteranzahl und Mitarbeit der Gesellschafter als Geschäftsführer.[46] Zusammenfassend lässt sich sagen, dass die Struktur der GmbH nicht eindeutig ist. Obwohl sie Kapitalgesellschaft ist, kann sie dennoch eine personalistische Struktur aufweisen.[47]

1. Der GmbH-Gesellschafter

Gesellschafter der GmbH können sowohl natürliche als auch juristische Personen sein.[48] Überdies ist es möglich, dass Personenhandelsgesellschaften, Partnerschaften, BGB-Gesellschaften oder andere Gesamthandsgemeinschaften Gesellschafter einer GmbH werden.[49] Weitere persönliche, an einen Gesellschafter zu knüpfende Voraussetzungen können im Gesellschaftsvertrag festgelegt werden.[50] Für die Rechte der Gesellschafter ist der Gesellschaftsvertrag maßgeblich (§ 45 I GmbHG). Soweit

---

40 Roth/Altmeppen/*Roth*, Einleitung Rn. 1; Koberg, S. 125 ff.
41 Roth/Altmeppen/*Roth*, Einleitung Rn. 5; Koberg, S. 125 ff.
42 Baumbach/Hueck/*Fastrich*, Einleitung Rn. 20; Roth/Altmeppen/*Roth*, Einleitung Rn. 1ff.; Bork/Schäfer/*Schäfer*, Einleitung Rn. 1 f.; Koberg, S. 35 ff.
43 Seit 2008 erscheint der Begriff der Stammeinlage nur noch in § 3 I Nr. 4.
44 K. Schmidt, S. 983; Raiser/*Veil*, § 24 Rn.1.
45 Baumbach/Hueck/*Fastrich*, Einleitung Rn. 3; Roth/Altmeppen/*Roth*, Einleitung Rn. 1ff.; Bork/Schäfer/*Schäfer*, Einleitung Rn. 1.
46 Bork/Schäfer/*Schäfer*, Einleitung Rn. 8; Vogel, S. 2; Limbach, S. 41 ff.; Wedemann, S. 12 f., S. 16 ff.
47 Bork/Schäfer/*Schäfer*, Einleitung Rn. 8; MüKoGmbHG/*Fleischer*, Einleitung Rn. 1; Gierke, S. 406; K. Schmidt, S. 985; Vogel, S. 4 ff.; Wedemann, S. 12 ff.
48 Baumbach/Hueck/*Hueck/Fastrich*, § 1 Rn. 20 ff.; MüKoGmbHG/*Fleischer*, § 1 Rn. 47 ff.; Roth/Altmeppen/*Roth*, § 1 Rn. 22 ff.
49 Baumbach/Hueck/*Hueck/Fastrich*, § 1 Rn. 20 ff.; MüKoGmbHG/*Fleischer*, § 1 Rn. 47 ff. Roth/Altmeppen/*Roth*, § 1 Rn. 22 ff.
50 Roth/Altmeppen/*Roth*, § 1 Rn. 34.

dieser keine Regelungen enthält, sind in der Hauptsache die §§ 46–51 GmbHG anwendbar.[51] Die Rechte der Gesellschafter sind im Wesentlichen in Vermögens-, Informations- und Mitwirkungsrechte gegliedert.[52] An die Rechte eines Gesellschafters schließen sich immer auch Pflichten an. Als wesentliche Pflichten der Gesellschafter sind die Erbringung der Stammeinlage und die Erhaltung dieses Kapitals zu nennen.[53] Darüber hinaus sind die Gesellschafter einer GmbH ihren Mitgesellschaftern und der Gesellschaft gegenüber zur Treue verpflichtet.[54] Diese mitunter bedeutsamste Verpflichtung birgt im Kern Loyalitäts- und Förderpflichten.[55] Ein weiterer zu nennender Aspekt ist die mögliche Haftung eines Gesellschafters. Es gilt grundsätzlich, dass der einzelne Gesellschafter nicht für Schulden der Gesellschaft (§ 13 II GmbHG) aufkommen muss. Die Gesellschafter haften aber gegenüber der Gesellschaft nach schuldrechtlichen Grundsätzen auf Schadensersatz bei schuldhafter Verletzung mitgliedschaftlicher Pflichten.[56]

2. *Die Gesellschafterversammlung*

Um sich Klarheit über die Bedeutung des Beschlusses für die GmbH zu verschaffen, ist es vor allem zweckdienlich, Stellung, Funktion und Kompetenzen des Willensbildungsorgans der GmbH näher zu beleuchten. Das zentrale Willensbildungsorgan der GmbH soll nach einer Ansicht die Gesamtheit der Gesellschafter[57] sein; dieses wird zumeist als Gesellschafterversammlung bezeichnet. Nach anderer Auffassung kann allein die Gesellschafterversammlung als Organ und damit als Rechtsträger verstanden werden.[58] Einer Entscheidung bedarf es hier nicht, da sich praktisch keine Unterschiede zwischen beiden Auffassungen ergeben.[59] Im Folgenden wird

---

51 Michalski/*Römermann*, § 46 Rn. 8; Roth/Altmeppen/*Roth*, § 46 Rn. 1; Baumbach/Hueck/*Zöllner*, § 46 ff. Rn. 1 ff.

52 Michalski/*Römermann*, § 45 Rn. 6 ff; Beck'sches Handbuch der GmbH/*Schmiegelt/Gerber*, § 3 Rn. 46 ff.

53 Roth/Altmeppen/*Roth*, § 45 Rn. 14 ff.; Beck'sches Handbuch der GmbH/*Schmiegelt/Gerber*, § 3 Rn. 124.

54 BGH NZG 2004, S. 516 (517); Baumbach/Hueck/*Fastrich*, § 13 Rn. 20; Ulmer/Habersack/Löbbe/*Raiser*, Anh. § 47 Rn. 124.

55 BGHZ 9, 157 (163); OLG Düsseldorf ZIP 1996, S. 1083 (1087); Rowedder/Schmidt-Leithoff/*Pentz*, § 13 Rn. 35; Michalski/*Michalski*, § 13 Rn. 136; Baumbach/Hueck/*Hueck/Fastrich*, § 13 Rn. 28.

56 BGH NJW 1986, S. 188 (190); Lutter/Hommelhoff/*Lutter*, § 13 Rn. 27; Baumbach/Hueck/*Hueck/Fastrich*, § 13 Rn. 54.

57 BGHZ 135, 48 (53); Scholz/*Schmidt*, § 45 Rn. 5; Roth/Altmeppen/*Roth*, § 45 Rn. 2; Lutter/Hommelhoff/*Bayer*, § 45 Rn. 2; Michalski/*Römermann*, § 45 Rn. 12; MünchHdbGesR III/ *Wolff*, § 36 Rn. 1.

58 MüKoGmbHG/*Liebscher*, § 48 Rn. 6; Bartl/*Fichtelmann*, § 45 Rn. 1; Ulmer/Habersack/Löbbe/*Hüffer/Schürnbrand*, § 45 Rn. 6; Baumbach/Hueck/*Zöllner*, § 48 Rn. 4; Gierke, S. 414.

59 Michalski/*Römermann*, § 45 Rn. 12.

das Willensbildungsorgan als die „Gesellschafterversammlung" bezeichnet. Die Willensbildung erfolgt nach § 47 I GmbHG im Wege der Beschlussfassung in der Gesellschafterversammlung. Die Gesellschafter können ihre Stimmen aber auch gemäß § 48 II GmbHG in einem die Gesellschafterversammlung ersetzenden schriftlichen Verfahren ausüben. Hinsichtlich der Zuständigkeitsverteilung haben die Gesellschafter weitgreifende Gestaltungsfreiheit. So kann die Gesellschafterversammlung jede Angelegenheit an sich ziehen, für die keine zwingende gesetzliche Regelung besteht.[60] Ein Zuständigkeitskatalog ist in § 46 GmbHG zu finden. Dieser ist nicht abschließend und gelangt gemäß § 45 II GmbHG nur zur Anwendung, soweit es an besonderen Vorschriften mangelt.[61] Maßgeblich für die Verteilung der Kompetenzen ist vor allem der Gesellschaftsvertrag. Dementsprechend ist eine Übertragung von Zuständigkeiten auf andere Gesellschaftsorgane grundsätzlich zulässig, sofern keine wesentliche Angelegenheit betroffen ist.[62] Aber nicht bei allen Fragen der Gesellschaft ist es möglich, Aufgaben zu delegieren. Die Übertragung von Zuständigkeiten findet ihre Grenze bei Grundlagen- und Strukturentscheidungen sowie bei Eingriffen in den Kernbereich der Gesellschafterrechte.[63] Haben die Gesellschafter also etwa über Fragen der Satzungsänderung nach § 53 GmbHG, Maßnahmen auf Ebene des Gesellschaftsvertrages, z. B. eine Umwandlung gemäß § 193 I UmwG oder eine Verschmelzung § 13 UmwG, zu beschließen, ist keine Verlagerung der Entscheidungsmacht möglich.[64] Die Gesellschafterversammlung verfügt mithin über ein umfangreiches Kompetenzspektrum.[65]

3. Die Geschäftsführung

Geschäftsführer einer GmbH kann gemäß § 6 II 1 GmbHG jede natürliche, unbeschränkt geschäftsfähige Person sein. Nach § 6 III GmbHG ist es auch möglich, diese Tätigkeit Dritten zu übertragen. § 6 II 2, 3 GmbHG bestimmt, wann die Eignung zum Geschäftsführer nicht gegeben ist. Die Geschäftsführer sind das Handlungs- und Vertretungsorgan der GmbH (§ 35 I GmbHG), insbesondere leiten sie deren Geschäfte und garantieren somit die Handlungsfähigkeit der GmbH.[66] Dennoch ist die Geschäftsführung nicht das zentrale Organ der GmbH. Dies ist vielmehr

---

60 BGHZ 89, 48 (56); Goette, § 7 Rn. 2; Roth/Altmeppen/*Roth*, § 45 Rn. 2.

61 Michalski/*Römermann*, § 46 Rn. 8; MüKoGmbHG/*Liebscher*, § 46 Rn. 1; Baumbach/Hueck/*Zöllner*, § 46 Rn. 1 ff.

62 Baumbach/Hueck/*Zöllner*, § 46 Rn. 92; Michalski/*Römermann*, § 46 Rn. 11; Bartl/*Fichtelmann*, § 45 Rn. 4; MüKoGmbHG/*Liebscher*, § 46 Rn. 7; Teichmann, S. 185; K. Schmidt, S. 1095.

63 Baumbach/Hueck/*Zöllner*, § 46 Rn. 92 ff., § 53 Rn. 60; MünchHdb.GesR III/*Wolff*, § 37 Rn. 4.

64 MünchHdb.GesR III/*Wolff*, § 37 Rn. 4; Baumbach/Hueck/*Zöllner*, § 53 Rn. 60; MüKoGmbHG/*Liebscher*, § 46 Rn. 10 f.

65 Baumbach/Hueck/*Zöllner*, § 46 Rn. 89; Michalski/*Römermann*, § 46 Rn. 3.

66 Michalski/*Römermann*, § 35 Rn. 5 ff.; Raiser/*Veil*, § 32 Rn. 1.

die Gesellschafterversammlung.[67] So ist denn auch entscheidendes Merkmal für das Innenverhältnis der GmbH die Weisungsabhängigkeit der Geschäftsführung von der Gesellschafterversammlung.[68] Die Gesellschafterversammlung kann gemäß § 37 I GmbHG Weisungen vor allem durch Katalogisierung von Zustimmungsvorbehalten, durch Erlass einer Geschäftsordnung oder durch allgemeine Verhaltensmaßregeln erteilen.[69] Die Geschäftsführer haben in ihrem Handeln mithin dem Willen der Gesellschafter zu entsprechen mit der Konsequenz, dass die Befugnisse der Geschäftsführung nur vorbehaltlich einer „Einmischung“ seitens der Gesellschafter bestehen.[70] Das Weisungsrecht hat aber seine Grenzen. Es darf nicht dazu führen, dass der Geschäftsführung kein eigener Spielraum mehr zugestanden wird.[71] Grenzen weist im Interesse der Kapitalerhaltung auch § 43 III 3 GmbHG auf. Diese Vorschrift besagt, dass die Geschäftsführer auch dann zum Ersatz entsprechend § 43 III 1 GmbHG verpflichtet sind, wenn sie in Befolgung eines Beschlusses der Gesellschafter gehandelt haben, soweit der Ersatz zur Befriedigung der Gläubiger der Gesellschaft erforderlich ist. Daraus folgt, dass Weisungen unbeachtlich sind, bei deren Befolgung die Geschäftsführer im öffentlichen Interesse stehende Pflichten verletzen würden.[72] Zur Durchsetzung von Weisungen steht der Gesellschafterversammlung als letztes Mittel die Abberufung eines Geschäftsführers zur Verfügung.[73] Ferner können bei Kompetenzüberschreitung durch die Geschäftsführung Ersatzansprüche entstehen (§ 43 GmbHG).

4. *Das Stimmrecht*

Das Stimmrecht ist ein mit dem jeweiligen Geschäftsanteil verbundenes Verwaltungsrecht, welches dem einzelnen Gesellschafter die Befugnis gibt, durch Stimmabgabe an Gesellschafterbeschlüssen teilzuhaben.[74] Es können auch als Folge der Satzungsfreiheit stimmrechtslose Geschäftsanteile bestehen, welche dem Inhaber

---

67 BGHZ 135, 48 (53); Scholz/*Schmidt*, § 45 Rn. 5; Roth/Altmeppen/*Roth*, § 45 Rn. 2; Lutter/Hommelhoff/*Bayer*, § 45 Rn. 2; MünchHdbGesR III/*Wolff*, § 36 Rn. 1; MüKoGmbHG/*Liebscher*, § 48 Rn. 2.

68 MüKoGmbHG/*Stephan/Tieves*, § 37 Rn. 107 ff.; Henssler/Strohn/*Oetker*, § 37 Rn. 1 ff.; Roth/Altmeppen/*Altmeppen*, § 37 Rn. 3.

69 Roth/Altmeppen/*Roth*, § 45 Rn. 6 f.; Bartl/*Fichtelmann*, § 37 Rn. 11; Goette, § 7 Rn. 5; Götze, WiB 1997, S. 1086 (1086 f.).

70 Roth/Altmeppen/*Roth*, § 45 Rn. 6; Goette, § 7 Rn. 2; Mennicke, NZG 2000, S. 622 (624 f.).

71 Bartl/*Fichtelmann*, § 37 Rn. 11; Lutter/Hommelhoff/*Kleindiek*, § 37 Rn. 18 a; Roth/Altmeppen/*Altmeppen*, § 43 Rn. 8.

72 Lutter/Hommelhoff/*Kleindiek*, § 37 Rn. 22; Roth/Altmeppen/*Altmeppen*, § 37 Rn. 6; Goette, § 7 Rn. 5.

73 OLG Karlsruhe NZG 2000, S. 264 (265 ff.); Michalski/*Lenz*, § 37 Rn. 23; MüKoGmbHG/*Stephan/Tieves*, § 37 Rn. 151; Goette, § 7 Rn. 7.

74 Scholz/*Schmidt*, § 47 Rn. 13; Bork/Schäfer/*Casper*, § 47 Rn. 16; Henssler/Strohn/*Hillmann*, § 47 Rn. 26; MünchHdbGesR III/ *Wolff*, § 38 Rn. 1 ff.; Vogel, S. 35.

lediglich Zustimmungsrechte sichern.[75] Der Inhaber des Stimmrechts ist zugleich Mitträger der körperschaftlichen Willensbildung und hat die Möglichkeit der Einflußnahme auf das Handeln der Gesellschaft.[76] Insoweit ist das Stimmrecht als das entscheidende Mitgliedschaftsrecht anzusehen.[77] Stimmberechtigt sind alle Gesellschafter, sowohl natürliche als auch juristischen Personen; ebenso Personengesellschaften und sonstige Gesamthandsgemeinschaften, die nach § 16 GmbHG angemeldet sind, unabhängig von der Erbringung der Einlage. Das Stimmrecht endet mit der Mitgliedschaft, also mit dem Austrag aus der Gesellschafterliste beim Handelsregister nach § 16 I 1 GmbHG.[78] Nach h. M. können grundsätzlich nur Gesellschafter das Stimmrecht innehaben.[79] Es existiert also ein so genanntes Abspaltungsverbot, welches besagt, dass die Übertragung des Stimmrechtes auf einen Dritten, losgelöst von einem Gesellschaftsanteil, nicht in Betracht kommt.[80] Die Stimmkraft ist zumeist abhängig von der Größe des Geschäftsanteils. So gewährt entsprechend der am 01.11.2008 in Kraft getretenen Regelung des § 47 II GmbHG jeder Euro eines Geschäftsanteils eine Stimme. Abweichendes, wie etwa ein Stimmrecht nach Köpfen,[81] kann im Gesellschaftsvertrag nach § 45 II GmbHG vereinbart werden. Jeder Gesellschafter hat grundsätzlich das Recht, nach seinem Belieben abzustimmen. Die Stimmabgabe erfordert also i. d. R. keine sachliche Rechtfertigung.[82] Nach h. M. soll aber, wenn ein Gesellschaftsanteil mehrere Stimmen auf sich vereint, ausschließlich eine einheitliche Stimmabgabe möglich sein; denn nach § 18 I GmbHG sind Rechte aus einem Anteil gemeinschaftlich auszuüben.[83] Umstritten ist, ob bei Besitz mehrerer Geschäftsanteile nur eine einheitliche Stimmabgabe möglich sein darf oder ob es zulässig sein sollte, in diesem Fall unterschiedlich

---

75 MünchHdbGesR III/ *Wolff*, § 38 Rn. 4; Schäfer, GmbHR 1998, S. 113 (113 ff.).

76 Scholz/*Schmidt*, § 47 Rn. 13; MünchHdbGesR III./ *Wolff*, § 38 Rn. 3; Vogel, S. 35.

77 Baumbach/Hueck/*Zöllner*, § 47 Rn. 32; MüKoGmbHG/*Drescher*, § 47 Rn. 68; Michalski/*Römermann*, § 47 Rn: 43.

78 Baumbach/Hueck/*Zöllner*, § 47 Rn. 36; Bork/Schäfer/*Casper*, § 47 Rn. 17; MünchHdb. GesR III/ *Wolff*, § 38 Rn. 3.

79 BGH NJW 1965, 1378 (1378); Michalski/*Römermann*, § 47 Rn. 45; Scholz/*Schmidt*, § 47 Rn. 20; Baumbach/Hueck/*Zöllner*, § 47 Rn. 40; Henssler/Strohn/*Hillmann*, § 47 Rn. 35; Bork/Schäfer/*Casper*, § 47 Rn. 18.

80 Scholz/*Schmidt*, § 47 Rn. 20; Baumbach/Hueck/*Zöllner*, § 47 Rn. 40; Bork/Schäfer/*Casper*, § 47 Rn. 18; Henssler/Strohn/*Hillmann*, § 47 Rn. 35; MünchHdb.GesR III/ *Wolff*, § 38 Rn. 5; Fleck, in: FS Robert Fischer, S. 107 (107 ff.).

81 Ulmer/Habersack/Löbbe/*Hüffer/Schürnbrand*, § 47 Rn. 9; MünchHdb.GesR III/ *Wolff*, § 38 Rn. 29.

82 Baumbach/Hueck/*Zöllner*, § 47 Rn. 20; Scholz/*Schmidt*, § 47 Rn. 69; Bork/Schäfer/*Casper*, § 47 Rn. 22.

83 Baumbach/Hueck/*Zöllner*, § 47 Rn. 20; Scholz/*Schmidt*, § 47 Rn. 70; MünchHdb.GesR III/ *Wolff*, § 38 Rn. 31; a. A. Armbrüster, GmbHR 2001, S. 1021 (1024); Berner/*Stadler*, GmbHR 2003, S. 1407 (1410).

abzustimmen.[84] Nach ablehnender Ansicht soll eine unterschiedliche Stimmabgabe nur in Ausnahmefällen möglich sein, und zwar wenn schutzwürdige Belange des Gesellschafters wie etwa eine Stimmbindung oder eine Treuhänderstellung dies verlangen.[85] Ansonsten sei eine unterschiedliche Stimmabgabe wegen einer stärkeren Treubindung und einer größeren Verantwortungsnähe der GmbH-Gesellschafter im Vergleich zu den Aktionären einer AG, denen eine uneinheitliche Stimmabgabe erlaubt sei, abzulehnen.[86] Tatsächlich ist doch eher zweifelhaft, ob eine unterschiedliche Stimmabgabe in der GmbH angesichts des häufig eher kleinen Gesellschafterkreises sinnvoll ist. Die Ansicht, nach welcher der Möglichkeit einer uneinheitlichen Stimmabgabe eine größere Verantwortungsnähe der Gesellschafter einer GmbH entgegensteht und diese nur ausnahmsweise möglich sein darf, kann hier überzeugen. Die Gesellschafter sind im Übrigen grundsätzlich frei in der Ausübung ihres Stimmrechtes und diese Freiheit kann auch dann nicht beschränkt werden, wenn es um die Verfolgung eigener Interessen geht.[87] Der Ausübung der Stimmrechtsmacht sind aber dennoch Grenzen gesetzt, denen der Gesetzgeber durch Stimmrechtsverbote und Einschränkungen der Stimmrechtsmacht Ausdruck verliehen hat.[88]

a) Stimmrechtsverbot

Eine absolute Einschränkung erfährt die Stimmrechtsmacht des einzelnen Gesellschafters bei Eingreifen von Stimmverboten i.S.v. § 47 IV GmbHG. Diese Regelung enthält Stimmverbote für solche Fälle, in denen eine Überschneidung der Interessen des einzelnen Gesellschafters mit den Interessen der Gesellschaft zu befürchten ist.[89] So erlegt Satz 1 ein Stimmverbot auf, sofern über die Entlastung eines Gesellschafters oder über dessen Befreiung von einer Verbindlichkeit entschieden werden soll. Der Tatbestand des § 47 IV GmbHG umfasst also Situationen, in denen es an der nötigen Entscheidungsfreiheit eines Gesellschafters bei der Ausübung seines Stimmrechts mangelt, da er vom Beschlussgegenstand betroffen ist.[90] § 47 IV S. 2 GmbHG regelt Fälle, in denen die Beschlussfassung auf die Vornahme eines Rechtsgeschäfts oder die Einleitung oder Erledigung eines Rechtsstreites gegenüber einem Gesellschafter

---

84 Baumbach/Hueck/*Zöllner*, § 47 Rn. 20; Ulmer/Habersack/Löbbe/*Hüffer/Schürnbrand*, § 47 Rn. 59; Bork/Schäfer/*Casper*, § 47 Rn. 10; Rowedder/Schmidt-Leithoff/*Koppensteiner*, § 47 Rn. 40; Scholz/*Schmidt*, § 47 Rn. 72; Münch. Hdb.GesR III/ *Wolff*, § 38 Rn. 32; Armbrüster, GmbHR 2001, S. 1021 (1024); Heckelmann, AcP 170, S. 306 (341).

85 Baumbach/Hueck/*Zöllner*, § 47 Rn. 20; MüKoBGB/*Reuter*, § 32 Rn. 39; Bork/Schäfer/*Casper*, § 47 Rn. 10.

86 Baumbach/Hueck/*Zöllner*, § 47 Rn. 20; MüKoBGB/*Reuter*, § 32 Rn. 39.

87 BGHZ 14, 25 (38); BGHZ 98, 276 (280 f.); Scholz/Winter/Seibt, § 14 Rn. 55; Roth/Altmeppen/*Altmeppen*, § 13 Rn. 31.

88 MüKoGmbHG/*Drescher*, § 47 Rn. 128 ff.; Baumbach/Hueck/*Zöllner*; § 47 Rn. 76 ff; Henssler/Strohn/*Hillmann*, § 47 Rn. 49 ff.

89 Baumbach/Hueck/*Zöllner*, § 47 Rn. 76; Michalski/*Römermann*, § 47 Rn. 5; Roth/Altmeppen/*Roth*, § 47 Rn. 56.

90 Scholz/*Schmidt*, § 47 Rn. 102, 132; Bork/Schäfer/*Casper*, § 47 Rn. 42.

gerichtet ist. Der betreffende Gesellschafter ist an den zu beschließenden Geschäften selbst beteiligt, so dass darin also ein gesellschaftsrechtliches Verbot des Insichgeschäfts, ähnlich dem § 181 BGB, zu erblicken ist.[91] Das Stimmverbot findet seine Rechtfertigung darin, dass die Richtigkeit des Verbandwillens gewährleistet sein muss. Sobald sich der betroffene Gesellschafter in einem Interessenkonflikt befindet, ist dies nicht mehr garantiert.[92] Es handelt sich bei den Stimmverboten nach § 47 IV GmbH um so genannte „starre Stimmrechtsschranken", bei deren Vorliegen das Bestehen eines Interessenkonflikts vermutet wird; es bedarf also nicht der Erbringung eines Nachweises für die Interessenüberschneidung.[93]

b) Einschränkung der Stimmrechtsmacht

Darüber hinaus ist eine Einschränkung der Stimmrechtsmacht für Fälle der Interessenüberschneidung denkbar, die nicht von § 47 IV GmbHG erfasst sind.[94] Dies sind zumeist Konstellationen, in denen es zu einer Beeinträchtigung berechtigter Interessen kommen kann und welche einer Regelung durch die so genannten „beweglichen Stimmrechtsschranken" zugänglich sind.[95] Unter beweglichen Stimmrechtsschranken sind die allgemeinen Inhaltsschranken für Rechtsgeschäfte, also gesetzliche Verbote (§ 134 BGB), die guten Sitten (§ 138 BGB), das Schikaneverbot (§ 226 BGB) und schließlich Treu und Glauben (§ 242 BGB) zu verstehen.[96] Einschränkungen der Stimmrechtsmacht können sich zudem aus gesellschaftsrechtlichen Bindungen wie der Treuepflicht ergeben.[97] Die gesellschafterliche Treuepflicht verpflichtet die Gesellschafter, sich bei Ausübung ihrer mitgliedschaftlichen Befugnisse, wie etwa der Ausübung des Stimmrechts, an den Interessen der Gesellschaft und dem Gesellschaftszweck zu orientieren und diesem Zweck zuwiderlaufende Maßnahmen zu unterlassen.[98] Eine rücksichtslose Stimmrechtsausübung findet zudem ihre Grenze

---

91 Scholz/*Schmidt*, § 47 Rn. 109; Bork/Schäfer/*Casper*, § 47 Rn. 42; Wilhelm, JZ 1976, S. 674 (674 ff.).

92 Scholz/*Schmidt*, § 47 Rn. 100.

93 Henssler/Strohn/*Hillmann*, § 47 Rn. 49; Baumbach/Hueck/*Zöllner*, § 47 Rn. 76; Michalski/*Römermann*, § 47 Rn. 83; Roth/Altmeppen/*Roth*, § 47 Rn. 59.

94 Baumbach/Hueck/*Zöllner*, § 47 Rn. 107; Henssler/Strohn/*Hillmann*, § 47 Rn. 85; Bartl/*Fichtelmann*, § 47 Rn. 11; Bork/Schäfer/*Casper*, § 47 Rn. 22.

95 Baumbach/Hueck/*Zöllner*, § 47 Rn. 107; Henssler/Strohn/*Hillmann*, § 47 Rn. 85; Roth/Altmeppen/*Roth*, § 47 Rn. 43; Lutter/Hommelhoff/*Bayer*, § 47 Rn. 51 f.; Scholz/*Schmidt*, § 47 Rn. 29.

96 MünchHdbGesR III/*Wolff*, § 38 Rn. 74; Baumbach/Hueck/*Zöllner*, § 47 Rn. 107; Bork/Schäfer/*Casper*, § 47 Rn. 26.

97 Ulmer/Habersack/Löbbe/Habersack/Löbbe/*Raiser*, Anh. § 47 Rn. 127; Rowedder/Schmidt-Leithoff/*Koppensteiner*, § 47 Rn. 122; Bork/Schäfer/*Casper*, § 47 Rn. 22 f.

98 OLG Stuttgart NZG 2000, S. 159 (161); Bork/Schäfer/*Casper*, § 47 Rn. 23; Hüffer, in: FS Steindorff, S. 59 (59 ff.); Dreher, DStR 1993, S. 1632 (1633); Vorwerk/Wimmers, GmbHR 1998, S. 717 (721); Schmidt, GesR., § 20, IV, S. 588 ff.; Henze, ZHR 162, 186 (186 ff.).

in den Rechten und Interessen der Mitgesellschafter.[99] Mithin existiert ein Gegengewicht zur Stimmrechtsfreiheit, nämlich die Pflicht zur Rücksichtnahme bzw. die Treuepflicht gegenüber Gesellschaft und Gesellschaftern.[100] Der konkrete Inhalt der Treuepflicht muss im Einzelnen durch Interessenabwägung ermittelt werden.[101] Als Beispiel für einen Treuepflichtverstoß kann das Stimmen gegen einen Antrag ohne triftigen Grund trotz Notwendigkeit der beantragten Maßnahme genannt werden.[102]

5. *Stimmrechtsbindung*

Weiterhin kann die Stimmrechtsmacht eine Einschränkung durch Stimmbindungen erfahren.[103] Hierbei verpflichtet sich der einzelne Gesellschafter, in einem bestimmten Sinne abzustimmen.[104] Damit unterscheidet sich die Stimmbindung von den gesetzlichen Stimmverboten und Einschränkungen insofern, als die Stimmbindung eine rechtsgeschäftliche Bindung der Stimmrechtsmacht bedeutet.[105] Es handelt sich demnach nicht um eine gesetzlich festgelegte Stimmrechtsschranke, sondern um eine obligatorische Einschränkung der Stimmrechtsmacht.[106]

a) Rechtsnatur einer Stimmbindung

Uneinigkeit herrscht hinsichtlich der Rechtsnatur von Stimmbindungen. Die rechtliche Grundlage für eine derartige Bindung soll nach h. M. eine schuldrechtliche Vereinbarung sein.[107] Darüber hinaus bedürfe es jedoch einer Differenzierung.

---

99 OLG Stuttgart NZG 2000, S. 159 (161); Hüffer, in: FS Steindorff, S. 59 (59 ff.); Dreher, DStR 1993, S. 1632 (1633); Vorwerk/Wimmers, GmbHR 1998, S 717 (721); Schmidt, GesR., § 20, IV, S. 588 ff.; Henze, ZHR 162, 186 (186 ff.).

100 BGHZ 65, 15 (19); OLG Stuttgart NZG 2000, S. 159 (161); Scholz/*Schmidt*, § 47 Rn. 26, 28; MünchHdb III/ *Wolff*, § 38 Rn. 76.

101 BGHZ 65, 15 (19); OLG Stuttgart NZG 2000, S. 159 (161); Scholz/*Schmidt*, § 47 Rn. 26, 28; MünchHdb III/ *Wolff*, § 38 Rn. 76.

102 Bartl/*Fichtelmann*, § 47 Rn. 49; Bork/Schäfer/*Casper*, § 47 Rn. 23.

103 Baumbach/Hueck/*Zöllner*, § 47 Rn. 110 ff.; Henssler/Strohn/*Hillmann*, § 47 Rn. 86 ff.; Roth/Altmeppen/*Roth*, § 47 Rn. 38 ff.; Michalski/*Römermann*, § 47 Rn. 492; Piehler, DStR 1992, S. 1654 (1654).

104 Scholz/*Schmidt*, § 47 Rn. 35; Ulmer/Habersack/Löbbe/*Hüffer/Schürnbrand*, § 47 Rn. 66; MüKoBGB/ *Ulmer/Schäfer*, §§ 717 Rn. 18; Henssler/Strohn/*Hillmann*, § 47 Rn. 86; Lübbert, S. 76; Dürr, S. 5.

105 Baumbach/Hueck/*Zöllner*, § 47 Rn. 113; Scholz/*Schmidt*, § 47 Rn. 35; Ulmer/Habersack/Löbbe/*Hüffer/Schürnbrand*, § 47 Rn. 66; Lübbert, S. 76; Zöllner, ZHR 155, S. 168 (168 ff.).

106 Baumbach/Hueck/*Zöllner*, § 47 Rn. 113; Scholz/*Schmidt*, § 47 Rn. 35; Ulmer/Habersack/Löbbe/*Hüffer/Schürnbrand*, § 47 Rn. 66; Lübbert, S. 76; Zöllner, ZHR 155, S. 168 (168 ff.).

107 Scholz/*Schmidt*, § 47 Rn. 38; Rowedder/Schmidt-Leithoff/*Koppensteiner*, § 47 Rn. 28; Ulmer/Habersack/Löbbe/*Hüffer/Schürnbrand*, § 47 Rn. 68; Henssler/Strohn/*Hillmann*, § 47 Rn. 87; Bork/Schäfer/*Casper*, § 47 Rn. 24.

So sei zwischen rein schuldrechtlichen und gesellschaftsrechtlichen Abreden zu unterscheiden.[108] Handele es sich bei der Abrede um eine Gesellschaftsvereinbarung, so seien aufgrund der Verfolgung eines gemeinsamen Zweckes die speziellen Vorschriften über die GmbH, §§ 2, 53 GmbHG, anzuwenden.[109] Sofern die Gesellschafter eine Stimmbindungsvereinbarung untereinander getroffen haben, steht es ihnen frei, diese in die Satzung aufzunehmen.[110] Fraglich ist aber, ob die Aufnahme einer solchen Vereinbarung in die Satzung lediglich einer Bekanntgabe ohne weitere rechtliche Konsequenzen entspricht und somit bloß formeller Satzungsbestandteil ist[111] oder ob die Gesellschafter die Vereinbarung gar als materiellen Satzungsbestandteil aufgenommen haben und die Stimmbindung damit den Regelungen der Satzung unterworfen sein soll.[112] Den Gesellschaftern steht in dieser Hinsicht ein Gestaltungswahlrecht zu.[113] Haben sie sich für die Aufnahme als formellen Bestandteil entschieden, so unterliegt die Vereinbarung keinen Formerfordernissen.[114] Rechtliche Beurteilung erfährt sie durch das Schuldvertragsrecht des BGB.[115] Wurde die Vereinbarung als materieller Bestandteil in die Satzung aufgenommen, so muss die Vereinbarung den Formvorschriften für Satzungsregelungen, den §§ 2, 53 GmbHG, genügen.[116] Ferner bedarf es der Klärung, wie eine Vereinbarung zwischen den Gesellschaftern zu handhaben ist, die keine Aufnahme in die Satzung gefunden hat, sondern außerhalb des Satzungstextes steht. Denkbar ist es einerseits, eine solche außerhalb der Satzung stehende Vereinbarung als materiellen Satzungsbestandteil mit der entsprechenden Schutzwirkung einzuordnen oder andererseits ausschließlich eine Einordnung als schuldrechtliche Vereinbarung zuzulassen.[117] Sowohl mit Blick auf eine Einordnung als materiellen oder formellen Satzungs

108 Ulmer/Habersack/Löbbe/*Hüffer/Schürnbrand*, § 47 Rn. 68ff.; Henssler/Strohn/*Hillmann*, § 47 Rn. 87; MüKoGmbHG/*Drescher*, § 47 Rn. 231.

109 Wälzholz, S. 1020 (1024).

110 Ulmer/Habersack/Löbbe/*Hüffer/Schürnbrand*, § 47 Rn. 69; MüKoGmbHG/*Drescher*, § 47 Rn. 231.

111 Ulmer/Habersack/Löbbe/*Hüffer/Schürnbrand*, § 47 Rn. 70; Scholz/*Priester/Veil*, § 53 Rn. 5; Priester DB 1979, S. 681 (681).

112 Scholz/*Priester/Veil*, § 53 Rn. 5 ff.; Ulmer/Habersack/Löbbe/*Hüffer/Schürnbrand*, § 47 Rn. 69; Priester DB 1979, S. 681 (681).

113 BGHZ 38, 155 (160 f.); Ulmer/Habersack/Löbbe/*Hüffer/Schürnbrand*, § 47 Rn. 69; Bork/Schäfer/*Casper*, § 47 Rn. 24; Scholz/*Priester/Veil*, § 53 Rn. 15; Priester DB 1979, S. 681 (684).

114 BGHZ 38, S. 155 (160 f.); Michalski/*Römermann*, § 47 Rn. 488; Wälzholz, S. 1020 (1024).

115 Ulmer/Habersack/Löbbe/*Hüffer/Schürnbrand*, § 47 Rn. 69.

116 BGHZ 38, 155 (160 f.); Michalski/*Römermann*, § 47 Rn. 488; Bork/Schäfer/*Casper*, § 47 Rn. 24; Ulmer/Habersack/Löbbe/*Hüffer/Schürnbrand*, § 47 Rn. 69; Wälzholz, S. 1020 (1024).

117 Michalski/*Römermann*, § 47 Rn. 487.

bestandteil als auch als schuldrechtliche Nebenabrede steht den Gesellschaftern ein Gestaltungswahlrecht zu. Der Wille der Gesellschafter, die Regelung zum korporativen Inhalt der Satzung zu machen, ist mithin entscheidend.[118] War der Wille der Gesellschafter bei Abschluss der Vereinbarung auf die Aufnahme als echten, materiellen Satzungsbestandteil gerichtet und fehlt es an der Einhaltung der entsprechenden Formvorschriften (§ 53 GmbHG), so hätte dies die Formnichtigkeit dieser Vereinbarung zur Folge.[119] Indiz für den Willen der Gesellschafter ist die Verortung der Vereinbarung. Ist diese innerhalb des Satzungstextes zu finden, spricht dies dafür, dass die Vereinbarung als materieller Bestandteil gewollt ist.[120] Gegen den Willen der Gesellschafter, die Vereinbarung als materiellen Satzungsbestandteil aufnehmen zu wollen, spricht die Verortung der Vereinbarung außerhalb des Satzungstextes.[121] Die Gesellschafter haben hier bewusst auf die Aufnahme der Vereinbarung in die Satzung verzichtet. Gründe dafür sind darin zu sehen, dass eine solche satzungsändernde Maßnahme zum einen mit „lästigen“ Formvorschriften verbunden ist und zum anderen eine fehlende Registerpublizität regelmäßig als vorteilhaft empfunden wird wegen des Ausschlusses der Öffentlichkeit.[122] Die Verortung der Vereinbarung außerhalb der Satzung wird mithin in der Regel darauf hindeuten, dass die Gesellschafter die Vereinbarung nicht als Satzungsbestandteil gewollt haben und somit von der Annahme, die Vereinbarung sei formnichtig, Abstand zu nehmen ist.[123] Es handelt sich bei der Vereinbarung vielmehr um eine keinen Formvorschriften unterliegende schuldrechtliche Nebenabrede.[124] Denkbar sind ferner Stimmbindungen gegenüber Dritten.[125] Diese können außerhalb der Satzung gültig vereinbart werden.[126] Im Übrigen kommt eine Aufnahme in den Satzungstext ausschließlich als formeller Satzungsbestandteil in Frage.[127] Die Aufnahme einer Stimmbindungsvereinbarung mit Dritten als materieller Satzungsbestandteil ist nicht denkbar; denn Gesellschaftsfremde

---

118 Michalski/*Römermann,* § 47 Rn. 487.

119 BGHZ 38, 155 (160 f.); Michalski/*Römermann,* § 47 Rn. 488; Wälzholz, S. 1020 (1024).

120 Ulmer/Habersack/Löbbe/*Hüffer/Schürnbrand,* § 47 Rn. 70.

121 Ulmer/Habersack/Löbbe/*Hüffer/Schürnbrand,* § 47 Rn. 70.

122 Ulmer/Habersack/Löbbe/*Hüffer/Schürnbrand,* § 47 Rn. 70.

123 Ulmer/Habersack/Löbbe/*Hüffer/Schürnbrand,* § 47 Rn. 70.

124 Ulmer/Habersack/Löbbe/*Hüffer/Schürnbrand,* § 47 Rn. 70.

125 BGH ZIP 1983, S. 432; MüKoGmbH/*Drescher,* § 47 Rn. 241; Ulmer/Habersack/Löbbe/*Hüffer/Schürnbrand,* § 47 Rn. 70; Henssler/Strohn/*Hillmann,* § 47 Rn. 89; Michalski/*Römermann,* § 47 Rn. 488; Piehler, DStR 1992, S. 1654 (1658).

126 Ulmer/Habersack/Löbbe/*Hüffer/Schürnbrand,* § 47 Rn. 70; MüKoGmbH/*Drescher,* § 47 Rn. 241.

127 Ulmer/Habersack/Löbbe/*Hüffer/Schürnbrand,* § 47 Rn. 70; Michalski/*Römermann,* § 47 Rn. 488; Ulmer, in: FS Werner, S. 911 (911 ff.).

können keine Rechte aus dem Gesellschaftsvertrag geltend machen. Ausschließlich die Mitglieder dürfen sich auf diesen berufen.[128]

b) Sinn und Zweck von Stimmbindungen

Stimmbindungen können einer Vielzahl von Zwecken dienlich sein. So sind Dritte bei der Vereinbarung von Stimmbindungen meist auf die Sicherung wirtschaftlicher Interessen fokussiert.[129] Zu nennen sind in diesem Zusammenhang Treugeber, Pfandnehmer oder Nießbraucher.[130] Innergesellschaftliche Ziele können die Erhaltung der Vormachtstellung in der GmbH für bestimmte Gesellschaftergruppierungen, die Verhinderung einer Einflussnahme seitens Dritter oder die Bündelung gleichgerichteter Interessen in sog. Konsortial- und Poolverträgen sein.[131] Nicht selten kommt es vor, dass sich u. a. Gesellschafter einer Kapitalgesellschaft zu einem Stimmrechtskonsortium zusammenschließen.[132] Solche Stimmrechtskonsortien existieren meist in Form einer BGB-Gesellschaft, also ein Zusammenschluss von Gesellschaftern innerhalb der Gesellschaft zum Zwecke der verbesserten Interessendurchsetzung mittels Stimmbindung.[133] Stimmbindungen sind folglich ein wichtiges Instrument der Unternehmenspolitik.[134] Derweilen ist jedoch zweifelhaft, ob bei der Vereinbarung solcher Stimmbindungen die Interessen der Gesellschaft überhaupt noch im Vordergrund stehen. Es ist davon auszugehen, dass auf derartigen Vereinbarungen beruhende Abstimmungen sogar häufig den Interessen der Gesellschaft zuwiderlaufen.[135] Die Interessen der Gesellschaft sollte man bei der Ausübung der Stimmrechtsmacht jedoch nicht aus den Augen verlieren. Insofern kann die Zulässigkeit solcher Abreden als bedenklich angesehen werden.[136]

c) Zulässigkeit von Stimmbindungen

Eingehende Betrachtung verlangt die Zulässigkeit solcher Stimmrechtsbindungsverträge in der GmbH. Inzwischen werden Stimmbindungsverträge von der h. M.

---

128 Ulmer/Habersack/Löbbe/*Hüffer/Schürnbrand*, § 47 Rn. 70; Michalski/*Römermann*, § 47 Rn. 488; a. A. Baumbach/Hueck/*Zöllner*, § 47 Rn. 113; Bork/Schäfer/*Casper*, § 47 Rn. 25.

129 Henssler/Strohn/*Hillmann*, § 47 Rn. 86; Michalski/*Römermann*, § 47 Rn. 489.

130 Henssler/Strohn/*Hillmann*, § 47 Rn. 86; Michalski/*Römermann*, § 47 Rn. 489.

131 Scholz/*Schmidt*, § 47 Rn. 36; Ulmer/Habersack/Löbbe/*Hüffer/Schürnbrand*, § 47 Rn. 67; Bork/Schäfer/*Casper*, § 47 Rn. 24; Lübbert, S. 76; Westermann, in: FS Bezzenberger, S. 449 (449 ff.).

132 Henssler/Strohn/*Hillmann*, § 47 Rn. 86; Baumbach/Hueck/*Zöllner*, § 47 Rn. 113; Scholz/*Schmidt*, § 47 Rn. 36; Michalski/*Römermann*, § 47 Rn. 489; Ulmer/Habersack/Löbbe/*Hüffer/Schürnbrand*, § 47 Rn. 67; Bork/Schäfer/*Casper*, § 47 Rn. 24.

133 BGHZ 126, 226 (234); MüKoBGB/*Ulmer*, Vor § 705 Rn. 68; Wertenbruch, NZG 2009, S. 645 (646).

134 Dürr, S. 7.

135 Ulmer/Habersack/Löbbe/*Hüffer/Schürnbrand*, § 47 Rn. 75 ff.

136 Ulmer/Habersack/Löbbe/*Hüffer/Schürnbrand*, § 47 Rn. 75.

in der Literatur[137] und der aktuellen Rechtsprechung[138] als grundsätzlich zulässig gebilligt. Es mehren sich jedoch die kritischen Stimmen hinsichtlich einer grenzenlosen Zulässigkeit.[139] Den Kritikern zufolge hat bei der Frage der Zulässigkeit eine Differenzierung zwischen Stimmbindungsvereinbarungen unter den Gesellschaftern und gegenüber Dritten zu erfolgen. So könnten Stimmbindungsvereinbarungen der Gesellschafter untereinander grundsätzlich als zulässig behandelt werden;[140] denn einerseits gestatte die Satzungsautonomie die Aufnahme von Vereinbarungen in die Satzung, andererseits sei die Zulässigkeit schuldrechtlicher Vereinbarungen an der Vertragsfreiheit zu messen. Beides könne nur anhand konkreter gesetzlicher Regelungen eingeschränkt werden.[141] Anderes solle im Hinblick auf Dritte gelten. In Bezug auf eine generelle Bejahung der Zulässigkeit sei Vorsicht geboten.[142] Es sei vielmehr von einer generellen Unzulässigkeit bei Stimmbindungen gegenüber Dritten auszugehen und nur in Ausnahmefällen könne eine solche Vereinbarung als zulässig gewertet werden.[143] Der mittels Stimmrechtsübertragung angestrebte Erfolg werde auf Umwegen herbeigeführt, so dass die Stimmbindung nichts anderes sei als eine Umgehung des Abspaltungsverbots.[144] Ferner sei die Stimmbindung gegenüber einem Dritten als Verstoß gegen die gesellschafterliche Treuepflicht zu werten; denn schließlich sei der einzelne Gesellschafter bei Ausübung seines Stimmrechts zur Wahrung der Interessen der Gesellschaft angehalten.[145] Der Abstimmungsberechtigte unterwerfe sich in seinem Stimmverhalten aber dem Willen eines Dritten, dessen Wille meist nicht an der Wahrung der Gesellschaftsinteressen orientiert

137 Baumbach/Hueck/*Zöllner*, § 47 Rn. 113; Lutter/Hommelhoff/*Bayer*, § 47 Rn. 15; Rowedder/Schmidt-Leithoff/*Koppensteiner*, § 47 Rn. 29; Henssler/Strohn/*Hillmann*, § 47 Rn. 88; Michalski/*Römermann*, § 47 Rn. 500; Habersack, ZHR 164, S. 1 (8f.); Mayer, GmbHR 1990, S. 61 (62 f.); Wertenbruch, NZG 2009, S. 645 (647); Behrens, in: FS 100 Jahre GmbHG, S. 539 (551 ff.); Odersky, in: FS Lutter, S. 557 (559).

138 RGZ 107, 67 (71); RGZ 170, 358 (371); BGHZ 48, 163 (166ff.); OLG Köln GmbHR 1989, S. 76 (78).

139 Scholz/*Schmidt*, § 47 Rn. 40, 42; Ulmer/Habersack/Löbbe/*Hüffer/Schürnbrand*, § 47 Rn. 78 ff.; Flume, BGB AT, § 7 VI, S. 242.

140 Scholz/*Schmidt*, § 47 Rn. 40;Ulmer/Habersack/Löbbe/*Hüffer/Schürnbrand*, § 47 Rn. 79; Müller, GmbHR 2007, S. 113 (113).

141 BGHZ 48, 163; Lutter/Hommelhoff/*Bayer*, § 47 Rn. 17; Roth/Altmeppen/*Roth*, § 47 Rn. 38; Bartl/*Fichtelmann*, § 47 Rn. 15; Ulmer/Habersack/Löbbe/*Hüffer/Schürnbrand*, § 47 Rn. 78.

142 Ulmer/Habersack/Löbbe/*Hüffer/Schürnbrand*, § 47 Rn. 80; Flume, BGB AT, § 7 VI S. 242; K. Müller, GmbHR 2007, S. 113 (115); Habersack, ZHR 164, S. 1 (12).

143 Ulmer/Habersack/Löbbe/*Hüffer/Schürnbrand*, § 47 Rn. 80.

144 Ulmer/Habersack/Löbbe/*Hüffer/Schürnbrand*, § 47 Rn. 80; Müller, GmbHR 2007, S. 113 (115).

145 Ulmer/Habersack/Löbbe/*Hüffer/Schürnbrand*, § 47 Rn. 80; Müller, GmbHR 2007, S. 113 (115).

sei.[146] Gegen eine generelle Unzulässigkeit von Stimmbindungsvereinbarungen gegenüber Dritten wird eingewandt, dass die Stimmbindung zumindest bei ad-hoc-Vereinbarungen keine Umgehung des Stimmabtretungsverbotes bedeute; denn es existiere ein wesentlicher Unterschied zwischen Stimmabtretung und Stimmbindung.[147] So verliere der Abtretende bei der Stimmabtretung jedweden Einfluss auf das künftige Abstimmungsverhalten.[148] Anders stelle sich die Situation dar, soweit der Gesellschafter sich verpflichte, in einem konkreten Fall in einer bestimmten Weise abzustimmen. Der sich Verpflichtende sei sich bereits zum Zeitpunkt der Vertragsschließung über sein Abstimmungsverhalten in dem konkreten Fall bewusst. Folglich könne bei konkreten Vereinbarungen nicht die Rede von einer Umgehung sein.[149] Eine Treupflichtverletzung sei in einem derart gelagerten Fall zu verneinen, da der Abstimmende sich nicht dem Willen Dritter unterwerfe.[150] Dahingegen sei bei dauerhaften Stimmbindungen eine generelle Zulässigkeit abzulehnen.[151] Im Moment der Vertragsschließung sei es dem Gesellschafter nicht mehr möglich zu überblicken, welche Entscheidungen künftig von der Stimmbindung erfasst würden. Es sei eine Einflusserlangung Dritter bis hin zu der Entstehung einer Beherrschungssituation denkbar.[152] Dem ist zuzustimmen. Bei dauerhaften Stimmbindungen ist von einer grundsätzlichen Unzulässigkeit auszugehen; denn die Manifestierung eines faktischen Beherrschungsvertrages widerspricht dem körperschaftlichen Selbstbestimmungsrecht der GmbH.[153] Ebenso überzeugend ist die Argumentation in Bezug auf eine generelle Zulässigkeit von ad-hoc-Vereinbarungen; denn es droht dabei keineswegs die Entstehung einer Beherrschungssituation seitens Dritter.[154] Stimmbindungen gegenüber Dritten können mithin nur dann als grundsätzlich zulässig angesehen werden, sofern es sich um ad hoc Vereinbarungen handelt.

d) Rechtsfolgen von Stimmbindungen

Es stellt sich ferner die Frage nach den Rechtsfolgen von Stimmbindungen. Keine Konsequenzen hat es, sofern eine Stimmabgabe auf Grundlage einer wirksamen Stimmbindung erfolgt ist. Die Wirksamkeit des Beschlusses wird diesbezüglich nicht angezweifelt.[155] Hat sich ein Gesellschafter aber mittels schuldrechtlicher Nebenabrede verpflichtet, in einer bestimmten Weise abzustimmen, so bedeutet ein

---

146 Ulmer/Habersack/Löbbe/*Hüffer/Schürnbrand*, § 47 Rn. 80 ff.; Fleck, in: FS Rob. Fischer, S. 107 (115 f.).
147 Scholz/*Schmidt*, § 47 Rn. 42.
148 Scholz/*Schmidt*, § 47 Rn. 42; Michalski/*Römermann*, § 47 Rn. 503.
149 Scholz/*Schmidt*, § 47 Rn. 42.
150 Scholz/*Schmidt*, § 47 Rn. 42; Michalski/*Römermann*, § 47 Rn. 503.
151 Scholz/*Schmidt*, § 47 Rn. 42.
152 Scholz/*Schmidt*, § 47 Rn. 42.
153 Scholz/*Schmidt*, § 47 Rn. 42.
154 Scholz/*Schmidt*, § 47 Rn. 42; Michalski/Römermann, § 47 Rn. 503.
155 Scholz/*Schmidt*,§ 47 Rn. 53.

Abweichen im Abstimmungsverhalten eine Verletzung dieser Vereinbarung.[156] Der Abstimmende kann gehalten sein, Schadensersatz zu leisten oder eine Vertragsstrafe zu zahlen, sofern die Parteien dies vereinbart haben.[157] Die Nichteinhaltung der Verpflichtung hat allerdings keine unmittelbaren Auswirkungen auf Stimmabgabe und Beschluss.[158] Ist die Stimmbindung unwirksam und wurde dennoch in ihrem Sinne abgestimmt, so bleibt die Stimmabgabe nach allgemein h. M. wirksam; es sei denn, sie selbst verstößt gegen Rechtsvorschriften.[159] Wurde die Stimmbindungsvereinbarung dahingegen als materieller Bestandteil in die Satzung aufgenommen, bedeutet eine abweichende Abstimmung einen Verstoß gegen den Gesellschaftsvertrag, sodass eine abweichende Stimmabgabe einen Satzungsverstoß darstellt und mithin zwangsläufig die Unwirksamkeit der Stimmabgabe nach sich zieht.[160] Inwieweit die Nichteinhaltung der Abstimmungsverpflichtung die Fehlerhaftigkeit eines Beschlusses begründet, soll an anderer Stelle, im Rahmen der Anfechtungsgründe, nochmals aufgegriffen werden (vgl. dazu Kap. 3, E., II., 4).

II. Die AG

Angesichts mangelnder gesetzlicher Regelung des Beschlussmängelrechts der GmbH ist das Aktienrecht für die Thematik dieser Arbeit von großer Bedeutung. So war bislang die Heranziehung der aktienrechtlichen Vorschriften zur Regelung des Beschlussmängelrechts der GmbH gängige Praxis. Die nähere Betrachtung der AG und ihres Beschlussmängelsystems ist insofern unabdingbar. Klassische Funktion der AG ist die Aufbringung und langfristige Bindung von Kapital. Dieser Funktion folgend ist die AG eine Körperschaft in Form einer Kapitalgesellschaft.[161] Als Körperschaft besitzt sie eine eigene Rechtspersönlichkeit[162] und existiert mithin unabhängig von ihren Mitgliedern. Die innere Ordnung der AG beruht auf einer

---

156 Baumbach/Hueck/*Zöllner*, § 47 Rn. 117; Scholz/*Schmidt*, § 47 Rn. 53; Ulmer/Habersack/Löbbe/*Hüffer/Schürnbrand*, § 47 Rn. 86; Bork/Schäfer/*Casper*, § 47 Rn. 28; Lübbert, S. 124 (174).

157 Michalski/*Römermann*, § 47 Rn. 526 ff.; Baumbach/Hueck/*Zöllner*, § 47 Rn. 119; Ulmer/Habersack/Löbbe/*Hüffer/Schürnbrand*, § 47 Rn. 86.

158 BGH NJW 1983, S. 1910 (1911); Michalski/*Römermann*, § 47 Rn. 532; Baumbach/Hueck/*Zöllner*, § 47 Rn. 118; Scholz/*Schmidt*, § 47 Rn. 53; Ulmer/Habersack/Löbbe/*Hüffer/Schürnbrand*, § 47 Rn. 86; Bork/ Schäfer/*Casper*, § 47 Rn. 28; Lübbert, S. 123 (168).

159 Baumbach/Hueck/*Zöllner*, § 47 Rn. 117; Scholz/*Schmidt*, § 47 Rn. 53; Bork/Schäfer/*Casper*, § 47 Rn. 28; MünchHdbGesR III/*Wolff*, § 38 Rn. 90; Lübbert, S. 123 (168); Happ, ZGR 1984, S. 169 (171); Odersky, in: FS Lutter, S. 557 (557 ff.); Priester, in: FS Werner, S. 657 (667).

160 BGHZ 38, 155 (160 f.); Michalski/*Römermann*, § 47 Rn. 488; Wälzholz, S. 1020 (1024).

161 Hüffer/*Koch*, AktG, § 1 Rn. 2; MüKoAktG/*Heider*, § 1 Rn. 13 f.; Kübler/Assmann, § 14 I 1 c), d).

162 MüKoAktG/*Heider*, § 1 Rn. 1; Hüffer/*Koch*, AktG, § 1 Rn. 4 ff.

Satzung (§§ 2, 23 AktG). Insbesondere zeichnet sich die AG dadurch aus, dass ihr Stammkapital in Aktien aufgegliedert ist (§ 1 I 1, II AktG). Jede Aktie verkörpert einen Bruchteil des Grundkapitals.[163] Eine persönliche Haftung der Inhaber von Aktien, die so genannten Anteilseigner, scheidet aus; vielmehr ist die Haftung nach § 1 I 2 AktG auf das Grundkapital beschränkt.

1. Der Aktionär

In der AG wird die Mitgliedschaft durch die Aktie begründet.[164] Daran schließt sich eine Vielzahl von Rechten und Pflichten an.[165] Inhaber einer Aktie und somit Aktionär kann jedes rechtsfähige Subjekt sein.[166] Der Aktionär ist nicht bloß Besitzer von Wertpapieren, sondern vielmehr wird er mit Übernahme der Aktien im Zuge der Gründung oder im Zuge einer Kapitalerhöhung Mitglied eines Verbandes und kann insofern gewisse Rechte wahrnehmen, so etwa Mitverwaltungsrechte, wie etwa das Recht auf Teilnahme an der Hauptversammlung (§ 118 I AktG), das Auskunftsrecht nach (§ 131 AktG), das Stimmrecht (§ 134 AktG) und das Anfechtungsrecht (§ 245 Nr. 1–3).[167] Aktionäre sind entsprechend dem Gleichbehandlungsgrundsatz, geregelt in § 53 a AktG, unter gleichen Voraussetzungen gleich zu behandeln. Dementsprechend steht jedem Aktionär, unabhängig vom Umfang seines Anteils, u. a. nach § 131 AktG das Auskunftsrecht oder gemäß § 243 AktG das Recht zur Beschlussanfechtung zu. Inzwischen ist aber auch eine Einschränkung dieser Rechte, insbesondere des Stimmrechts oder des Gewinnanspruchs, durch die Treuepflicht als Ausprägung eines bestehenden Sonderrechtsverhältnisses zwischen den Gesellschaftern anerkannt.[168]

2. Die Hauptversammlung

Das Willensbildungsorgan in der AG ist die Hauptversammlung.[169] Die Aktionäre können, soweit es die Angelegenheiten der Gesellschaft anbetrifft, ihre Rechte nur in der Hauptversammlung ausüben (§ 118 I AktG).[170] Dementsprechend kann sie

---

163 MüKoAktG/*Habersack*, Einl. Rn. 1; Kübler/Assmann, § 14 I 3 a).

164 MüKoAktG/*Heider*, § 1 Rn. 97; Henssler/Strohn/*Lange*, § 1 AktG Rn. 11; Hüffer/*Koch*, AktG, § 1 Rn. 13.

165 MüKoAktG/*Heider*, § 1 Rn. 97; Henssler/Strohn/*Lange*, § 1 AktG Rn. 11; Hüffer/*Koch*, AktG, § 1 Rn. 13.

166 BGHZ 118, 83 (99f.); K.Schmidt, S. 798.

167 Hüffer/*Koch*, AktG, § 118 AktG Rn. 6 ff.; Henssler/Strohn/ *Henssler/Liebscher*, § 118 AktG Rn. 4 ff.; MüKoAktG/*Kubis*, § 118 Rn. 34 ff.; K. Schmidt, S. 797.

168 Raiser/*Veil*, § 11 Rn. 15; Kübler/Assmann, § 15 II 3c.

169 MüKoAktG/*Kubis*, § 119 Rn. 3; Henssler/Strohn/*Henssler/Liebscher*, § 118 AktG Rn. 1 ff.; Hüffer/*Koch*, AktG, § 118 Rn. 2.

170 MüKoAktG/*Kubis*, § 118 Rn. 68; Henssler/Strohn/*Henssler/Liebscher*, § 118 AktG Rn. 2 ff.; K. Schmidt, S. 839.

als Sitz der Aktionärsdemokratie bezeichnet werden.[171] Einberufen wird die Hauptversammlung, ordentliche wie außerordentliche, grundsätzlich durch den Vorstand (§ 121 II AktG). Eine außerordentliche Hauptversammlung kann ausnahmsweise auch durch den Aufsichtsrat oder durch Aktionäre einberufen werden, soweit die entsprechenden Voraussetzungen erfüllt sind. Im Hinblick auf die Kompetenzverteilung bestimmt § 119 I AktG, dass das Beschlussorgan der AG in den durch Gesetz oder Satzung ausdrücklich bestimmten Fällen entscheidet. Außerhalb dieser normierten Beschlussgegenstände erstreckt sich der Umfang der Zuständigkeit der Hauptversammlung vorwiegend auf so genannte Grundlagenbeschlüsse, also solche, die sich satzungsändernd bzw. strukturändernd auswirken und weniger auf laufende Geschäftsangelegenheiten.[172] Die Hauptversammlung mischt sich mithin prinzipiell nicht in reguläre Geschäftsführungsaufgaben ein. Ihr Aufgabenfeld ist überschaubar, so dass sie nicht die Stellung des obersten Organs in der AG einnimmt.[173]

3. Vorstand und Aufsichtsrat – die Handlungsorgane

Vorstand und Aufsichtsrat sind die Handlungsorgane der AG.[174] So ist der Vorstand zur Leitung der AG (§ 76 I AktG) und der Aufsichtsrat zur Überwachung desselbigen (§ 111 I AktG) berufen.[175] Der Vorstand muss ab einem Grundkapital von mehr als drei Millionen Euro aus mindestens zwei natürlichen Personen bestehen (§ 76 II 2, III 1 AktG). Fremdorganschaft ist in der AG zulässig, die Vorstandsmitglieder müssen also nicht Anteilseigner sein.[176] Die Bestellung und Abberufung erfolgt nach § 84 AktG durch den Aufsichtsrat. Eine Weisungsabhängigkeit des Vorstands von den Anteilseignern, wie es in der GmbH der Fall ist, existiert nicht, sondern der Vorstand übt die Gesamtleitung der Gesellschaft eigenverantwortlich aus.[177] Richtlinien im Hinblick auf die Leitung des Unternehmens, welche in der Hauptsache die Qualität der Unternehmensleitung sichern sollen, werden durch den „Corporate Governance Codex“ vorgegeben.[178]

---

171 BVerfG, NJW 2000, S. 349 (351).

172 BGH NJW 1982, S.1703 (1703 ff.); BGH NJW 2004, S. 1860 (1860 ff.); Henssler/Strohn/*Liebscher*, § 119 AktG Rn. 8 ff.; Hüffer/*Koch*, AktG, § 118 Rn. 4.

173 Hüffer/*Koch*, AktG, § 118 Rn. 4; Raiser/*Veil*, Kapges. § 13 Rn. 11.

174 Henssler/Strohn/*Dauner-Lieb*, § 76 AktG Rn. 3 ff., Hüffer/*Koch*, AktG, § 76 Rn. 5 ff.; MüKoAktG/*Spindler*, § 76 Rn. 7 ff.

175 Hüffer/*Koch*, AktG, § 118 Rn. 3; Henssler/Strohn/*Dauner-Lieb*, § 76 AktG Rn. 3 ff.; Henssler/Strohn/*Henssler*, § 111 AktG Rn. 2; MüKoAktG/*Spindler*, § 76 Rn. 7 ff.; MüKoAktG/*Habersack*, § 111 Rn. 18; Raiser/*Veil*, Kapges., § 14 Rn. 1; § 15 Rn. 1.

176 Henssler/Strohn/*Dauner-Lieb*, § 76 AktG Rn. 16; K. Schmidt, S. 808.

177 MüKoAktG/*Spindler*, § 76 AktG Rn. 22; KölnKommAktG/*Mertens/Cahn*, § 76 Rn. 42; Hüffer/*Koch*, AktG, § 76 Rn. 10; K. Schmidt, S. 805.

178 Hüffer/*Koch*, AktG, § 76 Rn. 37; MüKoAktG/*Spindler*, § 76 Rn. 31; Spindler/*Stilz*, § 161 Rn. 1; Henssler/Strohn/*Vetter*, § 161 AktG Rn. 1 ff.

Mitglieder des Aufsichtsrates können nach § 100 I AktG ausschließlich natürliche, unbeschränkt geschäftsfähige Personen sein. Der amtierende Aufsichtsrat ist für die Nominierung der künftigen Mitglieder des Aufsichtsrates zuständig (§ 124 III 1 AktG). Die bedeutsamste Aufgabe des Aufsichtsrates ist in der Überwachung der Geschäftsführung zu sehen (§ 111 AktG).[179] Die Unabhängigkeit der Aufsichtsratsmitglieder vom Vorstand ist keine zwingende Notwendigkeit, wird inzwischen aber empfohlen nach Ziff. 5.4.2 DCGK.[180] Neben der Überwachung ist der Aufsichtsrat ferner gemäß § 112 AktG für die gerichtliche und außergerichtliche Vertretung der Gesellschaft gegenüber dem Vorstand zuständig.

4. Das Stimmrecht

Das Stimmrecht bildet die Grundlage für die Stimmabgabe.[181] Es steht jedem Aktionär zu und kann diesem auch nicht genommen werden, vorausgesetzt die Einlage wurde geleistet (§§ 12, 134 AktG). Mitgliedschaft und Stimmrecht sind untrennbar miteinander verknüpft.[182] Eine Ausnahme von dieser Untrennbarkeit ist bei eigenen Aktien der Gesellschaft nach § 71 b AktG und auch bei Vorzugsaktien ohne Stimmrecht §§ 12 I 2, 139 ff. AktG zugelassen. Eine Einschränkung erfährt das Stimmrecht durch Stimmverbote, welche in § 136 AktG geregelt sind. Von dieser Vorschrift werden solche Fälle erfasst, in denen das persönliche Interesse eines Aktionärs mit dem Interesse der Gesellschaft notwendigerweise in Konflikt steht.[183] Des Weiteren besteht auch hier die Möglichkeit einer Einschränkung durch Stimmbindungsverträge, welche nach h. M. grundsätzlich wirksam sind.[184]

III. Zusammenfassung

Die GmbH ist eine Kapitalgesellschaft, die jedoch häufig eine personalistische Struktur aufweist. Daher ist eine gewisse Nähe zu den Personengesellschaften festzustellen. Die Rechte der Gesellschafter sind vorwiegend im Gesellschaftsvertrag festgelegt und werden durch die Regelungen der §§ 46–51 GmbHG ergänzt. Die Gesellschafterversammlung ist das Willensbildungsorgan in der GmbH und als solche befugt, den Geschäftsführern Weisungen zu erteilen. Die Geschäftsführer ihrerseits sind grundsätzlich an die Weisungen der Gesellschafterversammlung

---

179 Henssler/Strohn/*Henssler*, § 111 AktG Rn. 2; MüKoAktG/*Habersack*, § 111 Rn. 12 ff.; Hüffer/*Koch*, AktG, § 111 Rn. 2 ff.

180 Hüffer, ZIP 2006, S. 637 (638); Langenbucher, ZGR 2007, S. 571 (589 ff.).

181 MüKoGmbHG/*Drescher*, § 47 Rn. 68; Baumbach/Hueck/*Zöllner*, § 47 Rn. 32; Ulmer/Habersack/Löbbe/*Hüffer/Schürnbrand*, § 45 Rn. 40.

182 BGH NJW 1987, S. 780 (780); K. Schmidt, GesR, § 28 IV 4 b), S. 849.

183 Henssler/Strohn/*Liebscher*, § 136 AktG Rn. 1 ff.; MüKoAktG/*Schroer*, § 136 Rn. 1 ff.; Hüffer/*Koch*, AktG, § 136 Rn. 1 ff.

184 BGHZ 48,163 (163); Barz, BGH GmbHR 1968, S. 99 (100); Mertens, Anm. BGH JR 1967, S. 459 (462); Peters, Anm. BGH JZ 1968, S. 24 (27).

gebunden. Ein wesentliches Recht der Gesellschafter ist das Stimmrecht. Dieses gibt ihnen die Befugnis, an der Gesellschafterversammlung teilzuhaben. Eine Übertragung des Stimmrechts auf einen Dritten losgelöst vom Geschäftsanteil ist nicht möglich. Grenzen findet das Stimmrecht in gesetzlich geregelten Stimmverboten, in den allgemeinen Inhaltsschranken für Rechtsgeschäfte und in gesellschafterlichen Bindungen wie etwa der Treuepflicht. Eine rücksichtlose Stimmrechtsausübung einzelner Gesellschafter soll dadurch weitgehend unterbunden werden.

Die AG dahingegen ist rein kapitalistisch strukturiert. Die Aktionäre einer AG üben ihre Rechte in der Hauptversammlung aus. Die Hauptversammlung als Willensbildungsorgan der AG hat anders als die Gesellschafterversammlung der GmbH keine ganz so entscheidende Rolle. So fehlt es etwa an einer Weisungsgebundenheit des Vorstandes wie es in der GmbH der Fall ist. Eine Einmischung seitens der Hauptversammlung in Aufgaben der gewöhnlichen Geschäftsführung erfolgt grundsätzlich nicht. Der Aufsichtsrat überwacht jedoch das Tätigwerden des Vorstandes.

Die Gesellschafter einer GmbH können sich darüber hinaus auch verpflichten, in einem bestimmten Sinne abzustimmen. Den Gesellschaftern einer GmbH steht ein Gestaltungwahlrecht insoweit zu, als sie eine solche Vereinbarung als materiellen oder nur formellen Bestandteil in die Satzung aufnehmen können. Steht die Vereinbarung außerhalb des Satzungstextes, so ist jedoch davon auszugehen, dass es sich lediglich um eine schuldrechtliche Nebenabrede handelt, die keinen weiteren Formanforderungen unterliegt. Stimmbindungsverträge zwischen den Gesellschaftern untereinander sind grundsätzlich zulässig. Stimmbindungen gegenüber Dritten begegnen dahingegen Bedenken, zumindest wenn sich die Gesellschafter dauerhaft in ihrer Stimmabgabe binden. Es besteht die Gefahr, dass Dritte erheblichen Einfluss bis hin zur Entstehung einer Beherrschungssituation in Bezug auf die Gesellschaft erlangen. Eine solche dauerhafte Stimmbindung sollte daher nicht zulässig sein.

B. Stimmabgabe und Beschluss

Die Beschlussfassung bedeutet die Beendigung des Willensbildungsprozesses in der Gesellschaft.[185] Der Beschluss bildet somit die Grundlage sämtlicher zu treffender Entscheidungen in der GmbH.[186] Insofern ist der Beschluss ein bedeutendes Instrument zur Gewährleistung der Handlungsfähigkeit einer Gesellschaft.[187] Der Beschluss kommt durch die Abstimmung über einen bestimmten Antrag zustande. Die Abstimmung erfolgt durch Stimmabgabe der einzelnen Gesellschafter.[188] Mittels

185 Henssler/Strohn/*Hillmann*, § 47 Rn. 2; Roth/Altmeppen/*Roth*, § 47 Rn. 2; Michalski/*Römermann*, § 47 Rn. 7.

186 Baumbach/Hueck/*Zöllner*, § 47 Rn. 2 ff.; Henssler/Strohn/*Hillmann*, § 47 Rn. 2 ff.; Roth/Altmeppen/*Roth*, § 47 Rn. 2 ff.; Michalski/*Römermann*, § 47 Rn. 7 ff.

187 Baumbach/Hueck/*Zöllner*, § 47 Rn. 2 ff.; Henssler/Strohn/*Hillmann*, § 47 Rn. 2 ff.; Roth/Altmeppen/*Roth*, § 47 Rn. 2 ff.; Michalski/*Römermann*, § 47 Rn. 7ff.

188 Baumbach/Hueck/*Zöllner*, § 47 Rn. 3f.; MüKoGmbHG/*Drescher*, § 47 Rn. 2; Henssler/Strohn/*Hillmann*, § 47 Rn. 1 ff.

Stimmabgabe üben die Gesellschafter ihr Stimmrecht als wichtigstes Mitwirkungsrecht aus.[189]

I. Die Stimmabgabe

Der einzelne Gesellschafter übt sein Stimmrecht mittels Stimmabgabe aus.[190] Durch die Stimmabgabe können die Gesellschafter ihre Zustimmung oder Ablehnung hinsichtlich eines Beschlussantrages kundtun, sodass die Stimmrechtsausübung einer Rechtsausübung entspricht.[191] Die Ausübung kann der Träger des Stimmrechts auch einem Vertreter überlassen.[192] Es ist jedoch nicht möglich, das Stimmrecht losgelöst vom Geschäftsanteil an einen Dritten abzutreten.[193]

1. Rechtsnatur der Stimmabgabe

Die h. M. versteht die Stimmabgabe als Willenserklärung, also als die Äußerung eines auf Herbeiführen einer Rechtsfolge gerichteten Willens.[194] Dem ist zuzustimmen; denn die Stimmabgabe als solche richtet sich auf die Herbeiführung des Beschlusses als Rechtserfolg und somit auch auf die Bildung eines Kollektivwillens.[195] Mithin ist die Stimmabgabe eine Willenserklärung des einzelnen Gesellschafters. Sie ist nach ganz h. M. auch empfangsbedürftig.[196] Erklärungsempfänger ist die Gesellschaft, welche durch den Abstimmungsleiter, dessen Stellung meist ein Geschäftsführer oder ein anderer Gesellschafter innehat, vertreten wird.[197]

Die Einordnung der Stimmabgabe als Willenserklärung hat die Anwendbarkeit der bürgerlich-rechtlichen Vorschriften und Grundsätze über Abgabe, Zugang, Auslegung, Anfechtbarkeit und Nichtigkeit zur Folge, sodass die Stimmabgabe den

---

189 Henssler/Strohn/*Hillmann*, § 47 Rn. 26 ff.; Roth/Altmeppen/*Roth*, § 47 Rn. 17 ff.; MüKoGmbHG/*Drescher*, § 47 Rn. 68 ff.

190 MüKoGmbHG/*Drescher*, § 47 Rn. 68; Baumbach/Hueck/*Zöllner*, § 47 Rn. 32; Henssler/Strohn/*Hillmann* § 4 Rn. 26.

191 MüKoGmbHG/*Drescher*, § 47 Rn. 68; Baumbach/Hueck/*Zöllner*, § 47 Rn. 32; Henssler/Strohn/*Hillmann*, § 4 Rn. 26.

192 Roth/Altmeppen/*Roth*, § 47 Rn. 30; Baumbach/Hueck/*Zöllner*, § 47 Rn. 43.

193 BGH NJW 1965, S. 1378 (1378); Baumbach/Hueck/*Zöllner*, § 47 Rn. 40; Michalski/*Römermann*, § 47 Rn. 49; Henssler/Strohn/*Hillmann*, § 47 Rn. 35; MüKoGmbHG/*Drescher*, § 47 Rn. 75; MünchHdb.GesR III/*Wolff*, § 38 Rn. 11.

194 Baumbach/Hueck/*Zöllner*, § 47 Rn. 7; Ulmer/Habersack/Löbbe/*Hüffer/Schürnbrand*, § 47 Rn. 44; Henssler/Strohn/*Hillmann*, § 47 Rn. 29; Bork/Schäfer/*Casper*, § 47 Rn. 3; K. Schmidt, GesR, § 15 I 2 b), S. 437; Zöllner, in: FS Lutter, S. 821 (822).

195 Michalski/*Römermann*, § 47 Rn. 374 f.; Henssler/Strohn/*Hillmann*, § 47 Rn. 29.

196 BGHZ 48, 163 (173); Michalski/*Römermann*, § 47 Rn. 377; Baumbach/Hueck/*Zöllner*, § 47 Rn. 7; Bartl/ *Fichtelmann*, § 47 Rn. 4.

197 Michalski/*Römermann*, § 47 Rn. 377; Baumbach/Hueck/*Zöllner*, § 47 Rn. 7; Bartl/*Fichtelmann*, § 47 Rn. 4.

§§ 104 ff., 116 ff., 130 BGB ff. unterliegt.[198] Entsprechend § 130 I BGB wird die Stimmabgabe erst mit Zugang, z. B. beim Versammlungsleiter, wirksam. In der Regel erfolgt die Abgabe der Stimme durch ausdrückliche Zustimmung oder Ablehnung des Beschlussantrages; aber auch eine konkludente Abgabe derselben ist denkbar.[199] Auch in der Stimmenthaltung ist eine Erklärung im Sinne einer Stimmabgabe zu sehen.[200] Das Beschlussergebnis erfährt eine Beeinflussung dadurch, dass die Stimme des Enthaltenden bei der Mehrheitsfeststellung nicht mitgezählt wird.[201] Grundsätzlich ist in der GmbH kein Widerruf nach Zugang mehr möglich. Ein Teil der Literatur will aber eine Ausnahme dann zulassen, wenn der Widerruf aus wichtigem Grund geboten ist, so beispielsweise, wenn sich die Stimmabgabe als treuwidrig herausstellt.[202] Die Stimmabgabe kann nichtig sein, wenn sie von einer Person vorgenommen wurde, die nicht oder nicht mehr Gesellschafter ist, bei Geschäftsunfähigkeit gemäß § 105 BGB, bei Scherz- oder Scheinerklärung gemäß §§ 116, 117, 118 BGB und ferner nach §§ 119, 123, 142 BGB im Fall wirksamer Anfechtung der Stimmabgabe.[203] Nichtigkeit ist ebenfalls zu bejahen bei Verstößen gegen die guten Sitten, bei einer treuwidrigen Stimmabgabe, bei einer Stimmabgabe auf Anteile mit ruhendem Stimmrecht sowie bei einer Stimmabgabe entgegen einem Stimmverbot.[204]

2. Auswirkungen nichtiger Stimmabgabe

Eine nichtige Stimmabgabe kann Auswirkungen auf den Beschluss haben. Welche Auswirkungen eine nichtige Stimmabgabe im Einzelnen auf den Beschluss haben kann, hängt entscheidend davon ab, ob man den Versammlungsleiter als zur generellen Mitzählung nichtiger Stimmen verpflichtet ansieht. In der Literatur wird die Auffassung vertreten, aus Gründen der Rechtssicherheit sei das Mitzählen auch nichtiger Stimmabgaben erforderlich; denn es würden ansonsten schwerwiegende Unsicherheiten hinsichtlich des Mit- oder Nichtmitzählens einer Stimme auftreten.[205] Gestünde man dem Versammlungsleiter zu, nach seiner Einschätzung Stimmen mitzuzählen oder nicht mitzuzählen, je nachdem, ob dieser sie für nichtig hält oder nicht, so würde dem Versammlungsleiter eine zu große Manipulationsmacht

---

198 Baumbach/Hueck/*Zöllner*, § 47 Rn. 8; Ulmer/Habersack/Löbbe/*Hüffer/Schürnbrand*, § 47 Rn. 44; Bartl/*Fichtelmann*, § 47 Rn. 4; Bork/Schäfer/*Casper*, § 47 Rn. 16.

199 Baumbach/Hueck/*Zöllner*, § 47 Rn. 7 f.

200 Roth/Altmeppen/*Roth*, § 47 Rn. 3; Ulmer/Habersack/Löbbe/*Hüffer/Schürnbrand*, § 47 Rn. 44.

201 Ulmer/Habersack/Löbbe/*Hüffer/Schürnbrand*, § 47 Rn. 44.

202 Ulmer, in: FS Niederländer, S. 415 (433); Ulmer/Habersack/Löbbe/*Hüffer/Schürnbrand*, § 47 Rn. 44.

203 Ulmer/Habersack/Löbbe/*Raiser*, Anh. § 47 Rn. 18; MüKoGmbHG/*Wertenbruch*, Anh. § 47 Rn. 127.

204 Michalski/*Römermann*, Anh. § 47 Rn. 292 f.

205 Koppensteiner, ZIP 1994, S. 1325 (1329).

an die Hand gegeben werden.[206] Dies sei Grund genug, die Berücksichtigung dieses Unwirksamkeitsgrundes zu versagen.[207] Dagegen spricht jedoch, dass eine Bejahung der Rechtsgültigkeit rechtsmissbräuchlicher Stimmen dazu führen würde, dass bei einer späteren gerichtlichen Überprüfung des Inhalts des Beschlusses das Gericht von der Wirksamkeit missbräuchlicher Stimmen ausgehen müsste.[208] Tatsächlich kann dies einem Gericht nicht zugemutet werden.[209] Zwar wäre eine fristgebundene Anfechtung des Beschlusses aufgrund eines Beschlussmangels denkbar; eine solche hätte jedoch die vollständige Zerschlagung des Beschlusses zur Folge und nicht die Veränderung des Ergebnisses, so dass sich dieser Weg als unpraktikabel darstellt.[210] Insofern sind offensichtlich nichtige Stimmen nicht mitzuzählen. Dennoch kann es passieren, dass eine nichtige Einzelstimme von einem Versammlungsleiter nicht bemerkt wurde.[211] Nach einer Ansicht soll der Beschluss mit der Feststellung des Ergebnisses durch den Abstimmungsleiter dennoch wirksam sein.[212] Der Beschluss sei dann jedoch anfechtbar, da fehlerhaft, aber auch nur soweit die nichtige Stimme Einfluss auf das Abstimmungsergebnis habe; denn die nichtige Stimmabgabe könne nur bei Einwirkung auf die Stimmenmehrheit das Zustandekommen des Beschlusses verhindern.[213] Diese Problematik soll im Rahmen der Anfechtungsgründe vertiefend erörtert werden (vgl. unten 3. Kap., E., II., 1., d)).

II. Der Beschluss

Die von den Gesellschaftern in den Angelegenheiten der Gesellschaft zu treffenden Entscheidungen erfolgen durch Beschlussfassung (§ 47 I GmbH). Dementsprechend sind die Gesellschafter insoweit Träger der Gesellschaft. Je gewichtiger die Rolle der Gesellschafter, umso entscheidender die Rolle der Gesellschafterbeschlüsse.[214] Auf die Frage nach der tatsächlichen Reichweite der Bindungswirkung eines Beschlusses kann keine pauschale Antwort gegeben werden. Diese ist vom jeweiligen Einzelfall

---

206 Koppensteiner, ZIP 1994, S. 1325 (1329).
207 Koppensteiner, ZIP 1994, S. 1325 (1329).
208 Zöllner, in: FS Lutter, S. 821 (825).
209 Zöllner, in: FS Lutter, S. 821 (825).
210 Zöllner, in: FS Lutter, S. 821 (825).
211 Ulmer/Habersack/Löbbe/*Raiser,* Anh. § 47 Rn. 19; Zöllner, S. 360.
212 BGH 14, 267 f.; BGH WM 1977, S. 361 (363); Lutter/Hommelhoff/*Bayer,* § 47 Rn. 26; Roth/Altmeppen/*Roth,* § 47 Rn. 91; Scholz/*Schmidt,* § 47 Rn. 32; MüKoGmbHG/*Wertenbruch,* Anh. § 47 Rn. 127; Baumbach/Hueck/*Zöllner,* § 47 Rn. 8; Ulmer/Habersack/Löbbe/*Raiser,* Anh. § 47 Rn. 19; Zöllner, S. 360.
213 BGH 14, 267 f.; BGH WM 1977, S. 361 (363); Lutter/Hommelhoff/*Bayer,* § 47 Rn. 26; Roth/Altmeppen/*Roth,* § 47 Rn. 91; Scholz/*Schmidt,* § 47 Rn. 32; MüKoGmbHG/*Wertenbruch,* Anh. § 47 Rn. 127; Baumbach/Hueck/*Zöllner,* § 47 Rn. 8; Ulmer/Habersack/Löbbe/*Raiser,* Anh. § 47 Rn. 19; Zöllner, S. 360.
214 Vogel, S. 10.

abhängig zu machen.[215] Beschlüsse bedürfen, soweit sie den gesellschaftsinternen Bereich betreffen, erst einmal keiner Umsetzung. Die Gesellschaftsorgane und Gesellschafter unterliegen ihrer Bindung unmittelbar.[216] Dahingegen wirken Beschlüsse in Bezug auf den rechtsgeschäftlichen Außenbereich in der Regel nicht von sich aus. Sie bedürfen vielmehr der Ausführung durch einen Geschäftsführer.[217] Eine Ausnahme soll nur dann gelten, wenn der Gesellschaftergesamtheit eine Vertretungsmacht zusteht. In derartigen Fällen bedarf es keiner Umsetzung des Beschlusses mehr.[218] In jedem Fall aber bilden Beschlüsse die Grundlage für das Vorgehen der Geschäftsführer.[219] Beschlüsse garantieren mithin die Funktionsfähigkeit der GmbH, sodass die Fehlerhaftigkeit eines Beschlusses gravierende Konsequenzen für die Gesellschaft haben kann.[220]

1. Begriff

Der Beschluss ist als die organschaftliche Willensäußerung der Gesellschafter zu beschreiben, also die „rechtverbindliche Form kollektiver Willensbildung". Genau genommen ist der Beschluss das Ergebnis der Abstimmung und die Abstimmung wiederum das Verfahren, aus dem der Beschluss hervorgeht.[221] Regelungen in Bezug auf den Beschluss sind in den §§ 46 ff GmbHG zu finden. Eine Abstimmung über einen bestimmten Beschlussgegenstand erfolgt in der Regel erst bei vorangegangenem Beschlussantrag.[222] Soweit ein Beschlussantrag die erforderliche Mehrheit erhalten hat, dem Beschlussantrag also zugestimmt wurde, ist von einem positiven Beschluss die Rede.[223] Im Falle einer Ablehnung des Beschlussantrages spricht man indes von einem negativen Beschluss, dessen Bindungswirkung größtenteils bejaht wird.[224] Entscheidend für die Handlungsfähigkeit der Gesellschaft ist, dass

215 Henssler/Strohn/*Hillmann*, § 47 Rn. 4; Baumbach/Hueck/*Zöllner*, § 47 Rn. 4; Roth/Altmeppen/*Roth*, § 47 Rn. 2 ff.; Bork/Schäfer/*Casper*, § 47 Rn. 6.

216 Henssler/Strohn/*Hillmann*, § 47 Rn. 4; Baumbach/Hueck/*Zöllner*, § 47 Rn. 4; Roth/Altmeppen/*Roth*, § 47 Rn. 2 ff.

217 Baumbach/Hueck/*Zöllner*, § 47 Rn. 3; Bork/Schäfer/*Casper*, § 47 Rn. 6.

218 Baumbach/Hueck/*Zöllner*, § 47 Rn. 10; Bork/Schäfer/*Casper*, § 47 Rn. 6.

219 Henssler/Strohn/*Hillmann*, § 47 Rn. 4 ff.; Baumbach/Hueck/*Zöllner*, § 47 Rn. 1 ff.; Roth/Altmeppen/*Roth*, § 47 Rn. 2 ff.

220 Henssler/Strohn/*Hillmann*, § 47 Rn. 4 ff.; Baumbach/Hueck/*Zöllner*, § 47 Rn. 1 ff.

221 Baumbach/Hueck/*Zöllner*, § 47 Rn. 4; Bork/Schäfer/*Casper*, § 47 Rn. 3; Zöllner, S. 9 ff.; K. Schmidt, GesR, § 15 I 1 a), S. 434 ff.; Zöllner, in: FS Lutter, S. 821 (821).

222 Ulmer/Habersack/Löbbe/*Hüffer/Schürnbrand*, § 47 Rn. 2; Henssler/Strohn/*Hillmann*, § 47 Rn. 2; Bork/Schäfer/*Casper*, § 47 Rn. 7.

223 Baumbach/Hueck/*Zöllner*, § 47 Rn. 4; Scholz/*Schmidt*, § 45 Rn. 31; Ulmer/Habersack/Löbbe/*Hüffer/Schürnbrand*, § 47 Rn. 8.

224 Baumbach/Hueck/*Zöllner*, § 47 Rn. 4; Scholz/*Schmidt*, § 45 Rn. 31; Ulmer/Habersack/Löbbe/*Hüffer/Schürnbrand*, § 47 Rn. 16.

der Beschluss als Willensäußerung der Gesellschafter dem jeweiligen Verband als eigene Willensbildung zugerechnet wird.[225]

2. *Rechtsnatur des Beschlusses*

Unsicherheiten bereitete bislang die Bestimmung der Rechtsnatur des Beschlusses. Früher wurde in dem Beschluss ein kollektiver Willensakt eigener Art[226] oder ein Sozialakt gesehen.[227] Allgemeine Meinung war die Trennung des Beschlusses vom Kreis der Rechtsgeschäfte.[228] Nach Ansicht der jüngeren Lehre und Judikatur ist der Beschluss als Rechtsgeschäft zu behandeln.[229] Diese Einordnung bedarf näherer Betrachtung. Entsprechend allgemeiner Definition ist unter einem Rechtsgeschäft ein Tatbestand zu verstehen, der aus mindestens einer Willenserklärung besteht und auf die Herbeiführung einer Rechtsfolge gerichtet ist.[230] Der Beschluss ist das Ergebnis der Abstimmung.[231] Im Verfahren der Abstimmung geben wiederum die Gesellschafter ihre Stimmen ab.[232] Wie oben bereits erläutert, kann die Stimmabgabe als Willenserklärung eingestuft werden, sodass mithin der Beschluss auf mehreren Willenserklärungen basiert.[233] Ferner setzt der Tatbestand des Rechtsgeschäfts die Herbeiführung einer zumindest innerverbandlichen Rechtsfolge voraus.[234] Rechtsfolge bzw. Rechtserfolg des Beschlusses ist die Willensentscheidung als Ergebnis einer kollektiven Willensbildung.[235] Somit lässt sich der Beschluss unter den Begriff des Rechtsgeschäfts fassen. Der herrschenden Ansicht, der Beschluss sei ein Rechtsgeschäft, ist mithin zuzustimmen. Zu beachten ist jedoch, dass der Beschluss zwar

225 Ulmer/Habersack/Löbbe/*Hüffer/Schürnbrand*, § 47 Rn. 2; Bork/Schäfer/*Casper*, § 47 Rn. 3.

226 RGZ 122, 367 (369); Gierke, Dt. Privatrecht I, S. 501.

227 BGHZ 33, 189 (191); BGHZ 48, 163 (167).

228 RGZ 122, 367 (369); BGHZ 33, 189 (191); BGHZ 48, 163 (167); Gierke, Dt. Privatrecht I, S. 501.

229 BGH WM 1979, S. 71 (72); BGH GmbHR 1988, S. 337 (338); Roth/Altmeppen/Roth, § 47 Rn. 2; Scholz/*Schmidt*, § 45 Rn. 18; Baumbach/Hueck/*Zöllner*, § 47 Rn. 3; Henssler/Strohn/*Hillmann*, § 47 Rn. 3; Bork/Schäfer/*Casper*, § 47 Rn. 3; Hüffer, ZGR 2001, S. 833 (834); Baltzer, S. 171 ff.; Lindemann, S. 38.

230 Palandt/*Ellenberger*, Überbl. v. § 104 Rn. 2; Flume, BGB AT II, § 2 1, S. 23 ff.; Medicus, Rn. 173 ff.; Brox/Walker, Kap. 1, § 4 Rn. 96; Wertenbruch, BGB AT, Kap. 3, § 6 Rn. 3.

231 Baumbach/Hueck/*Zöllner*, § 47 Rn. 4; Zöllner, S. 9 ff.; K. Schmidt, GesR, § 15 I 1 a), S. 434 ff.; Zöllner, in: FS Lutter, S. 821 (821).

232 Baumbach/Hueck/*Zöllner*, § 47 Rn. 4; Zöllner, S. 9 ff.; K. Schmidt, GesR, § 15 I 1 a), S. 434 ff.; Zöllner, in: FS Lutter, S. 821 (821).

233 Baumbach/Hueck/*Zöllner*, § 47 Rn. 7; Ulmer/Habersack/Löbbe/*Hüffer/Schürnbrand*, § 47 Rn. 44; Henssler/Strohn/*Hillmann*, § 47 Rn. 29; Bork/Schäfer/ *Casper*, § 47 Rn. 3; K. Schmidt, GesR, § 15 I 2 b), S. 437; Zöllner, in: FS Lutter, S. 821 (822).

234 Baumbach/Hueck/*Zöllner*, § 47 Rn. 4.

235 Zöllner, in: FS Lutter, S. 821 (821).

ein Rechtsgeschäft ist. Dies bedeutet aber nicht, dass er auch ein Vertrag ist.[236] Dies ist zu verneinen, da bei der Beschlussfassung die Stimmen nicht gegenseitig mit mit dem Ziel eines Übereinkommens abgegeben werden. Folglich ist der Beschluss ein Rechtsgeschäft eigener Art.[237]

Die Einordnung des Beschlusses als Rechtsgeschäft hat grundsätzlich die Anwendbarkeit der allgemeinen Normen des BGB über Rechtsgeschäfte zur Folge. Jedoch ist nach h. M. der Beschluss zwar ein Rechtsgeschäft, aber keine Willenserklärung, was einer Anwendung der §§ 116 ff. BGB auf die Anfechtung von Willenserklärungen entgegenstehe.[238] Vor allem mit Blick auf die Fehlerhaftigkeit eines Beschlusses kommt aber eine Anwendung der bürgerlich-rechtlichen Nichtigkeitsvorschriften §§ 134, 138, 125 BGB in Betracht, sofern diese nicht von Sonderregeln verdrängt werden. Inwieweit einer Anwendung aktienrechtlicher Vorschriften als Sonderregeln der Vorzug zu geben ist, soll an späterer Stelle noch hinreichend erörtert werden.[239]

3. Verfahren der Beschlussfassung in der GmbH

Die Fehlerhaftigkeit von Beschlüssen kann unter anderem durch Mängel im Beschlussverfahren begründet werden.[240] Derartige Mängel können somit die Anfechtbarkeit oder Nichtigkeit des Beschlusses bewirken.[241] GmbH-Beschlüsse können entweder in der Gesellschafterversammlung nach § 48 I GmbHG oder gemäß § 48 II GmbHG in einem schriftlichen Verfahren gefasst werden. Das schriftliche Verfahren erfordert das Einverständnis aller Gesellschafter mit Blick auf den Beschlussantrag.[242] Dies wird häufig nicht erzielbar sein. Daher findet in aller Regel die Beschlussfassung in der Gesellschafterversammlung statt.[243] Erfolgt die Beschlussfassung in der Versammlung, so sind entsprechende Verfahrensvorschriften einzuhalten (§§ 49–51 GmbHG). Es besteht gemäß § 45 II GmbHG die Möglichkeit, diese Vorschriften durch Regelungen in der Satzung zu ersetzen.

---

236 Ulmer/Habersack/Löbbe/*Hüffer/Schürnbrand*, § 47 Rn. 3; Bork/Schäfer/*Casper*, § 47 Rn. 3; Hüffer, ZGR 2001, S. 833 (834).

237 Ulmer/Habersack/Löbbe/*Hüffer/Schürnbrand*, § 47 Rn. 3; Bork/Schäfer/*Casper*, § 47 Rn. 3; Hüffer, ZGR 2001, S. 833 (834).

238 Baumbach/Hueck/*Zöllner*, § 47 Rn. 5; Bartl/*Fichtelmann*, § 47 Rn. 2; Baltzer, S. 171 ff.; K. Schmidt, S.436; Lindemann, S. 38.

239 Siehe 3. Kap., B.

240 Baumbach/Hueck/*Fastrich/Haas/Noack/Zöllner*, Anh. § 47 Rn. 16 ff.; Ulmer/Habersack/Löbbe/*Raiser*, Anh. § 47 Rn. 68 ff.; Michalski/*Römermann*, Anh. § 47 Rn. 61 ff.; MüKoGmbHG/*Wertenbruch*, Anh. § 47 Rn. 20 ff.

241 Baumbach/Hueck/*Fastrich/Haas/Noack/Zöllner*, Anh. § 47 Rn. 16 ff.; Ulmer/Habersack/Löbbe/*Raiser*, Anh. § 47 Rn. 68; Michalski/*Römermann*, Anh. § 47 Rn. 61 ff.; MüKoGmbHG/*Wertenbruch*, Anh. § 47 Rn. 20 ff.

242 Münch.HdbGesR III./*Wolff*, § 39 Rn. 1.

243 Münch.HdbGesR III./*Wolff*, § 39 Rn. 1.

a) *Beschlussantrag*

Eine Abstimmung ist ausschließlich möglich, soweit ein inhaltlich hinreichend bestimmter Beschlussantrag vorliegt, da in der Versammlung nur mit ja oder nein gestimmt werden kann.[244] Der Beschlussantrag bewirkt also die Festlegung des Beschlussinhalts.[245] Damit ist dieser von essentieller Bedeutung für den Beschluss; denn ohne Antrag kann keine Beschlussfassung stattfinden.[246] Das Recht, einen Antrag zur Beschlussfassung zu stellen, hat grundsätzlich jeder Gesellschafter, auch derjenige, welcher nach § 47 IV GmbHG einem Stimmverbot unterliegt.[247] Dies beruht darauf, dass das Antragsrecht eine Ausprägung des Teilnahmerechts ist.[248] Möglich ist auch die Zusammenfassung mehrerer Fragen in einem Beschlussantrag.[249] Derartige Anträge werden als Blockabstimmungen bezeichnet.[250] Eine solche Zusammenfassung mehrerer Beschlussgegenstände ist allerdings nur insoweit unproblematisch möglich, als kein Widerspruch durch einen Gesellschafter erfolgt ist.[251] Kann der Widersprechende wichtige Gründe dagegen anführen, ist von einer Blockabstimmung in der Regel abzusehen.[252] Sobald eine Antragstellung stattgefunden hat, muss die Gesellschafterversammlung eine dahingehende Sachentscheidung treffen.[253]

b) *Abstimmung*

Abstimmung ist die Stimmabgabe zu einem bestimmten Beschlussantrag, wobei der Gegenstand der Abstimmung für jeden Abstimmungsteilnehmer ersichtlich sein

---

244 Ulmer/Habersack/Löbbe/*Hüffer/Schürnbrand*, § 47 Rn. 8; Henssler/Strohn/*Hillmann*, § 47 Rn. 8; Bork/Schäfer/*Casper*, § 47 Rn. 7; Zöllner, in: FS Lutter, S. 821 (822).

245 Ulmer/Habersack/Löbbe/*Hüffer/Schürnbrand*, § 47 Rn. 8; Henssler/Strohn/*Hillmann*, § 47 Rn. 8; Zöllner, in: FS Lutter, S. 821 (822).

246 Ulmer/Habersack/ Löbbe /*Hüffer/Schürnbrand*, § 47 Rn. 9; Henssler/Strohn/*Hillmann*, § 47 Rn. 8; Bork/Schäfer/*Casper*, § 47 Rn. 7; Zöllner, in: FS Lutter, S. 821 (822).

247 Baumbach/Hueck/*Zöllner*, § 47 Rn. 13; Ulmer/Habersack/Löbbe/*Hüffer/Schürnbrand*, § 47 Rn. 9; Henssler/Strohn/*Hillmann*, § 47 Rn. 9; MüKoGmbHG/*Drescher*, § 47 Rn. 16.

248 Scholz/*Schmidt*, § 48 Rn. 46; Baumbach/Hueck/*Zöllner*, § 48 Rn. 20; Lutter/Hommelhoff/*Bayer*, § 48 Rn. 10; Vogel, S. 146.

249 Baumbach/Hueck/*Zöllner*, § 47 Rn. 16; Henssler/Strohn/*Hillmann*, § 47 Rn. 14; Bork/Schäfer/*Casper*, § 47 Rn. 10.

250 Baumbach/Hueck/*Zöllner*, § 47 Rn. 16; Henssler/Strohn/*Hillmann*, § 47 Rn. 14.

251 BGH NZG 2003, S. 1023 (1023 ff.); Baumbach/Hueck/*Zöllner*, § 47 Rn. 16; Henssler/Strohn/*Hillmann*, § 47 Rn. 14.

252 Baumbach/Hueck /*Zöllner*, § 47 Rn. 12–16.

253 Baumbach/Hueck /*Zöllner*, § 47 Rn. 17; Habersack, ZGR 1994, S. 354 (373); Schäfer, ZHR 167, S. 66 (66 ff.).

muss.[254] Es existieren hinsichtlich der Form der Abstimmung keine gesetzlichen Regelungen.[255] Dessen ungeachtet kann die Satzung entsprechende Regelungen enthalten.[256] Jeder Gesellschafter darf für einen Gesellschaftsanteil prinzipiell nur einheitlich abstimmen.[257] Dies soll nach überzeugender Ansicht regelmäßig auch bei Besitz mehrerer Gesellschaftsanteile gelten.[258] Anders verhält es sich im Aktienrecht. Dort ist es möglich, bei Halten unterschiedlicher Aktien auch unterschiedlich abzustimmen.[259] Nach Beendigung des Abstimmungsprozesses werden die abgegebenen Stimmen ausgezählt. In einer GmbH mit wenigen Gesellschaftern erweist sich die Stimmenzählung meist als unproblematisch.[260] Verschiedene Vorgehensweisen stehen bei der Stimmenzählung zur Verfügung.[261] Die häufigste Methode ist die Additionsmethode, im Rahmen derer die Stimmen jeder Gruppe schlicht addiert werden.[262] Ausnahmsweise kommt es zu einer Anwendung der Subtraktionsmethode, und zwar dann, wenn es die Gesellschaft mit einer besonders hohen Teilnehmerzahl zu tun hat.[263] Bei dieser Methode werden nur die jeweils kleinsten Gruppen der möglichen Abstimmungsweisen, „ja", „nein", „Enthaltung", ausgezählt und von der Gesamtzahl der Stimmen abgezogen.[264] Eine derart unübersichtliche Situation, die das Eingreifen der Subtraktionsmethode erforderlich macht, ist bei der GmbH aber eher selten anzutreffen.[265] Enthaltungen spielen in der Regel nur eine Rolle, sofern

---

254 Baumbach/Hueck /*Zöllner*, § 47 Rn. 19; Henssler/Strohn/*Hillmann*, § 47 Rn. 14; Ulmer/Habersack/Löbbe/*Hüffer/Schürnbrand*, § 47 Rn. 13.

255 Baumbach/Hueck /*Zöllner*, § 47 Rn. 19; Henssler/Strohn/*Hillmann*, § 47 Rn. 14; Ulmer/Habersack/Löbbe/*Hüffer/Schürnbrand*, § 47 Rn. 13; Bork/Schäfer/*Casper*, § 47 Rn. 10.

256 Baumbach/Hueck /*Zöllner*, § 47 Rn. 19; Henssler/Strohn/*Hillmann*, § 47 Rn. 14; Ulmer/Habersack/Löbbe/*Hüffer/Schürnbrand*, § 47 Rn. 13; Bork/Schäfer/*Casper*, § 47 Rn. 10.

257 Baumbach/Hueck/*Zöllner*, § 47 Rn. 20; Ulmer/Habersack/Löbbe/*Hüffer/Schürnbrand*, § 47 Rn. 59; Bork/Schäfer/*Casper*, § 47 Rn. 10; Heckelmann, AcP 170, S. 306 (341).

258 Baumbach/Hueck/*Zöllner*, § 47 Rn. 20; Bork/Schäfer/*Casper*, § 47 Rn. 10; a.A. Rowedder/Schmidt-Leithoff/*Koppensteiner*, § 47 Rn. 40; Scholz/*Schmidt*, § 47 Rn. 72; Münch. Hdb.GesR III/ *Wolff*, § 38 Rn. 32; Armbrüster, GmbHR 2001, S. 1021 (1024); vgl. auch Kap. 2, A., I. 4.

259 Baumbach/Hueck/*Zöllner*, § 47 Rn. 20.

260 Baumbach/Hueck/*Zöllner*, § 47 Rn. 21; Bork/Schäfer/*Casper*, § 47 Rn. 10; Vogel, Die Praxis der GV, S. 34.

261 Baumbach/Hueck/*Zöllner*, § 47 Rn. 21; MüKoGmbHG/*Drescher*, § 47 Rn. 45; Vogel, Die Praxis der GV, S. 34.

262 Baumbach/Hueck/*Zöllner*, § 47 Rn. 21; MüKoGmbHG/*Drescher*, § 47 Rn. 45; Bork/Schäfer/*Casper*, § 47 Rn. 10; Vogel, Die Praxis der GV, S. 34.

263 Baumbach/Hueck/*Zöllner*, § 47 Rn. 21; Vogel, Die Praxis der GV, S. 34.

264 Baumbach/Hueck/*Zöllner*, § 47 Rn. 21; Bork/Schäfer/*Casper*, § 47 Rn. 10; Vogel, Die Praxis der GV, S. 34.

265 Baumbach/Hueck/*Zöllner*, § 47 Rn. 21; Vogel, Die Praxis der GV, S. 34.

der Anwendung der Subtraktionsmethode Vorrang eingeräumt wird, da von den Anwesenden die Nein-Stimmen und die Enthaltungen abgezogen werden.[266]

c) Mehrheitserfordernisse

In der GmbH wird nicht die Zustimmung aller zu einem Beschluss (Einstimmigkeit), wie es in der Personengesellschaft nach dispositivem Recht vorgesehen ist, gefordert, sondern es gilt grundsätzlich das Mehrheitsprinzip (§ 47 I GmbHG). Mindestanforderung, um zu einem positiven Beschlussergebnis zu gelangen, ist also das Erreichen der Mehrheit der abgegebenen Stimmen.[267] Folglich bedeutet eine Pattsituation die Ablehnung des Beschlussantrags.[268] Enthaltungen werden nicht berücksichtigt.[269] Teilweise wird vertreten, dass auch die Ablehnung eine kollektive Willensentscheidung darstellt; daher sei sie als Beschluss einzuordnen.[270] Der BGH ordnete die Negativbescheidung des Beschlussantrages zunächst als Scheinbeschluss ein.[271] Heute erkennt auch der BGH die Verneinung des Antrages als ablehnenden Beschluss an;[272] denn auch dem abgelehnten Antrag komme eine Bindungswirkung zu.[273] Diese Einschätzung überzeugt hier. Auch die Ablehnung eines Antrages ist also als Beschluss der Gesellschafterversammlung anzusehen. Des Weiteren genügt für eine positive Beschlussfassung grundsätzlich das Erreichen einer einfachen Mehrheit.[274] Demgegenüber verlangt das Gesetz bei Satzungsänderungen eine qualifizierte Mehrheit.[275] Dennoch kann in der Satzung eine von der gesetzlichen Regel abweichende Mehrheit bestimmt werden.[276] So ist es denkbar, anhand von Satzungsregelungen das Mehrheitserfordernis bis zum Einstimmigkeitserfordernis

---

266 Zöllner, in: FS Lutter, S. 821 (824).

267 MüKoGmbHG/*Drescher*, § 47 Rn. 46; Michalski/*Römermann*, § 47 Rn. 558; Scholz/*Schmidt*, § 47 Rn. 3; Baumbach/Hueck/*Zöllner*, § 47 Rn. 21.

268 MüKoGmbHG/*Drescher*, § 47 Rn. 46; Michalski/*Römermann*, § 47 Rn. 558; Scholz/*Schmidt*, § 47 Rn. 3; Baumbach/Hueck/*Zöllner*, § 47 Rn. 21; Bork/Schäfer/*Casper*, § 47 Rn. 11.

269 OLG Celle GmbHR 1998, S. 140 (140); Baumbach/Hueck/Zöllner, § 47 Rn. 23; MüKoGmbHG/*Drescher*, § 47 Rn. 46; Michalski/*Römermann*, § 47 Rn. 556; Zöllner, in: FS Lutter, S. 821 (823); Vogel, S. 94 f.

270 Zöllner, in: FS Lutter, S. 821 (823).

271 BGHZ 51, 209 (211).

272 BGHZ 88, 320 (328); a. A. Maier-Reimer, in: FS Oppenhoff, S. 193 ff.

273 BGHZ 97, 28 (30); BGHZ 88, 320 (328); Zöllner, in: FS Lutter, S. 821 (823); MünchHdbGesR III./*Wolff*, § 39 Rn. 6; Scholz/*Schmidt*, § 45 Rn. 18; Baltzer, GmbHR 1972, S. 57 (60 ff).

274 Baumbach/Hueck/*Zöllner*, § 47 Rn. 23; Henssler/Strohn/*Hillmann*, § 47 Rn. 16; Bork/Schäfer/*Casper*, § 47 Rn. 11.

275 Baumbach/Hueck/*Zöllner*, § 47 Rn. 23; Henssler/Strohn/*Hillmann*, § 47 Rn. 16.

276 Henssler/Strohn/*Hillmann*, § 47 Rn. 17; Michalski/*Römermann*, § 47 Rn. 576.

zu steigern.[277] Eine Herabsetzung des Mehrheitserfordernisses ist grundsätzlich möglich. Umstritten ist, ob dafür die Quorumsmehrheit oder die allgemeine satzungsändernde Mehrheit erforderlich ist.[278]

d) Ergebnisfeststellung und Verkündung

Die Beendigung des Auszählungsvorgangs führt schließlich zu einem bestimmten Beschlussergebnis.[279] Beschlussergebnis ist die Bejahung oder Verneinung des gestellten Antrags.[280] Das Ergebnis bedarf dann unter Umständen einer Feststellung und Verkündung.[281] Die Ergebnisfeststellung ist nicht bloß ein rein tatsächliches Geschehen; sondern der Versammlungsleiter bekommt damit ein Mittel zur Überprüfung von Stimmen an die Hand, da diese die Feststellung der Zahl gültiger Stimmen bedeutet.[282] Insoweit dürfte dem Versammlungsleiter eine entscheidende Rolle zukommen, sofern man ihm ein Prüfungsrecht hinsichtlich der Existenz ungültiger Stimmen zugesteht.[283] In der GmbH wird in der Praxis die Feststellung und Verkündung des Beschlussergebnisses oftmals vorgenommen, und zwar schon aus Gründen der Beweisfunktion; denn dadurch wird ein Festhalten am Abstimmungsergebnis und dessen Bekräftigung bewirkt.[284] Strittig ist jedoch die Notwendigkeit einer formellen Feststellung des Beschlussergebnisses durch den Versammlungsleiter.[285] Obgleich dies bei der AG laut AktG Wirksamkeitsvoraussetzung ist, ist eine formelle Feststellung in der GmbH gesetzlich nicht vorgesehen.[286] So ist denn auch nach allgemeiner Ansicht die förmliche Feststellung und Verkündung in der GmbH kein Wirksamkeitserfordernis bzw. kein notwendiger Bestandteil des Beschlusses, es sei denn, der Gesellschaftsvertrag sieht dies als Wirksamkeitsvoraussetzung

---

277 BGH ZIP 204, S. 804 (804ff.); Henssler/Strohn/*Hillmann*, § 47 Rn. 17;Baumbach/Hueck/*Zöllner*, § 47 Rn. 24.

278 Vgl. dazu BGH NZG 2013 S. 57 (57 ff.); BGH NZG 2013, S. 63 (63 ff.); Baumbach/Hueck/*Zöllner*, § 53 Rn 64; Roth/Altmeppen/*Roth*, § 53 Rn 24;Wertenbruch, NZG 2013, S. 641 (641 ff.).

279 MüKoGmbHG/*Drescher*, § 47 Rn. 44;Baumbach/Hueck/*Zöllner*, § 47 Rn. 11 ff.; Zöllner, in: FS Lutter, S. 821 (823).

280 MüKoGmbHG/*Drescher*, § 47 Rn. 44; Zöllner, in: FS Lutter, S. 821 (823).

281 MüKoGmbHG/*Drescher*, § 47 Rn. 54 ff.; Baumbach/Hueck/*Zöllner*, § 47 Rn. 26 ff.

282 Zöllner, in: FS Lutter, S. 821 (826).

283 Zöllner, in: FS Lutter, S. 821 (826).

284 Koch, S. 210.

285 Ulmer/Habersack/Löbbe/*Hüffer/Schürnbrand*, § 47 Rn. 28; Scholz/*Schmidt*, § 48 Rn. 52; Rowedder/Schmidt-Leithoff/*Koppensteiner*, § 48 Rn. 17; Baumbach/Hueck/*Zöllner*, § 47 Rn. 26; Michalski/*Römermann*, § 47 Rn. 582; MüKoGmbHG/*Drescher*, § 47 Rn. 54; Zöllner, in: FS Lutter, S. 821 (827); Koch, S. 210; Vogel, S. 156 f.; a. A. Scholz, GmbHR 1952, S. 161 (163).

286 Michalski/*Römermann*, § 47 Rn. 582; MüKoGmbHG/*Drescher*, § 47 Rn. 54.

vor.[287] Dieser Vorgang gehöre grundsätzlich nicht zum Tatbestand einer wirksamen Beschlussfassung und es finde somit keine entsprechende Anwendung des Aktienrechts statt.[288] Diese umstrittene Thematik soll an anderer Stelle nochmals gesondert aufgegriffen werden (vgl. unten Kap. 3, E., I).

e) Form und Protokollierung

Im Regelfall bedürfen Beschlüsse keiner besonderen Form.[289] Vorgeschrieben ist lediglich die notarielle Beurkundung von satzungsändernden und Grundlagenbeschlüssen wie Verschmelzung, Spaltung, Vermögensübertragung und Formwechsel (§§ 53 II, 54 GmbHG). In allen anderen Fällen kann das Erfordernis einer notariellen Beurkundung durch die Satzung festgelegt werden.[290] Auch eine Protokollierung von Beschlüssen und des Versammlungsverlaufs ist gesetzlich nicht vorgesehen.[291] Somit ist diese nach h. M. keine Wirksamkeitsvoraussetzung, es sei denn, es besteht eine entsprechende Regelung im Gesellschaftsvertrag.[292]

f) Zusätzliche Wirksamkeitsvoraussetzungen

Es existieren ferner noch zusätzliche verfahrenstechnische Wirksamkeitserfordernisse, welche häufig in Form einer Zustimmungsbedürftigkeit bestehen.[293] Hinsichtlich dessen gibt es zahlreiche gesetzliche Bestimmungen. Beispielhaft sollen genannt sein Zustimmungserfordernisse zu Nachschusspflichten (§ 53 III GmbHG) oder zum Abschluss von Beherrschungs- und Gewinnabführungsverträgen. Auch in der Satzung kann ein Zustimmungsbedürfnis festgelegt werden.[294] Zusätzliche

---

287 Ulmer/Habersack/Löbbe/*Hüffer/Schürnbrand*, § 47 Rn. 28; Scholz/*Schmidt*, § 48 Rn. 52; Rowedder/Schmidt-Leithoff/*Koppensteiner*, § 48 Rn. 17; Baumbach/Hueck/*Zöllner*, § 47 Rn. 26; MüKoGmbHG/*Drescher*, § 47 Rn. 54; Zöllner, in: FS Lutter, S. 821 (827); Koch, S. 210; Vogel, S. 156 f.; a. A. Scholz, GmbHR 1952, S. 161 (163).

288 Ulmer/Habersack/Löbbe/*Hüffer/Schürnbrand*, § 47 Rn. 28; Scholz/*Schmidt*, § 48 Rn. 52; Rowedder/Schmidt-Leithoff/*Koppensteiner*, § 48 Rn. 17; Baumbach/Hueck/*Zöllner*, § 47 Rn. 26; Zöllner, in: FS Lutter, S. 821 (827); Koch, S. 210; Vogel, S. 156 f.; a. A. Scholz, GmbHR 1952, S. 161 (163).

289 Michalski/*Römermann*, § 47 Rn. 582; MünchHdbGesR III/ *Wolff*, § 39 Rn. 85; Bork/Schäfer/*Casper*, § 47 Rn. 14.

290 MünchHdbGesR III/ *Wolff*, § 39 Rn. 85; Bork/Schäfer/*Casper*, § 47 Rn. 14.

291 MünchHdbGesR III/ *Wolff*, § 39 Rn. 86; Scholz/*Schmidt*, § 48 Rn. 39; Bork/Schäfer/*Casper*, § 47 Rn.14; a. A. Hermann /Köster, GmbHR 2003, S. 1327 (1331 ff.).

292 MünchHdbGesR III/ *Wolff*, § 39 Rn. 86; Scholz/*Schmidt*, § 48 Rn. 39; a. A. Hermann /Köster, GmbHR 2003, S. 1327 (1331 ff.).

293 MüKoGmbHG/*Drescher*, § 47 Rn. 59; Michalski/*Römermann*, § 47 Rn. 607; Baumbach/Hueck/*Zöllner*, § 47 Rn. 30; Bork/Schäfer/*Casper*, § 47 Rn. 14.

294 MüKoGmbHG/*Drescher*, § 47 Rn. 60; Michalski/*Römermann*, § 47 Rn. 607; Baumbach/Hueck/*Zöllner*, § 47 Rn. 30.

Wirksamkeitsvoraussetzung kann zudem die Handelsregistereintragung sein.[295] So werden gemäß § 54 III GmbHG Änderungen des Gesellschaftsvertrages oder der Zustimmungsbeschluss der beherrschten Gesellschaft zu einem Unternehmensvertrag erst mit Eintragung in das Handelsregister wirksam.

III. Zusammenfassung

Die Stimmabgabe eines Gesellschafters im Rahmen einer Beschlussfassung ist als Willenserklärung einzuordnen. Daher finden auf die Stimmabgabe sämtliche Bestimmungen des BGB über die Willenserklärung Anwendung, so auch die Nichtigkeitsvorschriften nach §§ 116 ff. BGB sowie die Regelungen zur Anfechtbarkeit einer Willenserklärung nach §§ 119, 123, 142 BGB. Der Beschluss ist nach inzwischen h.M. als Rechtsgeschäft einzuordnen.

Jeder Beschlussfassung geht eine Antragstellung voraus. Der Inhalt des Beschlussantrages muss derart genau bestimmt sein, dass eine Abstimmung mit „ja" oder „nein" möglich ist. Im Anschluss an die Stimmabgabe werden die Stimmen ausgezählt. Es genügt in der GmbH grundsätzlich das Erreichen einer einfachen Stimmenmehrheit, um zu einem positiven Beschlussergebnis zu gelangen. Eine qualifizierte Mehrheit ist im GmbH-Gesetz nur bei Satzungsänderungen vorgesehen. Schließlich wird das Abstimmungsergebnis durch den Versammlungsleiter verbindlich festgestellt.

295 MünchHdbGesR III/*Wolff*, § 39 Rn. 91; Ulmer/Habersack/Löbbe/*Hüffer/Schürnbrand*, § 47 Rn. 31 f.

3. Kapitel: Fehlerhaftigkeit von Beschlüssen in der GmbH

A. Einleitung

Beschlüsse sind fehlerhaft, soweit Verstöße gegen Verfahrensvorschriften vorliegen oder der Beschluss seinem Inhalt nach rechtswidrig ist. Konsequenz dessen ist die Angreifbarkeit eines unter einem solchen Mangel leidenden Beschlusses.[296] Da es im GmbHG an einer Regelung in Bezug auf die Fehlerhaftigkeit von Beschlüssen mangelt, stellt sich die Frage, nach welchen Bestimmungen sich die Fehlerhaftigkeit richtet und inwieweit es zur Fehlerhaftigkeit eines Beschlusses in der GmbH kommen kann. Bislang war die analoge Anwendung aktienrechtlicher Vorschriften allgemein anerkannt.[297] An einer hinreichenden Darlegung des tatsächlichen Vorliegens sämtlicher Analogievoraussetzungen fehlt es aber häufig. Daher soll an dieser Stelle allen in Betracht kommenden Möglichkeiten nachgegangen werden. So ist vor allem an eine Heranziehung der bürgerlich-rechtlichen Vorschriften zur Regelung des Beschlussmängelsystems in der GmbH zu denken. Daher soll zunächst eine Überprüfung der bürgerlich-rechtlichen Vorschriften im Hinblick auf eine Übertragbarkeit auf die GmbH erfolgen. Erweisen sich diese Bestimmungen als nicht ausreichend oder angemessen zur Regelung der Verhältnisse in der GmbH, so kann der Weg für eine analoge Anwendung aktienrechtlicher Vorschriften offen sein.

B. Fehlerhaftigkeit von Beschlüssen nach bürgerlich-rechtlichen Bestimmungen

Die Einordnung des Beschlusses als Rechtsgeschäft hat grundsätzlich die Anwendbarkeit der allgemeinen Vorschriften des BGB zur Folge.[298] Dies würde für die GmbH bedeuten, dass die Fehlerhaftigkeit von Beschlüssen stets deren Nichtigkeit nach sich ziehen würde, da die allgemeinen Vorschriften des BGB keine Unterteilung in Anfechtungs- und Nichtigkeitsgründe bei Rechtsgeschäften kennen.[299] Unmittelbar

---

296 Hüffer, ZGR 2001, S. 833 (834).

297 BGHZ 11, 231 (235); Baumbach/Hueck/*Fastrich/Haas/Noack/Zöllner*, Anh. § 47 Rn. 44; Lutter/Hommelhoff/*Bayer*, Anh. § 47 Rn. 9; Michalski/*Römermann*, Anh. § 47 Rn. 64 f.; Ulmer/Habersack/Löbbe/*Raiser*, Anh. § 47 Rn. 33; MüKoGmbHG/*Wertenbruch*, Anh. § 47 Rn. 1.

298 Baumbach/Hueck/*Zöllner*, § 47 Rn. 5; Bartl/*Fichtelmann*, § 47 Rn. 2; K. Schmidt, S.436; Baltzer, S. 171 ff.; Lindemann, S. 38; Hüffer, ZGR 2001, S. 833 (835).

299 BGH WM 1983, S. 1407 (1408); MüKoBGB/ *Schäfer*, § 709 Rn. 104 ff.; Baumbach/Hopt/*Roth*, § 119 Rn. 31.

anfechtbar sind lediglich die einzelnen Willenserklärungen.[300] So existiert denn auch im Personengesellschaftsrecht keine Unterteilung in Anfechtbarkeit und Nichtigkeit.[301] Fraglich ist nun, ob bei der Bestimmung der Fehlerhaftigkeit von Beschlüssen in der GmbH eine Orientierung am Personengesellschaftsrecht zu erfolgen hat oder ob für die GmbH ein anderer Weg gilt. Entscheidend ist mithin, ob die allgemeinen Vorschriften den Bedürfnissen der GmbH überhaupt gerecht werden können. Dagegen werden verschiedene Argumente angeführt. Erstens wird behauptet, die rechtsgeschäftlichen Nichtigkeitsvorschriften des BGB hätten derart häufig die Nichtigkeit des Beschlusses zur Folge, dass die Gefahr der Handlungsunfähigkeit der GmbH drohe und insofern eine Einschränkung der Nichtigkeitsfolgen geboten sei.[302] Zweitens ist die Rede davon, dass einige Fehler in der Beschlussfassung von den allgemeinen Vorschriften gar nicht erst erfasst seien, so dass mangels Existenz von Anfechtungsgründen die Gesellschafter gezwungen wären, solche Fehler hinzunehmen.[303] Um die Stichhaltigkeit dieser Aussagen zu bestimmen, soll nun herausgestellt werden, wann ein Beschluss nach den allgemeinen Vorschriften des BGB nichtig ist. Allgemein lässt sich feststellen, dass ein Rechtsgeschäft nichtig ist, wenn es so schwere Mängel aufweist, dass das Gesetz dem Rechtsgeschäft keine Rechtswirkung zuspricht.[304] Ein Beschluss weist nach den Regelungen des BGB solch schwere Mängel auf, soweit er unter Verstoß gegen die §§ 134, 138, 125 BGB zustande gekommen ist. Diese Vorschriften sollen nun im Einzelnen betrachtet werden.

I. Verstoß gegen ein Verbotsgesetz, § 134 BGB

§ 134 BGB ordnet die Nichtigkeit eines Rechtsgeschäfts an, soweit dieses gegen ein gesetzliches Verbot verstößt. Somit ist § 134 BGB ein Instrument zur Inhaltskontrolle von Rechtsgeschäften.[305] Erfasst werden von dieser Norm auch stillschweigend abgeschlossene Verträge, aber auch gesellschaftsrechtliche Satzungen und Beschlüsse.[306] Nicht jede Rechtsnorm ist ein Gesetz im Sinne des § 134 BGB. Dispositive Normen, also Normen, von denen ein Abweichen z. B. durch Regelung in der Satzung möglich ist, werden nach h. M. nicht von § 134 BGB erfasst.[307] Ein Verstoß gegen § 134 BGB kommt also nur in Betracht, wenn ein Verstoß gegen eine zwingende Vorschrift

---

300 BGH 14, S.267 (267 ff.); MüKoBGB /*Schäfer*, § 709 Rn. 104 ff.; Baumbach/Hopt/*Roth*, § 119 Rn. 31.

301 Roth/Altmeppen/*Roth*, § 47 Rn. 91.

302 Noack, S. 15 ff.

303 Noack, S. 15 ff.

304 Palandt/Ellenberger, Überbl. v. § 104 Rn. 27.

305 MüKoBGB AT/*Armbrüster*, § 134 Rn. 1.

306 MüKo BGB AT/*Armbrüster*, § 134 Rn. 23; StaudingerBGB/Sack, § 134 Rn. 11.

307 MüKo BGB AT/*Armbrüster*, § 134 Rn. 72; StaudingerBGB/Sack, § 134 Rn. 32; Baumbach/Hueck/*Fastrich/Haas/Noack/Zöllner*, Anh. § 47 Rn. 2; Flume BGB AT II, § 17, S. 340 ff.

vorliegt.[308] Sofern die zwingende Norm aber selbst als Rechtsfolge die Nichtigkeit des Beschlusses anordnet, tritt § 134 BGB hinter diese speziellere Regelung zurück.[309] Ferner muss der Beschluss, um nichtig zu sein, gegen ein Gesetz verstoßen, welches ein Verbot enthält.[310] Ob ein derartiges Verbot darin enthalten ist oder nicht, ist anhand einer Auslegung nach Sinn und Zweck unter Heranziehung von Wortlaut, Rechtsgebiet und Personenkreis festzustellen.[311] Muss ein Verstoß gegen eine zwingende Verbotsnorm bejaht werden, so ist durch Auslegung zu ermitteln, ob das entsprechende Gesetz als Sanktion auch tatsächlich die Nichtigkeit vorsieht.[312] Gibt die Auslegung keinen Aufschluss darüber, ist im Zweifel die Nichtigkeit als Sanktion anzunehmen.[313] Nach h. A. können Verbotsgesetze nur solche Normen sein, auf deren Inhalt, Bestand und Geltungskraft die Gesellschafter keinen Einfluss mittels Beschlussfassung nehmen können und die dem öffentlichen bzw. dem Gläubigerinteresse zu dienen bestimmt sind.[314] Demzufolge sind Verstöße gegen Bestimmungen der Satzung von vornherein von § 134 BGB ausgeschlossen.[315] Ferner bedarf es eines Aufschlusses darüber, ob § 134 BGB lediglich auf den Inhalt oder auch auf die äußeren Umstände des Zustandekommens des Beschlusses abzielt. Dies gewinnt unter anderem an Relevanz im Hinblick auf die Einhaltung der Verfahrensregeln bei der Beschlussfassung. Die Erfassung auch der Verfahrensregelungen würde eine erhebliche Ausdehnung des Eingreifens bedeuten.[316] Zweifelhaft ist, ob dies tatsächlich gewollt sein kann und ob eine derartige Handhabe zweckmäßig ist. In bestimmten Fällen können zwar äußere Umstände des Zustandekommens des Beschlusses § 134 BGB unterfallen, Verfahrensregeln zur Beschlussfassung in der GmbH betreffen aber vielmehr das innere Zustandekommen des Beschlusses.[317] Es handelt sich daher bei den Verfahrensregelungen nicht um Verbotsgesetze, so dass von § 134 BGB Verstöße gegen Verfahrensregelungen generell nicht geahndet werden.[318]

---

308 MüKo BGB AT/*Armbrüster*, § 134 Rn 1 f., 72.

309 MüKo BGB AT/*Armbrüster*, § 134 Rn. 72.

310 MüKo BGB AT/*Arnbrüster*, § 134 BGB Rn. 41.; StaudingerBGB/*Sack*, § 134 Rn. 30; Soergel/*Hefermehl*, § 134 Rn. 14 f.; Noack, S. 18.

311 MüKo BGB AT/*Arnbrüster*, § 134 BGB Rn. 41.; StaudingerBGB/*Sack*, § 134 Rn. 30; Soergel/*Hefermehl*, § 134 Rn. 14 f.; Noack, S. 18.

312 MüKoBGB AT/*Armbrüster*, § 134 Rn. 103; Flume AT BGB II, § 17 1, S. 340 ff.; Medicus, Rn. 646; Wertenbruch, BGB AT, § 18 Rn. 4.

313 MüKoBGB AT/*Armbrüster*, § 134 Rn. 103.

314 MüKoBGB AT/*Armbrüster*, § 134 Rn. 46.

315 MüKoBGB AT/*Armbrüster*, § 134 Rn. 30; Staudinger/*Sack/Seibl*, § 134 Rn. 16; Jauernig/*Mansel*, § 134 Rn. 2 ff.; Baumbach/Hueck/*Fastrich/Haas/Noack/Zöllner*, Anh. § 47 Rn. 2; Noack, S. 22.

316 Noack, S. 22.

317 Noack, S. 24.

318 MüKoBGB AT/*Armbrüster*, § 134 Rn. 72; Baumbach/Hueck/*Fastrich/Haas/Noack/Zöllner*, Anh. § 47 Rn. 2; Noack, S. 24.

II. Sittenwidrigkeit des Rechtsgeschäfts, § 138 BGB

Es ist möglich, dass eine Missachtung von § 138 BGB zur Nichtigkeit eines Beschlusses führt. Dies ist der Fall, soweit ein Verstoß gegen die guten Sitten gegeben ist. Ein Rechtsgeschäft ist sittenwidrig, wenn es gegen das Anstandsgefühl aller billig und gerecht Denkender verstößt.[319] Insofern ist näher zu bestimmen, ob es für die Sittenwidrigkeit allein auf den Beschlussinhalt oder auch auf das Zustandekommen des Beschlusses ankommt. Im Personengesellschaftsrecht ist hinsichtlich der Frage nach der Sittenwidrigkeit gemäß § 138 BGB nicht nur der Inhalt des Beschlusses zu berücksichtigen, sondern es sind daneben auch das Zustandekommen des Beschlusses sowie die Beweggründe dafür in den Blick zu nehmen.[320] Einschlägig ist die Vorschrift bei Verfahrensmängeln allerdings nur in besonders schwerwiegenden Fällen, in denen also eine Verletzung gegen das Anstandsgefühl aller billig und gerecht Denkender verstößt.[321] So wäre als sittenwidriger Verfahrensverstoß nach § 138 BGB die Einschüchterung eines Abstimmenden oder das Hinausdehnen einer Sitzung bis in die Nacht anzusehen, um den Beschluss durch dadurch bedingte Abwesenheit einiger Gesellschafter durchzusetzen.[322] Eine Vielzahl von Verfahrensmängeln wäre davon mithin nicht erfasst. Entsprechendes würde im Falle der Anwendbarkeit des § 138 BGB auch für GmbH-Beschlüsse gelten.[323] Bezweckt wird durch die Vorschrift im Personengesellschafts- und Vereinsrecht nicht vorrangig der Schutz der Minderheit vor nicht am Wohl der Gesellschaft orientierten Entscheidungen, sondern vor einer rücksichtslosen Durchsetzung eigener Interessen seitens der Mehrheit.[324] § 138 BGB kommt jedoch im Bereich der Beschlussfassung nur untergeordnete Bedeutung zu, da diese Vorschrift durch verbandsrechtliche Grundsätze wie die Treuepflicht der Gesellschafter und das Gleichbehandlungsgebot verdrängt wird.[325] Zu beachten ist weiter, dass § 134 BGB, welcher durch das jeweilige Verbotsgesetz konkretisiert wird, als die speziellere und damit vorrangige Norm anzusehen ist.[326] § 138 BGB gelangt also nicht bei jedwedem Gesetzesverstoß ohne Weiteres zur Anwendung.[327]

319 RGZ 80, 221 (221); BGHZ 10, 228 (232); Palandt/*Ellenberger*, § 138 Rn. 2; Flume, BGB AT, § 18 1, S. 363 ff.

320 BGH NJW 1990, S. 703 (704); BGH NJW 2001, S. 1127 (1127); Staudinger/*Sack*, § 138 Rn. 2;Palandt/*Ellenberger*, § 138 Rn. 8; MüKoBGB AT/*Armbrüster*, § 138 Rn. 9; Hueck, Das Recht der OHG, S. 185; Noack, S. 26.

321 Noack, S. 28.

322 Noack, S. 26.

323 Noack, S. 26.

324 Hueck, Das Recht der OHG, S. 185; Noack, S. 27.

325 Zöllner, Stimmrechtsmacht, S. 291; Noack, S. 27.

326 MüKoBGB AT/*Armbrüster*, § 138 Rn. 4; Bamberger/Roth/*Wendtland*, § 138 Rn. 6.

327 BGH NJW 72, S. 1414; Palandt/*Ellenberger*, § 138 Rn. 13; Bamberger/Roth/*Wendtland*, § 138 Rn. 6; MüKoBGB AT/*Armbrüster*, § 138 Rn. 4.

III. Verstoß gegen Formvorschriften, § 125 BGB

Gemäß § 125 S. 1 BGB führen Verstöße gegen zwingende Formvorschriften zur Nichtigkeit eines Rechtsgeschäfts. In der GmbH verlangt das Gesetz lediglich eine notarielle Beurkundung von satzungsändernden Beschlüssen (§ 53 II 1 GmbHG). Fehlte es an der notariellen Beurkundung eines satzungsändernden Beschlusses, so hätte dies mithin dessen Nichtigkeit zur Folge.[328] Auch die Nichteinhaltung gewillkürter Form könnte nach § 125 S. 2 BGB zur Nichtigkeit führen. Es kämen etwa Verstöße gegen in der Satzung festgelegte Formvorschriften in Betracht. Es wäre dann durch Auslegung zu ermitteln, ob die Nichteinhaltung einer solchen vereinbarten Formvorschrift tatsächlich die Nichtigkeit zur Folge haben solle.[329] In der Regel dienen diese Formanforderungen jedoch lediglich Beweiszwecken, wie z. B. der Aufnahme eines Privatprotokolls, so dass kein Einfluss auf die Beschlusswirksamkeit angenommen werden kann. Anders solle dies sein, sofern die Satzung eine notarielle Beurkundung vorschreibe.[330] So hat das Reichsgericht in einem Fall entschieden, dass die Regelung in einem GmbH-Gesellschaftsvertrag, wonach ein Privatprotokoll über Beschlüsse zu erstellen sei, lediglich Beweiszwecken diene und eine Verletzung der Bestimmung nicht gemäß § 125 BGB die Nichtigkeit eines Beschlusses nach sich ziehe.[331] Nicht erfasst werden von § 125 BGB Verstöße gegen Verfahrensvorschriften; denn § 125 BGB ist nicht auf das Zustandekommen eines Beschlusses gerichtet, sondern auf das Rechtsgeschäft selbst.[332] Große Relevanz kommt auch dieser Vorschrift nicht zu, da Beschlüsse in der GmbH überwiegend keiner notariellen Beurkundung bedürfen.[333]

IV. Abschließende Bewertung

Einerseits können fehlerhafte Beschlüsse bei Anwendung der bürgerlich-rechtlichen Bestimmungen ausschließlich durch die Rechtsfolge der Nichtigkeit zu Fall gebracht werden.[334] Dies ist angesichts des Umstandes, dass Beschlüsse die Grundlage für die Entscheidungsfindung in der GmbH sind, oftmals eine „harte Konsequenz" und kann unter Umständen eine Beeinträchtigung der Handlungsfähigkeit einer GmbH bedeuten.[335] Andererseits wird eine Vielzahl von Mängeln von den §§ 134, 138, 125 BGB gar nicht erst erfasst.[336] So berücksichtigt § 134 BGB nur Verstöße gegen das Gesetz,

328 Noack, S. 30.
329 Palandt/*Ellenberger*, § 125 Rn. 17.
330 RGZ 122, 369 (369); Noack, S. 30.
331 RGZ 104, 413 (415).
332 Palandt/*Ellenberger*, § 125 Rn. 1ff.
333 Noack, S. 30.
334 BGH WM 1983, S. 1407 (1408); MüKoBGB/ *Schäfer*, § 709 Rn. 104 ff.; Baumbach/Hopt/*Roth*, § 119 Rn. 31.
335 Noack, S. 22 ff.
336 Baumbach/Hueck/*Fastrich/Haas/Noack/Zöllner*, Anh. § 47 Rn. 2; Noack, S. 22 ff.

nicht gegen die Satzung. Selbst Verstöße gegen das Gesetz unterfallen nicht immer § 134 BGB. So sind dispositive Normen per se von dieser Vorschrift ausgeschlossen. Ob Verstöße gegen zwingende Vorschriften die Nichtigkeit nach § 134 BGB nach sich ziehen, ergibt erst die Auslegung nach Sinn und Zweck der entsprechenden Vorschrift. Ferner werden nur Verletzungen durch den Inhalt eines Beschlusses geahndet.[337] Verstöße gegen Vorschriften, die das Verfahren des Zustandekommens eines Beschlusses betreffen, bleiben völlig außer Acht. Die Sittenwidrigkeit eines Beschlusses i. S. v. § 138 BGB ist zwar nicht nur im Hinblick auf den Inhalt eines Beschlusses denkbar, auch eine Verletzung des Verfahrens kann sittenwidrig sein. Die Sittenwidrigkeit kommt jedoch nur in besonders schwerwiegenden Fällen in Betracht. Eine große Anzahl von Verfahrensmängeln wird dabei außer Acht gelassen. Des Weiteren hat § 125 BGB bloß untergeordnete Bedeutung, da zwingende Formvorschriften für die Beschlussfassung in der GmbH kaum existieren. Somit gibt es eine Fülle von Verstößen, welche nicht von den §§ 134, 125, 138 BGB erfasst werden.[338] Diese Beschlüsse sind rechtswidrig, aber dennoch wirksam. Die Gesellschafter müssen dessen ungeachtet diese gegen sich gelten lassen. Unter Umständen rechtfertigt dies im Rahmen der Fehlerhaftigkeit von Beschlüssen in der GmbH eine Unterteilung in Anfechtbarkeit und Nichtigkeit und des Weiteren eine Einschränkung der Anwendbarkeit der bürgerlich-rechtlichen Nichtigkeitsvorschriften.

V. Zusammenfassung

Die Einordnung des GmbH-Beschlusses als Rechtsgeschäft führt nicht zwangsläufig zu einer Anwendbarkeit der allgemeinen bürgerlich–rechtlichen Vorschriften, soweit es den Umgang mit Beschlussmängeln und deren Rechtsfolgen betrifft. Dies wäre nur dann der Fall, wenn der Weg für eine Heranziehung anderer, speziellerer Regelungen nicht offen stünde bzw. sich die allgemeinen Regelungen des BGB als die passenderen Vorschriften erwiesen hätten. Dies ist jedoch nicht der Fall. Eine nicht unerhebliche Anzahl von Beschlussmängeln werden von den §§ 134, 138, 125 BGB gar nicht erst erfasst. Rechtsvorschriften über das Beschlussverfahren und Satzungsnormen stellen keine Verbotsgesetze i.S. des § 134 BGB dar und können somit nicht die Nichtigkeit eines Beschlusses bewirken. Das GmbH-Gesetz enthält nur wenige zwingende Formvorschriften, weshalb § 125 BGB auch eher untergeordnete Bedeutung zukäme, und § 138 BGB ordnet die Nichtigkeit eines Beschlusses nur für den Fall der Sittenwidrigkeit an. Eine erhebliche Anzahl von Mängeln, die im Rahmen der Beschlussfassung auftreten können, wird also von diesen Vorschriften nicht erfasst. Die Rechtsfolge der Nichtigkeit wäre wohl auch oftmals nicht angebracht. Der Blick richtet sich daher auf das Beschlussmängelsystem des Aktienrechts, welches eine Unterteilung in Nichtigkeits- und Anfechtungsgründe vorsieht und wonach auch Verstöße gegen die Verbandsordnung geahndet werden.

---

337 Baumbach/Hueck/*Fastrich/Haas/Noack/Zöllner*, Anh. § 47 Rn. 2; Noack, S. 22 ff.
338 Baumbach/Hueck/*Fastrich/Haas/Noack/Zöllner*, Anh. § 47 Rn. 2; Noack, S. 22 ff.

C. Unterteilung von Beschlussmängeln in verschiedene Fehlertatbestände – Anfechtbarkeit und Nichtigkeit

Im GmbH-Recht ist eine Unterscheidung zwischen nichtigen und anfechtbaren Gesellschafterbeschlüssen unerlässlich. So können die allgemeinen Vorschriften über Rechtsgeschäfte, welche ausschließlich die unmittelbare Nichtigkeit von Beschlüssen regeln, den Bedürfnissen der GmbH nicht gerecht werden. Dementsprechend müssen Verstöße gegen das Gesetz, die nicht von der Nichtigkeitsfolge erfasst werden, und Verstöße gegen die Satzung von den Gesellschaftern gerügt werden dürfen. Andernfalls würde dies in gewisser Weise die Unvereinbarkeit mit den Grundsätzen der Verfassung bedeuten; denn die Gesellschafter haben ein Recht auf Wahrung und Einhaltung von Gesetz und Satzung. Dieses Recht findet seine Verkörperung im Anfechtungsrecht, welches sich wiederum aus Art. 14 GG (Teilhaberecht) ergibt.[339] Die Nichtunterteilung ist damit als planwidrige Regelungslücke anzusehen, die es im Wege einer analogen Anwendung des aktienrechtlichen Beschlussmängelsystems zu schließen gilt. Auch die Interessenlagen von AG und GmbH sind hinsichtlich des Bedürfnisses vergleichbar, dass bestimmte Verstöße zur Anfechtbarkeit eines Beschlusses führen müssen. Dementsprechend haben sowohl die Gesellschafter der GmbH als auch die Aktionäre der AG ein Recht auf Wahrung und Einhaltung von Gesetz und Satzung.[340]

D. Nichtige Gesellschafterbeschlüsse

Es soll nun geklärt werden, wann ein Beschluss nichtig ist und nach welchen Vorschriften sich dies zu richten hat. Ein Beschluss ist nichtig, soweit er aufgrund Gesetzeswidrigkeit keine Rechtswirkungen mehr entfalten kann.[341] Die Nichtigkeit eines Beschlusses wird in der Regel nur bei besonders gewichtigen Fehlern angeordnet.[342] Ein derart fehlerhafter Beschluss ist als von Anfang an wirkungslos zu behandeln.[343] Die Nichtigkeit eines Beschlusses hat somit erhebliche Auswirkungen auf die Handlungsfähigkeit einer Gesellschaft. Die Konkretisierung nichtiger Gesellschafterbeschlüsse gewinnt insbesondere im Hinblick auf die Abgrenzung zu bloß anfechtbaren Beschlüssen an Bedeutung.[344]

---

339 Spindler/Stilz/*Würthwein*, § 243 Rn. 30.

340 RGZ 166, 129 (131); BGHZ 104, 66 (69); Ulmer/Habersack/Löbbe/*Raiser*, Anh. § 47 Rn. 124; Roth/Altmeppen/*Roth*, § 47 Rn. 91.

341 Hüffer/*Koch*, AktG, § 241 Rn. 4; Spindler/Stilz/*Würthwein*, § 241 Rn. 29.

342 MüKoAktG/*Hüffer*, § 241 Rn. 6; Bork/Schäfer/*Casper*, § 47 Rn. 65.

343 MüKoAktG/*Hüffer*, § 241 Rn. 6; GroßKommAktG/*K. Schmidt*, § 241 Rn. 20; Bork/Schäfer/*Casper*, § 47 Rn. 65.

344 Hüffer/*Koch*, AktG, § 241 Rn. 1; MüKoAktG/*Hüffer*, § 241 Rn. 6.

I. Notwendigkeit einer Einschränkung bürgerlich-rechtlicher Nichtigkeitsfolgen

In Betracht kommt eine Einschränkung derjenigen Vorschriften des BGB, welche die Nichtigkeit von GmbH-Beschlüssen vorsehen. Möglicherweise gelangen die §§ 125, 134, 138 BGB aufgrund vorrangiger aktienrechtlicher Sondervorschriften nicht zur Anwendung. Die obigen Ausführungen haben gezeigt, dass eine Vielzahl von Rechtsverstößen bei Anwendung der BGB-Vorschriften zwar nicht geahndet wird, eine Einschränkung der bürgerlich-rechtlichen Nichtigkeitsfolgen kann dennoch geboten sein. So etwa, wenn diese die Wirkungslosigkeit von Beschlüssen aufgrund von Fehlern vorsehen, welche im Kapitalgesellschaftsrecht als nicht hinreichend schwerwiegend bewertet werden. Nach h. A. sollen die aktienrechtlichen Nichtigkeitsvorschriften als die die allgemeinen Vorschriften verdrängenden Sondervorschriften analog zur Anwendung gelangen.[345] Dies erscheint in Anbetracht des Umstandes sinnvoll, dass die aktienrechtlichen Bestimmungen speziell auf Kapitalgesellschaften zugeschnitten sind und daher den Bedürfnissen in der GmbH vermutlich am ehesten gerecht werden können.[346] Für eine analoge Anwendung der aktienrechtlichen Vorschriften müssten zunächst einmal die Analogievoraussetzungen erfüllt sein. Diese sind erfüllt bei Vorhandensein einer planwidrigen Regelungslücke undf einer Vergleichbarkeit der Interessenlage.[347]

Eine Regelungslücke liegt vor, wenn ein Sachverhalt nicht unter das Gesetz subsumierbar ist.[348] Die §§ 46 ff GmbHG enthalten keinerlei Regelungen zur Frage der Fehlerhaftigkeit von Beschlüssen, so dass eine Subsumtion unter das GmbHG nicht möglich ist. Es ist mithin von dem Vorliegen einer Regelungslücke auszugehen. Die Regelungslücke muss ferner planwidrig sein. Sie ist planwidrig, wenn der Gesetzgeber bei der Regelung eines Komplexes schlicht übersehen hat, eine Regelung zu treffen, oder wenn die Regelung mit Wertungen der Verfassung nicht in Einklang steht und insofern vom Gesetzgeber nicht gewollt sein kann.[349] In solchen Fällen erfolgt zunächst ein Rückgriff auf allgemeine Vorschriften, hier also auf die allgemeinen Vorschriften des BGB über Rechtsgeschäfte. Planwidrig ist die Regelungslücke nur, sofern die Anwendung der allgemeinen Vorschriften dem Wesen der GmbH nicht gerecht werden kann. Eine Vielzahl von Verstößen wird zwar von den bürgerlich-rechtlichen Vorschriften nicht erfasst; dennoch erscheint die unmittelbare Anordnung der Nichtigkeitsfolge in einigen Fällen oftmals als übertrieben harte Konsequenz.[350] Ferner führen die Generalklauseln des BGB zu Unsicherheiten, wodurch der Geschäftsführung das Tätigwerden erheblich erschwert

345 Ulmer/Habersack/Löbbe/*Raiser*, Anh. § 47 Rn. 33; Wicke, Anh. § 47 Rn. 1; MüKoGmbHG/*Wertenbruch*, Anh. § 47 Rn. 16; *K. Schmidt*, S. 1105; Noack, S. 34 ff.

346 Baumbach/Hueck/*Fastrich/Haas/Noack/Zöllner*, Anh. § 47 Rn. 2; Noack, S. 22 ff.

347 Kaufmann, S.37 ff.

348 Kaufmann, S.37 ff.

349 Kaufmann, S.44ff.

350 Hüffer/*Koch*, AktG § 241 Rn. 1; Noack, S. 34 ff.

wird. Insofern kann die Anwendung der bürgerlich-rechtlichen Vorschriften vom Gesetzgeber nicht gewollt sein. Die Planwidrigkeit der Regelungslücke ist deshalb zu bejahen. Des Weiteren wird das Vorliegen einer vergleichbaren Interessenlage gefordert.[351] In der Aktiengesellschaft besteht ein starkes Bedürfnis nach Rechtssicherheit.[352] Gründe dafür sind in einem ständigen Wechsel des Mitgliederkreises und dem damit verbundenen Informationsinteresse künftiger Anteilseigner zu sehen.[353] Ferner sehen Beschlüsse der Hauptversammlung vorwiegend Strukturänderungen vor, deren Bestand auch im Interesse der Öffentlichkeit steht.[354] Vor allem aber ist der Vorstand an der Ausführung von Beschlüssen gehindert, solange Unklarheiten darüber bestehen, ob diese nun nichtig sind oder nicht. Um solche Unklarheiten so gering wie möglich zu halten und damit die Handlungsfähigkeit der Gesellschaft nicht zu sehr zu beeinträchtigen, ist eine genaue Konkretisierung derjenigen Mängel erforderlich, welche die sofortige Wirkungslosigkeit von Beschlüssen zur Folge haben.[355] Mithin bedarf es eines Zurückdrängens der durch §§ 125, 134, 138 BGB erstrebten Nichtigkeitsfolgen und einer genauen Festlegung derjenigen Mängel, die zur Nichtigkeit des Beschlusses führen.[356] Unmittelbare Nichtigkeit soll nur bei besonders schwerwiegenden Verstößen die Folge sein; in allen anderen Fällen dürfen Verstöße lediglich die Anfechtbarkeit des Beschlusses bewirken.[357] Dieses stark ausgeprägte Bedürfnis nach Rechtssicherheit, wie es in der AG existiert, ist derart in der GmbH in der Regel nicht zu finden. So fehlt es bereits an der Unbeständigkeit des Mitgliederkreises in der GmbH.[358] Ferner beinhalten die meisten GmbH-Beschlüsse Angelegenheiten der gewöhnlichen Geschäftstätigkeit, so dass Beschlüsse in der Regel für die Öffentlichkeit kaum Bedeutung haben.[359] Die unmittelbare Nichtigkeit von Beschlüssen kann allerdings auch in der GmbH die Tätigkeit der Geschäftsführung lähmen. Insofern ist auch für die Handlungsfähigkeit der GmbH die Wirksamkeit des Großteils der Beschlüsse essentiell, so dass jede Form einer Einschränkung der Nichtigkeitsfolgen bzw. deren Konkretisierung im Hinblick auf eine bessere Planbarkeit sinnvoll erscheint. Insbesondere die Generalklauseln des BGB führen zu unerwünschten Unsicherheiten auch in der GmbH.[360] Zudem bedarf es ebenfalls

---

351 Kaufmann, S. 37 ff.

352 MüKoAktG/*Hüffer*, § 241 Rn. 6; Hüffer/*Koch*, AktG, § 241 Rn. 1.

353 Zöllner/Noack, ZGR 1989, S. 525 (533 f.); Casper, ZHR 163, S. 54 (75).

354 Zöllner/Noack, ZGR 1989, S. 525 (533 f.); Casper, ZHR 163, S. 54 (75).

355 MüKoAktG/Hüffer, § 241 Rn. 6 ff.

356 Hüffer/*Koch*, AktG, § 241 Rn. 1; MüKoAktG/*Hüffer*, § 241 Rn. 6; Hüffer, ZGR 2001, S. 833 (840).

357 MüKoAktG/*Hüffer*, § 241 AktG Rn. 6; Baumbach/Hueck/*Fastrich/Haas/Noack/Zöllner*, Anh. § 47 Rn. 1f.

358 Zöllner/Noack, ZGR 1989, S. 525 (533 f.); Casper, ZHR 163, S. 54 (75).

359 Baumbach/Hueck/*Fastrich/Haas/Noack/Zöllner*, Anh. § 47 Rn. 1f.Zöllner/Noack, ZGR 1989, S. 525 (533 f.); Casper, ZHR 163, S. 54 (75).

360 RGZ 166, 129 (131); Baumbach/Hueck/*Fastrich/Haas/Noack/Zöllner*, Anh. § 47 Rn. 1f.; Noack, S. 3 ff.

in der GmbH einer möglichst klaren Abgrenzung der Nichtigkeit gegenüber der Anfechtbarkeit, welche durch die genaue Spezifizierung der Nichtigkeitsgründe ermöglicht wird.[361] Eine vergleichbare Interessenlage ist mithin zu bejahen und somit auch das Vorliegen der Analogievoraussetzungen. Folglich verdrängen die aktienrechtlichen Nichtigkeitsvorschriften als Sondervorschriften in analoger Anwednung bei der GmbH die Bestimmungen des BGB.

II. Nichtigkeit von Beschlüssen in Anwendung aktienrechtlicher Vorschriften

Die Nichtigkeit von Beschlüssen richtet sich in der GmbH mithin in der Hauptsache nach den aktienrechtlichen Bestimmungen, sofern eine Übertragung der einzelnen Vorschriften auf die GmbH aufgrund deren Besonderheiten möglich ist.[362] Das Aktiengesetz ordnet die Nichtigkeit von Beschlüssen in den Fällen der §§ 241, 250, 253, 256 AktG an. Diese Normen verdrängen als Sondervorschriften die bürgerlichrechtlichen Nichtigkeitsregelungen. Der Wortlaut des § 241 AktG „nur dann nichtig" lässt erkennen, dass Nichtigkeit die Ausnahme und Anfechtbarkeit die Regel für die Fehlerhaftigkeit eines Beschlusses sein soll.[363] Dies lässt den Schluss zu, dass vom Gesetzgeber eine enge Auslegung der Regelungen gewollt ist, so dass im Zweifel der Beschluss lediglich als vernichtbar zu gelten hat.[364] Es führen also nur besonders schwerwiegende Fehler zur Nichtigkeit eines Beschlusses, welche vor allem gegeben sind, soweit eine Beeinträchtigung von Rechtssicherheitsinteressen vorliegt, wie etwa wegen schwerer Einberufungsmängel, Beurkundungsmängel, inhaltlichen Sittenverstößen oder Verstößen gegen Gesetze, die den Schutz Außenstehender bezwecken.[365] Der analog auf die GmbH anwendbare Katalog der aktienrechtlichen Nichtigkeitsgründe kann auch nicht durch die Aufnahme einer entsprechenden Regelung im Gesellschaftsvertrag eingeschränkt oder gar abbedungen werden, da es sich bei diesen Vorschriften um zwingende materiell-rechtliche Bestimmungen handelt.[366] Es besteht ein öffentliches Interesse daran, dass bei Vorliegen der im

---

361 Baumbach/Hueck/*Fastrich/Haas/Noack/Zöllner*, Anh. § 47 Rn. 1f.; Noack, S. 3 ff.

362 BGHZ 11, 231 (235); Baumbach/Hueck/*Fastrich/Haas/Noack/Zöllner*, Anh. § 47 Rn. 44; Lutter/Hommelhoff/*Bayer*, Anh. § 47 Rn. 9; Michalski/*Römermann*, Anh. § 47 Rn. 64 f.; Ulmer/Habersack/Löbbe/*Raiser*, Anh. § 47 Rn. 33; MüKoGmbHG/*Wertenbruch*, Anh. § 47 Rn. 16.

363 Ulmer/Habersack/Löbbe/*Raiser*, Anh. § 47 Rn. 33; MüKoAktG/*Hüffer*, § 241 Rn. 6; GroßKommAktG/*K. Schmidt*, § 241 Rn. 20; K. Schmidt, S. 1105.

364 RGZ 166, 129 (132); Ulmer/Habersack/Löbbe/*Raiser*, Anh. § 47 Rn. 33; KölnKomm-AktG/*Zöllner*, § 241 Rn. 3; GroßkommAktG/*Schilling*, § 241 Rn. 10; abweichend Baums, ZHR 142, S. 582 (585, 588).

365 Baumbach/Hueck/*Zöllner*, § 47 Rn. 1.

366 Baumbach/Hueck/*Fastrich/Haas/Noack/Zöllner*, Anh. § 47 Rn. 29; Lutter/Hommelhoff/*Bayer*, Anh. § 47 Rn. 9; Michalski/*Römermann*, Anh. § 47 Rn. 67; Roth/

AktG aufgeführten Nichtigkeitsgründe ein Beschluss keine Rechtswirkungen mehr entfalten kann.[367]

1. *Die Nichtigkeitsvorschriften des AktG im Einzelnen und deren Übertragbarkeit auf die GmbH*

Wie bereits erwähnt dienen die Nichtigkeitsvorschriften des AktG in ihrer genauen Umschreibung unter anderem der Abgrenzung zur Anfechtbarkeit. Die Nichtigkeitstatbestände des Aktiengesetzes, §§ 241, 250, 253, 256, sind in diesem Zusammenhang näher zu betrachten. Allgemein können die Tatbestände des § 241 AktG verschiedenen Gruppen zugeordnet werden. Nr. 1 und 2 beinhalten Verfahrens- und Formverstöße, Nr. 3, 4 inhaltliche Mängel und Nr. 5, 6 beziehen sich auf die Nichtigkeit eines Beschlusses aufgrund staatlichen Akts. Die Nichtigkeitsgründe des § 241 1. Hs. sind von vornherein nicht auf die GmbH übertragbar.[368] Insbesondere bedarf es keiner Heranziehung aktienrechtlicher Vorschriften für eine Kapitalerhöhung; denn in den §§ 57 j, 57 n II GmbHG sind spezielle Nichtigkeitsgründe des GmbHG zu sehen.[369] Ferner ordnet § 250 AktG die Nichtigkeit für Fehler bei der Wahl von Aufsichtsratsmitgliedern an, und die §§ 253, 256 AktG regeln die Wirkungslosigkeit eines auf einer nichtigen Feststellung des Jahresabschlusses beruhenden Beschlusses über die Gewinnverwendung. Eine gänzliche Übertragung der Regelungen kommt aufgrund wesentlicher struktureller Unterschiede zwischen AG und GmbH nicht in Betracht.[370] Inwieweit dennoch eine Übertragbarkeit möglich ist, soll nun untersucht werden.

a) Verstoß gegen Einberufungsvorschriften, § 241 Nr. 1 AktG

Nach § 241 Nr. 1 AktG ist ein Beschluss, der in einer Hauptversammlung gefasst worden ist, die unter Verstoß gegen § 121 II und III Satz 1 oder IV einberufen wurde, nichtig. Eine Übertragbarkeit dieser Vorschriften auf die GmbH wäre zu verneinen, wenn Fehler der Einberufung in der GmbH als nicht so schwerwiegend angesehen würden, wie es in der AG der Fall ist, so dass als Rechtsfolge der Fehlerhaftigkeit die Anfechtbarkeit des Beschlusses ausreichen würde. Dafür könnte sprechen, dass

---

Altmeppen/*Roth*, § 47 Rn. 91; GroßKommAktG/*K.Schmidt*, § 241 Rn. 20; MüKoGmbHG/ *Wertenbruch*, Anh. § 47 Rn. 17.

367 Baumbach/Hueck/Fastrich/Haas/Noack/Zöllner, Anh. § 47 Rn. 29; Lutter/Hommelhoff/*Bayer*, Anh. § 47 Rn. 9; Michalski/*Römermann*, Anh. § 47 Rn. 67; Roth/Altmeppen/*Roth*, § 47 Rn. 91; MüKoGmbHG/ *Wertenbruch*, Anh. § 47 Rn. 17.

368 Ulmer/Habersack/Löbbe/*Raiser*, Anh. § 47 Rn. 68; Michalski/*Römermann*, Anh. § 47 Rn. 175; MükoGmbHG/ *Wertenbruch*, Anh. § 47 Rn. 89.

369 Ulmer/Habersack/Löbbe/*Raiser*, Anh. § 47 Rn. 68; Michalski/*Römermann*, Anh. § 47 Rn. 175; MükoGmbHG/ *Wertenbruch*, Anh. § 47 Rn. 89.

370 BGHZ 51, 209 (210 f.); Baumbach/Hueck/*Fastrich/Haas/Noack/Zöllner*, Anh. § 47 Rn. 44; Lutter/Hommelhoff/*Bayer*, Anh, § 47 Rn. 9; Roth/Altmeppen/*Roth*, § 47 Rn. 91; MüKoGmbHG/ *Wertenbruch*, Anh. § 47 Rn. 16.

die Bestimmungen über die Einberufung der Gesellschafterversammlung in der GmbH, §§ 48–51 GmbHG, „nachgiebiges Recht" sind.[371] Ob eine Übertragbarkeit dieser Vorschriften auf die GmbH möglich ist, soll im Rahmen einer eingehenden Betrachtung der einzelnen Absätze des § 121 AktG geklärt werden.

aa) Befugnis zur Einberufung, § 121 II AktG

§ 121 II AktG regelt die Befugnis zur Einberufung. Danach darf eine Hauptversammlung ausschließlich durch die zuständigen Stellen einberufen werden. Zuständig sind nach dieser Norm der Vorstand, Personen, die im Handelsregister als Vorstand eingetragen sind und Personen, denen eine solche Befugnis durch Gesetz oder Satzung zugeteilt wurde. Bei Übertragbarkeit dieser Vorschrift auf die GmbH würde dies die Nichtigkeit von Beschlüssen der Gesellschafterversammlung bedeuten, soweit eine Einberufung der Gesellschafterversammlung durch Nichtbefugte erfolgt ist. In der GmbH folgt die Befugnis zur Einberufung aus Gesetz oder Satzung. So sind gemäß § 49 I GmbHG grundsätzlich die Geschäftsführer befugt, die Versammlung einzuberufen. Absatz 1 regelt die Zuständigkeit zur Einberufung jedoch nicht abschließend.[372] Grundsätzlich besteht zwar die Möglichkeit der Einberufung durch die Gesellschafter nicht, ausnahmsweise sind aber gemäß § 50 III i.V.m. § 50 I GmbHG diejenigen Gesellschafter, deren Geschäftsanteile zusammen mindestens 10 % des Stammkapitals ausmachen, im Wege der Selbsthilfe zur Einberufung der Gesellschafterversammlung berechtigt, sofern man ihrem Verlangen zur Einberufung gemäß § 50 I GmbHG nicht nachgekommen ist.[373] Darüber hinaus kann gemäß § 25 MitbestG bzw. 52 I i. V. m. § 111 III AktG die Gesellschafterversammlung vom obligatorischen bzw. fakultativen Aufsichtsrat dann einberufen werden, wenn das Wohl der Gesellschaft dies erfordert.

Nach h. M. ist § 241 Nr. 1 AktG mit Blick auf die Befugnis zur Einberufung auf die GmbH übertragbar.[374] Es solle die Wirkungslosigkeit des Beschlusses in Fällen der Einberufung durch Unbefugte eintreten. Vor allem solle Nichtigkeit eintreten, sofern den Anforderungen des § 50 I GmbHG nicht Genüge getan wurde.[375] Die Gesellschafter müssten darauf vertrauen können, dass in einer Gesellschafterversammlung,

---

371 Ulmer/Habersack/Löbbe/*Raiser*, Anh. § 47 Rn. 35; Scholz, GmbHR 1952, S. 161 (162); Schopp, GmbHR 1976, S. 126 (129).

372 MüKoGmbHG/*Liebscher*, § 49 Rn. 24.

373 BGH NJW 1983, S. 1677 (1677); Henssler/Strohn/*Drescher*, § 241 AktG Rn. 25; MüKoGmbHG/*Wertenbruch*, Anh. § 47 Rn. 23.

374 BGHZ 11, 231 (236 f.); BGHZ 18, 334 (337); OLG Saarbrücken, GmbHR 2006, S. 987 (989); Baumbach/Hueck/*Zöllner*, § 49 Rn. 11; Ulmer/Habersack/Löbbe/*Raiser*, Anh. § 47 Rn. 37; Scholz/Schmidt/*Schmidt/Seibt*, § 49 Rn. 16; MüKoGmbHG/*Wertenbruch*, Anh. § 47 Rn. 20 ff.

375 BGHZ 11, 231 (236 f.); BGHZ 18, 334 (337); OLG Saarbrücken, GmbHR 2006, S. 987 (989); Baumbach/Hueck/*Zöllner*, § 49 Rn. 11; Ulmer/Habersack/Löbbe/*Raiser*, Anh. § 47 Rn. 37; Scholz/Schmidt/*Schmidt/Seibt*, § 49 Rn. 16; MüKoGmbHG/*Wertenbruch*, Anh. § 47 Rn. 20 ff.

die durch Unbefugte einberufen wurde, keine wirksame Beschlussfassung möglich sei, insbesondere wenn eine Minderheit versuche, sich dadurch über Entscheidungen der Mehrheit hinwegzusetzen.[376] Dem ist angesichts der Tatsache, dass dadurch unmittelbar der Versuch unternommen wird, auf den Willensbildungsprozess in der Gesellschafterversammlung Einfluss zu nehmen,[377] zuzustimmen. Der Rechtsfolge der Nichtigkeit kann bei Einberufung durch nicht nach § 49 I GmbHG Befugte auch nicht dadurch abgeholfen werden, dass die Versammlung ohnehin einberufen worden wäre.[378]

Schwierigkeiten bereitet auch nicht der Umstand, dass, wie es in der GmbH oftmals der Fall ist, Gesamtgeschäftsführung vereinbart ist.[379] Vielmehr ist jeder einzelne Geschäftsführer zur Einberufung autorisiert, auch wenn die Geschäftsführer laut Satzung nur gemeinschaftlich zur Vertretung der Gesellschaft befugt sind.[380] Auf die Vertretungsmacht des einzelnen Geschäftsführers soll es dabei nicht ankommen, da es sich bei der Einberufung nicht um ein nach außen wirkendes Rechtsgeschäft handelt.[381] Wird der Geschäftsführer infolge fehlerhafter Bestellung nur faktisch tätig, stellt sich die Frage, inwieweit dies die Wirksamkeit der Einberufung und damit die des Beschlusses berührt. Hierbei kann auf die Grundsätze der fehlerhaften Gesellschaft zurückgegriffen werden.[382] Danach ist im Gesellschaftsrecht aus Gründen der Rechtssicherheit auf die tatsächliche Lage abzustellen, sofern denn fehlerhafte Vorgänge in der Gesellschaft bereits in Vollzug gesetzt wurden.[383] Ein Teil der Literatur vertritt jedoch die Ansicht, eine wirksame Einberufung komme nicht in Betracht, sofern von Anfang an Streit unter den Gesellschaftern über die Wirksamkeit der Bestellung des Geschäftsführers herrsche und der vermeintliche Geschäftsführer sich durch die Einberufung quasi selbst zum Organ bestelle.[384] Dagegen, dass ein von Anfang an bestehender Streit über die wirksame Bestellung zu einer Unwirksamkeit der Einberufung führt, ist einzuwenden, dass die Beschlussfassung ja insbesondere

376 Ulmer/Habersack/Löbbe/*Raiser*, Anh. § 47 Rn. 37.; vgl. zum Entstehen von Gesellschafterkonflikten durch eine Blockade durch die Minderheit: Wedemann, S. 53 f.

377 Ulmer/Habersack/Löbbe/*Raiser*, Anh. § 47 Rn. 37.

378 BGH NJW 1954, S. 385 (386); Michalski/*Römermann*, Anh. § 47 Rn. 104; MüKoGmbHG/*Wertenbruch*, Anh. § 47 Rn. 25.

379 Ulmer/Habersack/Löbbe/*Raiser*, Anh. § 47 Rn. 36; Baumbach/Hueck/*Zöllner*, § 49 Rn. 3; Lutter/Hommelhoff/*Bayer*, § 49 Rn. 2.

380 Ulmer/Habersack/Löbbe/*Raiser*, Anh. § 47 Rn. 36; Baumbach/Hueck/*Zöllner*, § 49 Rn. 3; Lutter/Hommelhoff/*Bayer*, § 49 Rn. 2.

381 Ulmer/Habersack/Löbbe/*Raiser*, Anh. § 47 Rn. 36; Baumbach/Hueck/*Zöllner*, § 49 Rn. 3; Lutter/Hommelhoff/*Bayer*, § 49 Rn. 2.

382 Lutter/Hommelhoff/*Bayer*, § 49 Rn. 2; Ulmer/Habersack/Löbbe/*Hüffer/Schürnbrand*, § 49 Rn. 6; MüKoGmbHG/*Liebscher*, § 49 Rn. 13; Michalski/*Römermann*, § 49 Rn. 20; Vogel, S. 122.

383 Lutter/Hommelhoff/*Bayer*, § 49 Rn. 2; Ulmer/Habersack/Löbbe/*Hüffer/Schürnbrand*, § 49 Rn. 6; MüKoGmbHG/*Liebscher*, § 49 Rn. 13; Michalski/*Römermann*, § 49 Rn. 20; Vogel, S. 122.

384 Ulmer/Habersack/Löbbe/*Hüffer/Schürnbrand*, § 49 Rn. 6; Baums, S. 190 f.

dazu dienen soll, diesem Streit abzuhelfen; denn im Falle von Streitigkeiten über die Wirksamkeit der Bestellung bedarf es ja gerade einer Gesellschafterversammlung und einer Beschlussfassung darüber.[385] Anders kann die Lage aber sein, wenn der Geschäftsführer seine faktische Geschäftsführertätigkeit erst mit Einberufung der Gesellschafterversammlung aufnimmt, also erst durch diese Handlung zum faktischen Organ wird.[386] Hier fehlt es bei Einberufung an einem bereits eingetretenen Vollzug, so dass die Rechtssicherheit nicht in dem Maße berührt ist wie in dem Fall des bereits seit geraumer Zeit tatsächlich tätigen Geschäftsführers.[387] In einem solchen Fall ist die Einberufung also als nicht zulässig einzuordnen.[388]

Ebenfalls umstritten ist die Wirksamkeit der Einberufung, wenn die Einberufung durch eine Person erfolgte, die weder wirksam zum Geschäftsführer bestellt wurde noch in tatsächlicher Hinsicht als solcher tätig wurde, sondern lediglich als Geschäftsführer im Handelsregister eingetragen ist.[389] Ein Teil der Literatur ist der Ansicht, auch in einem derart gelagerten Fall müsse man von der Wirksamkeit des Beschlusses ausgehen.[390] Es existiere an dieser Stelle im GmbH-Recht eine planwidrige Regelungslücke, die es anhand einer analogen Anwendung des § 121 II 2 AktG zu schließen gelte, so dass auch in der GmbH der als Geschäftsführer in das Handelsregister Eingetragene als befugt anzusehen sei.[391] Die Gegenauffassung lehnt eine solche Analogiebildung mangels vergleichbarer Interessenlage ab.[392] Dem ist zuzustimmen. So kommt es in der GmbH bei Einberufung der Gesellschafterversammlung nicht derart auf die Publizität des Handelsregisters an wie in der AG, und zwar unabhängig davon, ob die jeweilige Gesellschaft von der Struktur her eher einer AG

---

385 LG Mannheim, NZG 2008, S. 111 (112); MüKoGmbHG/*Wertenbruch*, Anh. § 47 Rn. 27; MüKoGmbHG/*Liebscher*, § 49 Rn. 14.

386 Ulmer/Habersack/Löbbe/*Hüffer/Schürnbrand*, § 49 Rn. 6; MüKoGmbHG/*Liebscher*, § 49 Rn. 14; Baums, S. 190 f.

387 Ulmer/Habersack/Löbbe/*Hüffer/Schürnbrand*, § 49 Rn. 6; MüKoGmbHG/*Liebscher*, § 49 Rn. 14; Baums, S. 190 f.

388 Ulmer/Habersack/Löbbe/*Hüffer/Schürnbrand*, § 49 Rn. 6; MüKoGmbHG/*Liebscher*, § 49 Rn. 14; Baums, S. 190 f.

389 OLG Düsseldorf, NZG 2004 , S. 916 (921); AG Syke GmbHR 1985, S. 26 (27); Scholz/*Schmidt/Seibt*, § 49 Rn. 5; Lutter/Hommelhoff/*Bayer*, § 49 Rn. 2; MüKoGmbHG/*Liebscher*, § 49 Rn. 16; Baumbach/Hueck/*Zöllner*, § 49 Rn. 3; MünchHdbGmbH/*Wolff*, § 39 Rn. 13; Ulmer/Habersack/Löbbe/*Hüffer/Schürnbrand*, § 49 Rn. 7; Michalski/*Römermann*, § 49 Rn. 26; Baums, S. 192.

390 OLG Düsseldorf, NZG 2004 , S. 916 (921); AG Syke GmbHR 1985, S. 26 (27); Scholz/*Schmidt/Seibt*, § 49 Rn. 5; Lutter/Hommelhoff/*Bayer*, § 49 Rn. 2; MüKoGmbHG/*Liebscher*, § 49 Rn. 16; Baums, S. 192.

391 OLG Düsseldorf, NZG 2004 , S. 916 (921); AG Syke GmbHR 1985, S. 26 (27); Scholz/*Schmidt/Seibt*, § 49 Rn. 5; Lutter/Hommelhoff/*Bayer*, § 49 Rn. 2; MüKoGmbHG/*Liebscher*, § 49 Rn. 16; Baums, S. 192.

392 Ulmer/Habersack/Löbbe/*Hüffer/Schürnbrand*, § 49 Rn. 7; Michalski/*Römermann*, § 49 Rn. 26; Baumbach/Hueck/*Zöllner*, § 49 Rn. 3; MünchHdbGmbH/*Wolff*, § 39 Rn. 13.

oder einer Personengesellschaft nahe kommt.[393] Es fehlt an einem vergleichbaren Bedürfnis an Rechtssicherheit bei der Einberufung; denn dabei ist lediglich der Innenbereich der Gesellschaft betroffen.[394] Rechtsunsicherheiten sind auch gerade dann nicht existent, wenn unter den Gesellschaftern die Geschäftsführerstellung nicht einmal umstritten ist.[395] Um eine vergleichbare Interessenlage annehmen zu können, ist das Hinzutreten weiterer vergleichbarer Merkmale erforderlich. Daran fehlt es hier, so dass eine analoge Anwendung dieser Regelung abzulehnen ist.

Nicht unproblematisch ist des Weiteren die Einberufung durch einen Prokuristen, soweit keine konkrete Beauftragung zur Einberufung erfolgt ist.[396] Allenfalls durch Satzungsvereinbarung ist eine Übertragung dieses Rechts auf Dritte denkbar.[397]

bb) Fehlerbehaftete Einladung, § 121 III 1 AktG

§ 121 III 1 AktG befasst sich mit Einladungsmängeln. So muss die Einberufung die Firma, den Sitz der Gesellschaft sowie Zeit und Ort der Hauptversammlung enthalten. In der GmbH sind alle Gesellschafter einzuladen, die bei der Gesellschaft gemäß § 16 GmbHG gemeldet sind, ansonsten führt dies zur Nichtigkeit eines Beschlusses der Gesellschafterversammlung.[398] Eine Einladung ist wertlos, wenn es an der Angabe von Ort und Zeit fehlt.[399] Insofern führen auch in der GmbH Einladungsmängel zur Nichtigkeit, sofern sie so gravierend sind, dass sie einer Nichtladung gleichkommen.[400] So bedeutet das bloße Fehlen der Angabe der Uhrzeit im Einladungstext nicht die Nichtigkeit des Beschlusses, wenn der Gesellschafter anderweitig Kenntnis davon erlangt hat.[401] Führt ein Mangel nicht zur Nichtigkeit, so ist allenfalls die Anfechtbarkeit Folge des Einberufungsmangels.[402]

---

393 Michalski/*Römermann,* § 49 Rn. 26.

394 Michalski/*Römermann,* § 49 Rn. 26.

395 Michalski/*Römermann,* § 49 Rn. 26.

396 Scholz/*Schmidt/Seibt,* § 49 Rn. 11; Ulmer/Habersack/Löbbe/*Hüffer/Schürnbrand,* § 49 Rn. 12; Michalski/*Römermann,* § 49 Rn. 48; MüKoGmbHG/*Wertenbruch,* Anh. § 47 Rn. 26.

397 Baumbach/Hueck/*Zöllner,* § 49 Rn. 9; Ulmer/Habersack/Löbbe/*Hüffer/Schürnbrand,* § 49 Rn. 12; Michalski/*Römermann,* § 49 Rn. 49.

398 BGHZ 49, 183 (189); Michalski/*Römermann,* Anh. § 47 Rn. 86; Baumbach/Hueck/*Fastrich/Haas/Noack/Zöllner,* Anh. § 47 Rn. 45.

399 OLG Hamm, GmbHR 1993, S. 743 (746); Baumbach/Hueck/*Fastrich/Haas/Noack/Zöllner,* Anh. § 47 Rn. 45; Michalski/*Römermann,* Anh. § 47 Rn. 87; Ulmer/Habersack/Löbbe/*Raiser,* Anh. § 47 Rn. 42; MüKoGmbHG/*Wertenbruch,* Anh. § 47 Rn. 30.

400 OLG Hamm, GmbHR 1993, S. 743 (746); Baumbach/Hueck/*Fastrich/Haas/Noack/Zöllner,* Anh. § 47 Rn. 45; Michalski/*Römermann,* Anh. § 47 Rn. 87; Ulmer/Habersack/Löbbe/*Raiser,* Anh. § 47 Rn. 42; MüKoGmbHG/*Wertenbruch,* Anh. § 47 Rn. 30.

401 KG NJW 1965, S. 2157, 2159; MüKoGmbHG/*Wertenbruch,* Anh. § 47 Rn. 30.

402 Ulmer/Habersack/Löbbe/*Raiser,* Anh. § 47 Rn. 42; Schmidt/Lutter/*Schwab,* § 241 Rn. 9 ff.; MüKoGmbHG/*Wertenbruch,* Anh. § 47 Rn. 30.

Einer Ansicht nach ist in der Verweigerung des Zutritts zur Gesellschafterversammlung ebenfalls ein zur Nichtigkeit des Beschlusses führender Mangel zu sehen, da dies letztlich einer Nichtladung entspreche.[403] Dem Gesellschafter werde dadurch die Möglichkeit der Teilnahme verwehrt.[404] Andere lehnen die Einordnung der Verweigerung der Teilnahme als Nichtigkeitsgrund ab.[405] § 241 Nr. 1 AktG enthalte in keinerlei Hinsicht einen Hinweis auf die Verweigerung als Einberufungsmangel. Diese Vorschrift sei auch nicht erweiterungsfähig.[406] Die ablehnende Auffassung überzeugt hier; denn tatsächlich sind die in § 241 AktG genannten Nichtigkeitsgründe abschließend.[407] Dies hat seinen Grund in dem Bedürfnis einer Einschränkung der Nichtigkeitsgründe, um die Handlungsfähigkeit der Gesellschaft zu gewährleisten (s. o.).[408] Dasselbe gilt auch für die GmbH. Für eine Erweiterung des Kreises der Nichtigkeitsgründe ist somit kein Raum. Tatsächlich kann in der Zutrittsverweigerung keine Nichtladung gesehen werden, auch wenn dies einen vergleichbaren Effekt, nämlich die Nichtteilnahme an der Versammlung, auslöst. Denn dafür sind andere Gründe entscheidend. So ging in dem vom OLG Brandenburg im Jahre 1998 zu entscheidenden Fall der Verweigerung eine Prüfung des Teilnahmerechts des Gesellschafters durch den Versammlungsleiter voraus. Dem Versammlungsleiter steht ein solches Prüfungsrecht auch zu, insbesondere um die Teilnahme nichtberechtigter Personen zu verhindern (s. o.).[409] Zwar führt die Teilnahme von Nichtberechtigten nicht unmittelbar zur Nichtigkeit des Beschlusses, aber dennoch hat dies die Mangelhaftigkeit des Beschlusses und damit die Anfechtbarkeit des Beschlusses zur Folge.[410] Aufgabe des Versammlungsleiters ist es unter anderem, dies zu verhindern.[411] Nicht ausgeschlossen werden kann, dass dem Versammlungsleiter bei der Überprüfung, wie in dem vom OLG zu entscheidenden Fall, Fehler unterlaufen.[412] Eine Vergleichbarkeit mit dem Fall der fehlenden Einladung ist folglich nicht gegeben.

cc) Bekanntmachung der Gesellschafterversammlung, § 121 IV AktG

Gemäß § 121 IV AktG ist die Einberufung in den Gesellschaftsblättern bekannt zu machen. Sind die Aktionäre der Gesellschaft namentlich bekannt, so kann die Hauptversammlung mit eingeschriebenem Brief einberufen werden, sofern die Satzung nichts anderes bestimmt. In der GmbH hat die Einberufung gemäß § 51 I GmbHG

403 OLG Brandenburg, NJW-RR 1999, S. 543 (545).
404 OLG Brandenburg, NJW-RR 1999, S. 543 (545).
405 Michalski/*Römermann*, Anh. § 47 Rn. 100; Roth/Altmeppen/*Roth*, § 47 Rn. 102; Henssler/Strohn/*Drescher*, § 243 AktG Rn. 10.
406 Michalski/*Römermann*, Anh. § 47 Rn. 100.
407 Siehe 3. Kap. D. I.
408 Siehe 3. Kap. D. I.
409 Siehe 2. Kap. B. 2.
410 Michalski/*Römermann*, Anh. § 47 Rn. 97; MüKoGmbHG/*Wertenbruch*, Anh. § 47 Rn. 35.
411 Werner, GmbHR 2006, S. 127 (130).
412 Werner, GmbHR 2006, S. 127 (130).

mittels eingeschriebenen Briefs zu erfolgen. Einige sind der Ansicht, geschehe dies durch gewöhnlichen Brief, bedeute dies die Nichtigkeit eines Beschlusses auch in der GmbH.[413] Nach abweichender Ansicht soll dies dann nicht der Fall sein, wenn der Brief tatsächlich eingegangen und dieser Umstand beweisbar ist.[414] Zuzustimmen ist der zweiten Ansicht, wonach lediglich die Anfechtbarkeit des Beschlusses die Folge eines Verstoßes gegen das Einschreibeerfordernis darstellt. Ist nämlich die Einladung tatsächlich zugegangen, so wäre eine Gleichstellung mit der Situation der Nichtladung nicht überzeugend.[415] Zudem ist dem Umstand Rechnung zu tragen, dass der postalische zunehmend durch den elektronischen Schriftverkehr ersetzt wird.[416] Es wäre also nicht mehr zeitgemäß, eine Verletzung des Einschreibeerfordernisses mit Nichtigkeit zu ahnden.[417] Ebenso wenig dürfte die Einladung mittels elektronischer Mitteilung unmittelbar zur Nichtigkeit des Beschlusses, sondern lediglich zu dessen Anfechtbarkeit führen.[418] Auch hier ist die Beweisbarkeit des Zugangs entscheidend.[419] Dahingegen ist die nur mündlich ergangene Ladung als problematisch anzusehen. Ist umstritten, ob eine mündliche Ladung tatsächlich erfolgt ist, kann der entsprechende Beweis ausschließlich mittels Zeugenbeweis erbracht werden, so dass der Beschluss von Beginn an schwerwiegende Rechtsunsicherheit in sich birgt.[420]

Sonstige Formmängel bei der Einberufung führen lediglich zur Anfechtbarkeit und nicht zur Nichtigkeit eines Beschlusses, so beispielsweise die Verletzung von Form- und Fristerfordernissen, die in § 51 GmbHG oder in der Satzung enthalten sind, z.B. die fehlende Angabe des Absenders oder das Unterschreiten der Ladungsfrist.[421] Anderes gilt jedoch dann, wenn der Formmangel einer Nichtladung gleichkommt,[422] so etwa die Zusendung einer E-mail am Vorabend der Versammlung gegen 20.30 Uhr, so dass dem Gesellschafter eine Teilnahme an der Gesellschafterversammlung de facto unmöglich ist.[423] Ebenso ist lediglich die Anfechtbarkeit und nicht die Nichtigkeit des Beschlusses gegeben, wenn der Beschlussgegenstand nicht

413 Baumbach/Hueck/*Zöllner*, § 51 Rn. 28; Ulmer/Habersack/Löbbe/*Hüffer/Schürnbrand*, § 51 Rn. 37; Michalski/*Römermann*, § 51 Rn. 108.
414 Lutter/Hommelhoff/*Bayer*, § 51 Rn. 29; Ulmer/Habersack/Löbbe/*Raiser*, Anh. § 47 Rn. 44; MüKoGmbHG/*Wertenbruch*, Anh. § 47 Rn. 29.
415 MüKoGmbHG/*Wertenbruch*, Anh. § 47 Rn. 28.
416 MüKoGmbHG/*Wertenbruch*, Anh. § 47 Rn. 28.
417 MüKoGmbHG/*Wertenbruch*, Anh. § 47 Rn. 28.
418 MüKoGmbHG/*Wertenbruch*, Anh. § 47 Rn. 28.
419 MüKoGmbHG/*Wertenbruch*, Anh. § 47 Rn. 29.
420 MüKoGmbHG/*Wertenbruch*, Anh. § 47 Rn. 29.
421 Baumbach/Hueck/*Fastrich/Haas/Noack/Zöllner*, Anh. § 47 Rn. 45; Roth/Altmeppen/*Roth*, § 47 Rn. 103; MüKoGmbHG/*Wertenbruch*, Anh. § 47 Rn. 28.
422 Ulmer/Habersack/Löbbe/*Raiser*, Anh. § 47 Rn. 44; Baumbach/Hueck/*Fastrich/Haas/Noack/Zöllner*, Anh. § 47 Rn. 28; MüKoGmbHG/*Wertenbruch*, Anh. § 47 Rn. 28.
423 BGH NJW RR 2006, S. 831 (832); Baumbach/Hueck/*Zöllner*, Anh, § 47 Rn. 45; MüKoGmbHG/*Wertenbruch*, Anh. § 47 Rn. 28.

ausreichend bezeichnet wurde, so dass die Vorbereitung der Gesellschafter auf die Gesellschafterversammlung deutlich erschwert wird.[424] Denn hier ist die Teilnahme an der Versammlung dennoch möglich; eine Vergleichbarkeit mit der Situation der Nichtladung besteht daher nicht.[425]

dd) Vollversammlung nach § 51 III GmbHG

Mängel der Einberufung führen gemäß § 51 III GmbHG nicht zur Nichtigkeit eines Beschlusses, wenn bei Beschlussfassung sämtliche Gesellschafter erschienen oder vertreten sind und keiner der Gesellschafter der Beschlussfassung widerspricht. Die Zustimmung zur Durchführung der Versammlung muss also nicht ausdrücklich erfolgen. Eine konkludente Zustimmung, welche sich durch widerspruchslose Teilnahme an der Versammlung äußert, ist ausreichend.[426] Diese Ausnahme von der Nichtigkeitsfolge greift aber nicht ein, wenn der nicht ordnungsgemäß geladene Gesellschafter zwar an der Versammlung teilgenommen, aber eine Vertagung der Versammlung gefordert hat.[427] Bei der Bitte um Vertagung macht der Gesellschafter ausdrücklich deutlich, dass er seine Zustimmung nicht erteilen möchte, so dass kein Raum für die Annahme einer konkludenten Zustimmung gegeben ist.[428]

b) Verstoß gegen Formvorschriften, § 241 Nr. 2 AktG

§ 241 Nr. 2 AktG regelt Fälle der Nichtbeurkundung. Demnach sind Beschlüsse als nichtig einzuordnen, wenn die in § 130 I, II, IV AktG festgelegten Beurkundungsvorschriften nicht eingehalten wurden.[429] Nach § 130 I AktG ist jeder Beschluss durch eine notariell aufgenommene Niederschrift zu beurkunden. Die notarielle Niederschrift oder das privatschriftliche Protokoll muss nach § 130 II 1 AktG die bestimmten Mindestangaben enthalten, so sind Ort und Tag der Verhandlung, der Name des Notars sowie die Art und das Ergebnis der Abstimmung und die Feststellung des Vorsitzenden über die Beschlussfassung anzugeben. Gemäß § 130 IV AktG muss die Niederschrift eigenhändig vom Notar unterschrieben worden sein. Die entsprechende Anwendung des § 241 Nr. 2 AktG bereitet Schwierigkeiten; denn das GmbHG sieht eine notarielle Beurkundung in der Hauptsache nur für

---

424 OLG Düsseldorf, NZG 2000, S. 1180, (1182); Michalski/*Römermann*, Anh. § 47 Rn. 99; Henssler/Strohn/*Drescher*, § 241 AktG Rn. 28; Lutter/Hommelhoff/ *Bayer*, § 51 Rn. 30; MüKoGmbHG/ *Wertenbruch*, Anh, § 47 Rn. 37.

425 MüKoGmbHG/ *Wertenbruch*, Anh, § 47 Rn. 37.

426 BGHZ 100, 264 (269 f.); Ulmer/Habersack/Löbbe/*Raiser*, Anh. § 47 Rn.45.

427 MüKoGmbHG/ *Wertenbruch*, Anh. § 47 Rn. 39; Ulmer/Habersack/Löbbe/*Hüffer/ Schürnbrand*, § 51 Rn. 30; Scholz/*Schmidt/Seibt*, § 51 Rn. 33.

428 Ulmer/Habersack/Löbbe/*Hüffer/Schürnbrand*, § 51 Rn. 30; Scholz/*Schmidt/Seibt*, § 51 Rn. 33.

429 Schmidt/Lutter/*Schwab*, § 241 Rn. 13; GroßKommAktG/*K.Schmidt*, § 241 Rn. 51.

satzungsändernde Beschlüsse vor (§ 53 II GmbHG).[430] Bei satzungsdurchbrechenden Beschlüssen ist im Hinblick auf ein Beurkundungsbedürfnis dahingehend zu differenzieren, ob es sich um eine punktuelle Satzungsdurchbrechung handelt, die Durchbrechung sich also lediglich auf einen konkreten Einzelfall bezieht, oder ob die Satzungsdurchbrechung zu einer dauerhaften Abänderung der Satzung führt.[431] Im ersten Fall bedarf es keiner notariellen Beurkundung, im zweiten dagegen schon, da eine dauerhafte Satzungsdurchbrechung letztlich die Abänderung des Satzungsinhalts bedeutet.[432] Es handelt sich bei § 53 II GmbHG um eine zwingende Vorschrift, weswegen zumindest dort § 241 Nr. 2 AktG angewandt werden kann mit der Folge, dass satzungsändernde Beschlüsse bei Fehlen einer notariellen Beurkundung nichtig sind.[433] In allen anderen Fällen, in denen also keine satzungsändernden Beschlüsse verabschiedet werden, sondern z. B. nur eine satzungsmäßige Bestimmung vorliegt, kann das Ausbleiben notarieller Beurkundung mangels GmbH-rechtlicher Regelung nicht zur Nichtigkeit führen.[434] § 130 II 1 AktG verlangt zudem, dass in der Niederschrift die Feststellung des Vorsitzenden über die Beschlussfassung anzugeben ist. In der GmbH existieren jedoch diesbezüglich keine zwingenden Regelungen, weswegen es zur Wirksamkeit selbst von beurkundungspflichtigen Beschlüssen keiner Angaben über die Feststellung in der Niederschrift bedarf.[435]

Als nicht unproblematisch erweist sich in diesem Zusammenhang die Frage nach einem Bedürfnis für eine notarielle Beurkundung des Zustimmungsbeschlusses einer Gesellschaft zu einem Unternehmensvertrag. Nach allgemeiner Auffassung bedarf es aufgrund analoger Anwendung der §§ 293, 294 AktG mangels spezialgesetzlicher Regelung lediglich der Schriftform nach § 126 BGB bei Abschluss des Unternehmensvertrages selbst.[436] Dennoch erscheint eine notarielle Beurkundung des vorangehenden Zustimmungsbeschlusses vor dem Hintergrund erforderlich, dass ein solcher Unternehmensvertrag erhebliche Auswirkungen auf das Gefüge (zumindest) der beherrschten Gesellschaft und damit auch auf den Inhalt der

430 Michalski/*Römermann*, Anh. § 47 Rn. 106 f.; Baumbach/Hueck/*Fastrich/Haas/Noack/Zöllner*, Anh. § 47 Rn. 49.

431 BGHZ 123, 15 (19); Michalski/*Hoffmann*, § 53 Rn. 35.

432 MüKoGmbHG/*Wertenbruch*, Anh. § 47 Rn. 42.

433 Lutter/Hommelhoff/*Bayer*, Anh. § 47 Rn. 15; Ulmer/Habersack/Löbbe/*Raiser*, Anh. § 47 Rn. 46; Michalski/*Hoffmann*, § 53 Rn. 35; MüKoGmbHG/*Wertenbruch*, Anh. § 47 Rn. 42.

434 Baumbach/Hueck/ *Fastrich/Haas/Noack/Zöllner*, Anh. § 47 Rn. 49; Ulmer/Habersack/Löbbe/*Raiser*, Anh. § 47 Rn. 48; Rowedder/Schmidt-Leithoff/Koppensteiner, § 47 Rn. 99; Michalski/Römermann, Anh. § 47 Rn. 106; Lutter/Hommelhoff/Bayer, Anh. § 47 Rn. 15; MüKoGmbHG/Wertenbruch, Anh. § 47 Rn. 42; Hueck, in: FS Molitor, S. 401 (409).

435 BGHZ 51, 209 (212); Ulmer/Habersack/Löbbe/*Raiser*, Anh. § 47 Rn. 47; Baumbach/Hueck/*Zöllner*, § 48 Rn. 22.

436 BGHZ 105, 324 (338); MüKoGmbHG/*Wertenbruch*, Anh. § 47 Rn. 44.

Satzung hat.[437] Der Unternehmensvertrag kann einen Eingriff in den Zweck der Gesellschaft, in die Kompetenzverteilung und das Gewinnbezugsrecht der Gesellschafter bedeuten.[438] Auf Seiten der herrschenden Gesellschaft ist dies wohl nicht zwingend der Fall; denn der Unternehmensvertrag dürfte in der Regel keine Auswirkungen auf die Satzung haben.[439]

c) *Wesentlicher Rechtsverstoß, § 241 Nr. 3 AktG*

§ 241 Nr. 3 ordnet die Rechtsfolge der Nichtigkeit für jene Beschlüsse an, welche mit dem Wesen der AG unvereinbar sind oder Vorschriften verletzen, die dem Schutz der Gläubiger oder sonst dem öffentlichen Interesse zu dienen bestimmt sind. Die Vorschrift regelt Inhaltsmängel und ist insofern Spezialvorschrift zu § 134 BGB. Verfahrensfehler sind nach h. M. nicht umfasst.[440] Als nicht unproblematisch erweist sich die Auslegung dieser Norm aufgrund ihres unbestimmten Wortlauts. Es wird angenommen, dass der Zweck der Vorschrift vorwiegend in der Abgrenzung von zur Nichtigkeit und zur Anfechtbarkeit führenden Mängeln liegt.[441] So sollen nach dem Willen des Gesetzgebers Beschlüsse nur bei besonders gravierenden Mängeln unmittelbar die Nichtigkeit zur Folge haben.[442] Ferner ist strittig, in welchem Verhältnis die einzelnen Alternativen zueinander stehen und inwieweit ihnen selbständige Bedeutung zukommt.[443]

aa) Entstehungsgeschichte

Zum besseren Verständnis dieser Vorschrift und deren einzelner Tatbestandsalternativen soll zunächst die Entstehungsgeschichte des § 241 Nr. 3 AktG näher in den Blick genommen werden.[444] So ist beachtlich, dass bereits im Jahr 1888 das Reichsgericht zu dem Schluss gelangte, dass solchen Beschlüssen, die gegen das „Wesen der Gesellschaft" verstießen, keine Bestandskraft zukommen dürfe und

---

437 BGHZ 105, 324 (338); MüKoGmbHG/*Wertenbruch,* Anh. § 47 Rn. 44.

438 BGHZ 105, 324 (338); MüKoGmbHG/*Wertenbruch,* Anh. § 47 Rn. 44.

439 BGHZ 105, 324 (336); Scholz/*Emmerich,* Anh. § 13 Rn. 149; MüKoGmbHG/*Wertenbruch,* Anh. § 47 Rn. 45.

440 GroßKommAktG/*Schilling,* § 241 Rn. 18; KölnKommAktG/*Zöllner,* § 241 Rn. 98; GroßKommAktG/*K.Schmidt,* § 241 Rn. 55; Ulmer/Habersack/Löbbe/*Raiser,* Anh. § 47 Rn. 49; Geßler/Hefermehl/Eckardt/Kropff/*Hüffer,* § 241 Rn. 36; Scholz/*Schmidt,* § 45 Rn. 72; Lutter/Hommelhoff/*Bayer,* Anh. § 47 Rn. 16.

441 Ulmer/Habersack/Löbbe/*Raiser,* Anh. § 47 Rn. 50.

442 Ulmer/Habersack/Löbbe/*Raiser,* Anh. § 47 Rn. 50.

443 KölnKommAktG/*Zöllner,* § 241 Rn. 97; GroßKommAktG/*K.Schmidt,* § 241 Rn. 54; MünchHdbGesR IV/ *Semler,* § 41 Rn. 13; Roth/Altmeppen/*Roth,* § 47 Rn. 96; GroßKommAktG/*Röhricht,* § 23 Rn. 202 f.; Schmidt/Lutter/*Schwab,* § 241 Rn. 18; MüKoGmbHG/*Wertenbruch,* Anh. § 47 Rn. 49 ff.; U. Huber, in: FS Coing Band II, S. 167 (187 ff.); Scheuerle, AcP 163, S. 429 (438); Casper, 207 ff.

444 Dazu ausführlich U. Huber, in FS Coing, Band II, S. 167 (167 ff.).

zwar selbst dann, wenn zuvor keine Rüge seitens einzelner Aktionäre erfolgt sei.[445] Eine Regelung, dass ein Beschluss per se aus sich heraus unwirksam ist, existierte zum damaligen Zeitpunkt noch nicht.[446] Die Rechtsprechung empfand also eine Einordnung solcher gegen das Wesen der AG verstoßender Beschlüsse als lediglich anfechtbar mit der Folge der Wirksamkeit dieses Beschlusses als inakzeptabel, sofern eine Ausübung des Anfechtungsrechts seitens der Aktionäre ausblieb.[447] Auch in der Literatur sah man die bis dato bestehende gesetzliche Regelung als nicht abschließend an, sondern erkannte die Notwendigkeit der Existenz auch nichtiger Beschlüsse.[448] So sei eine Heilung nur von solchen Beschlussfehlern denkbar, über die „durch Privatwillkür verfügt werden könne".[449] Erstmaliger Anknüpfungspunkt für die Nichtigkeit eines Beschlusses war für die Rechtsprechung das Wesen der AG, welches im Laufe der Zeit als Nichtigkeitsgrund auch Eingang in das Gesetz fand und nunmehr in § 241 Alt. 1 AktG zu finden ist.[450] Der Katalog der Nichtigkeitsgründe wurde von der Rechtsprechung in der Folgezeit fortentwickelt.[451] So kam es in einzelnen Entscheidungen zur Nennung von „Verstößen gegen Vorschriften, die dem Gläubigerschutz dienen", als Nichtigkeitsgrund.[452] Dieser Nichtigkeitsgrund kam insbesondere bei Entscheidungen wegen Verstößen gegen Bewertungsregeln bei Bilanzbeschlüssen zum Tragen.[453] In der Literatur sah man Beschlüsse als nichtig an, „die Vorschriften verletzten, die nicht ausschließlich die Interessen der zur Zeit vorhandenen Aktionäre beträfen oder auf deren Einhaltung die Aktionäre im Einzelfall nicht gültig verzichten könnten."[454] Die Rechtsprechung bezeichnete solche Vorschriften im weiteren Verlauf als im „öffentlichen Interesse" gegebene Vorschriften.[455] Dieser Nichtigkeitsgrund wurde jedoch in keiner der Entscheidungen selbständig genannt, sondern es wurde immer auch ein weiterer Nichtigkeitsgrund zusätzlich aufgeführt, so dass also keine Entscheidungen ergangen sind, bei denen die Nichtigkeit eines Beschlusses allein auf einen Verstoß gegen das „öffentliche Interesse" zurückzuführen war.[456] Erstmals erfolgte eine Kodifikation dieser Rechtsprechung im Aktiengesetz von 1937.[457] So hieß es in § 195 Nr. 3 des damaligen Aktiengesetzes, „ein Beschluss ist nichtig, wenn er mit dem Wesen der

---

445 RGZ 21, 148 (159).
446 U. Huber, in FS Coing, Band II, S. 167 (167 ff.).
447 RGZ 21, 148 (159).
448 U. Huber, in: FS Coing, Band II, S. 167 (167 ff.).
449 U. Huber, in: FS Coing, Band II, S. 167 (167 ff.).
450 RGZ 72, 33 (36 f.); RGZ 131, 141 (143 ff.).
451 RGZ 72, 33 (36 f.); RGZ 131, 141 (143 ff.).
452 RGZ 72, 33 (36 f.); RGZ 131, 141 (143 ff.).
453 RGZ 72, 33 (36 f.); RGZ 131, 141 (143 ff.).
454 Siehe Huber, in: FS Coing, Band II, S. 167 (167 ff.).
455 RGZ 114, 202 (204).
456 Huber, in: FS Coing Band II, S. 167 (173).
457 GroßKommAktG/*Schilling*, 3. Auflage, Band 3, § 241 Rn. 17; Huber, in: FS Coing, Band II, S. 167 (171).

Aktiengesellschaft unvereinbar ist oder durch seinen Inhalt Vorschriften verletzt, die ausschließlich oder überwiegend zum Schutz der Gläubiger oder sonst im öffentlichen Interesse gegeben sind".[458] Diskutiert wurden bei der Fassung des endgültigen Gesetzeswortlauts verschiedene Varianten. Umstritten war auch damals schon, inwieweit dem „Wesensmerkmal" eigenständige Bedeutung zukommt.[459] Die Gesetzesredakteure entschlossen sich letztlich aber für eine ausführliche Formulierung. Die Redakteure dieses Gesetzes hatten nämlich erhebliche Zweifel daran, dass ein Verstoß gegen das „Wesensmerkmal" immer auch zugleich einen Verstoß gegen das öffentliche Interesse bedeute.[460]

bb) Das Verhältnis der einzelnen Tatbestandsalternativen

Fraglich ist das Verhältnis der einzelnen Tatbestandsalternativen zueinander; insbesondere höchst umstritten ist das Verhältnis der Alternative 1 zur Alternative 3.[461] Nach einer Ansicht ist in der Variante „öffentliches Interesse" der Regelungsschwerpunkt der Vorschrift § 241 Nr. 3 zu sehen, wohingegen der „Unvereinbarkeit mit dem Wesen der AG" keine selbständige Bedeutung zukomme und somit nicht losgelöst von Alternative 3 die Rechtsfolge der Nichtigkeit bewirken könne.[462] Die Gegenansicht gesteht der Alternative 1 eigene Regelungskompetenz zu.[463] § 241 Nr. 3 Alt. 1 AktG sei vielmehr als eigenständiger Nichtigkeitsgrund anzusehen.[464] So stelle diese Bestimmung einen Spezialtatbestand zur Alternative 3 dar; denn das öffentliche Interesse sei immer auch betroffen bei Unvereinbarkeit mit dem Wesen der AG bzw. der GmbH. Da das Wesen der Gesellschaft durch das AktG bzw. GmbHG und sonstige Gesetze konkretisiert werde, stelle diese Bestimmung letztlich einen Ausnahmetatbestand im Verhältnis zu § 243 I AktG dar, wonach ein Verstoß gegen Satzung oder Gesetz nur die Anfechtbarkeit des Beschlusses zur Folge habe.[465] Dieser Auffassung ist zuzustimmen. So hat immer erst eine Betrachtung der

---

458 Huber, in: FS Coing, Band II, S. 167 (167 ff.).

459 Siehe Huber, in: FS Coing, Band II, S. 167 (167 ff.).

460 Geßler, ZGR 1980, S. 427 (432).

461 KölnKommAktG/*Zöllner*, § 241 Rn. 97; MünchHdbGesR IV/ *Semler*, § 41 Rn. 13; Roth/Altmeppen/*Roth*, § 47 Rn. 96; GroßKommAktG/*Röhricht*, § 23 Rn. 202 f.; Schmidt/Lutter/*Schwab*, § 241 Rn. 18; MüKoGmbHG/ *Wertenbruch*, Anh. § 47 Rn. 49 ff.; Huber, in: FS Coing Band II, S. 167 (187 ff.); Scheuerle, AcP 163, S. 429 (438); Casper, 207 ff.

462 KölnKommAktG/*Zöllner*, § 241 Rn. 97; MünchHdbGesR IV/ *Semler*, § 41 Rn. 13; Roth/Altmeppen/*Roth*, § 47 Rn. 96; Casper, 207 ff.

463 GroßKommAktG/*Röhricht*, § 23 Rn. 202 f.; Schmidt/Lutter/*Schwab*, § 241 Rn. 18; MüKoGmbHG/ *Wertenbruch*, Anh. § 47 Rn. 49 ff.; Huber, in: FS Coing Band II, S. 167 (187 ff.); Scheuerle, AcP 163, S. 429 (438).

464 GroßKommAktG/*Röhricht*, § 23 Rn. 202 f.; Schmidt/Lutter/*Schwab*, § 241 Rn. 18; MüKoGmbHG/ *Wertenbruch*, Anh. § 47 Rn. 49 ff.; U. Huber, in: FS Coing Band II, S. 167 (187 ff.); Scheuerle, AcP 163, S. 429 (438).

465 MüKoGmbHG/ *Wertenbruch*, Anh. § 47 Rn. 50.

Wesensalternative als konkretisierende Vorschrift zu erfolgen. Die Verletzung des öffentlichen Interesses ist vielmehr als Nebeneffekt anzusehen.[466] Dafür kann auch die Entstehungsgeschichte zu der aktienrechtlichen Nichtigkeitsvorschrift angeführt werden.[467] Die Entscheidungen des Reichsgerichts über die Nichtigkeit von Beschlüssen ergingen nie allein auf Grundlage des Nichtigkeitsgrundes „Verstoß gegen das öffentliche Interesse", sondern vielmehr zur Wesensalternative, welche letztlich den Ausgangspunkt für die Entscheidung der Rechtsprechung bildete, Beschlüsse der Rechtsfolge der Nichtigkeit zuzuführen.[468] Auch hatten die Gesetzesredakteure von 1937 erhebliche Zweifel daran, dass das öffentliche Interesse sämtliche Fälle des Wesens abdecke.[469] Der Wille des Gesetzgebers war also bei Schaffung des Gesetzes darauf gerichtet, der Wesensalternative eigenständige Bedeutung zukommen zu lassen.[470] Solange die Alternative „öffentliches Interesse" nicht für sich gesehen die Nichtigkeit eines Beschlusses bewirken kann, sondern ein Verstoß gegen das „öffentliche Interesse" lediglich „auch" gegeben ist, kann diese Alternative keinen Spezialtatbestand im Verhältnis zur Wesensalternative darstellen.[471] Die Struktur einer Gesellschaft dient vorrangig dem Zweck, die Gesellschaft zu einem Handeln zu befähigen und nicht dem öffentlichen Interesse.[472] Ein vorrangiger Verstoß gegen das öffentliche Interesse ist bei der Verletzung zwingender Strukturvorschriften nicht gegeben.[473]

cc) Das Wesen der AG, § 241 Nr. 3 Alt.1 AktG

Die Alternative 1 behandelt die Unvereinbarkeit mit dem Wesen der AG. Dieser Begriff bedarf wegen seiner Unbestimmtheit der Konkretisierung durch Auslegung.[474] Nach inzwischen h. A. wird das Wesen der AG durch sämtliche aktienrechtlichen Vorschriften bestimmt, welche die Struktur der Gesellschaft regeln.[475] Eine Verletzung der Alternative 1 sei gegeben, sofern ein Verstoß gegen eine solche strukturprägende Vorschrift vorliege.[476] Bei Übertragung dieser aktienrechtlichen Vorschrift auf die GmbH ist ebenfalls auf eine Verletzung bedeutsamer Strukturprinzipien

---

466 MüKoGmbHG/*Wertenbruch*, Anh. § 47 Rn. 50.
467 U. Huber, in: FS Coing Band II, S. 167 (173).
468 Huber, in: FS Coing Band II, S. 167 (173).
469 Huber, in: FS Coing Band II, S. 167 (175).
470 Huber, in: FS Coing Band II, S. 167 (175).
471 Schmidt/Lutter/*Schwab*, § 241 Rn. 18.
472 Schmidt/Lutter/*Schwab*, § 241 Rn. 18.
473 Schmidt/Lutter/*Schwab*, § 241 Rn. 18.
474 Baumbach/Hueck/*Fastrich/Haas/Noack/Zöllner*, Anh. § 47 Rn. 50; Michalski/*Römermann*, Anh. § 47 Rn. 125 ff; MüKoGmbHG/*Wertenbruch*, Anh. § 47 Rn. 50.
475 Baumbach/Hueck/*Fastrich/Haas/Noack/Zöllner*, Anh. § 47 Rn. 50; Schmidt/Lutter/*Schwab*, § 241 Rn. 19; Lutter/Hommelhoff/*Bayer*, Anh. § 47 Rn. 17; Rowedder/Schmidt-Leithoff/*Koppensteiner*, § 47 Rn. 104.
476 Baumbach/Hueck/*Fastrich/Haas/Noack/Zöllner*, Anh. § 47 Rn. 50; Schmidt/Lutter/*Schwab*, § 241 Rn. 19; GroßKommAktG/*K.Schmidt*, § 241 Rn. 58; Lutter/

abzustellen.[477] Es können also nur Verstöße gegen zwingende Vorschriften des GmbHG zur Nichtigkeit führen.[478] Ansonsten kommt lediglich eine Anfechtbarkeit des Beschlusses in Betracht; denn das Wesen der GmbH kann eine Prägung nur durch zwingende und nicht durch dispositive Normen erfahren.[479]

Ein entscheidendes Strukturprinzip in der GmbH ist die Verteilung der Kompetenzen der einzelnen Organe untereinander.[480] So kann insbesondere die Verlagerung von Organkompetenzen die Nichtigkeit eines Beschlusses begründen, wenn dadurch der Kernbereich der Zuständigkeit des jeweiligen Organs betroffen ist und dies quasi zu einer dem ausdrücklichen Willen des Gesetzgebers entgegenstehenden Machtverschiebung der Organe untereinander kommt.[481] So ist z. B. die Übertragung zwingender Organkompetenzen auf andere Organe, insbesondere die Übertragung von Kompetenzen der Gesellschafterversammlung auf die Geschäftsführer, als ein solcher zur Nichtigkeit führender Grund anzusehen.[482] Aber auch umgekehrt kann die Kompetenzübertragung von der Geschäftsführung auf einzelne Gesellschafter einen eklatanten Verstoß bedeuten, nämlich dann, wenn dadurch die Vertretungsbefugnis der Geschäftsführung nach § 35 GmbHG berührt wird.[483] Die der Grundstruktur der GmbH entsprechende Exekutivgewalt der Geschäftsführung würde auf diese Weise ausgehebelt. Auch darf es keine Ermächtigung von Nicht-Gesellschaftern zur Satzungsänderung geben.[484] Eine Einflussnahme von Außenstehenden auf die Innenstruktur der Gesellschaft ist in der Organisationsform der GmbH nicht vorgesehen; vielmehr stehen die internen Gestaltungsmöglichkeiten den Gesellschaftern zu.[485]

Ein weiteres bedeutsames Kapitel im Bereich der Verstöße gegen bedeutsame Strukturprinzipien beansprucht die Thematik der Entziehung von Mitgliedschaftsrechten. So ist Teil des Wesens der GmbH u. a. die Anfechtungsbefugnis des einzelnen Gesellschafters, da sich diese Befugnis als logische Konsequenz des in der

---

Hommelhoff/*Bayer*, Anh. § 47 Rn. 17; Rowedder/Schmidt-Leithoff/*Koppensteiner*, § 47 Rn. 104.

477 Lutter/Hommelhoff/*Bayer*, Anh. § 47 Rn. 16.

478 Lutter/Hommelhoff/*Bayer*, Anh. § 47 Rn. 16.

479 Lutter/Hommelhoff/*Bayer*, Anh. § 47 Rn. 16; Michalski/Römermann, Anh. § 47 Rn. 127; MüKoGmbHG/*Wertenbruch*, Anh. § 47 Rn. 50.

480 Scholz/*Schmidt*, § 45 Rn. 73; Michalski/*Römermann*, Anh. § 47 Rn. 131; MüKoGmbHG/Wertenbruch, Anh. § 47 Rn. 51.

481 Scholz/*Schmidt*, § 45 Rn. 73; Michalski/*Römermann*, Anh. § 47 Rn. 131; MüKoGmbHG/*Wertenbruch*, Anh. § 47 Rn. 51.

482 Scholz/*Schmidt*, § 45 Rn. 73; Michalski/*Römermann*, Anh. § 47 Rn. 131; MüKoGmbHG/*Wertenbruch*, Anh. § 47 Rn. 51.

483 Michalski/*Römermann*, Anh. § 47 Rn. 131; Roth/Altmeppen/*Roth*, § 47 Rn. 96; MüKoGmbHG/*Wertenbruch*, Anh. § 47 Rn. 51.

484 Scholz/*Schmidt*, § 45 Rn. 73; Michalski/*Römermann*, Anh. § 47 Rn. 131; MüKoGmbHG/*Wertenbruch*, Anh. § 47 Rn. 51.

485 Scholz/*Schmidt*, § 45 Rn. 73; Michalski/*Römermann*, Anh. § 47 Rn. 131; MüKoGmbHG/*Wertenbruch*, Anh. § 47 Rn. 51.

GmbH geltenden Mehrheitsprinzips darstellt.[486] Dies liegt darin begründet, dass durch das Mehrheitsprinzip einzelne Gesellschafter überstimmt werden können, diesen aber die Möglichkeit an die Hand gegeben werden muss, sich bei bestehenden erheblichen Zweifeln an der Rechtsmäßigkeit des Abstimmungsergebnisses Gehör zu verschaffen.[487] Dahingegen gehört nicht zum Wesen der GmbH, dass aus jedem einzelnen Geschäftsanteil ein Stimmrecht hervorgehen muss.[488] Der BGH hat dies damit begründet, dass es im GmbHG ebenso wie im AktG an einer entsprechenden Regelung fehle.[489] Dafür spricht zudem, dass eine Stimmrechtsberechtigung an die endgültige Leistung der Einlage gekoppelt ist. Auch lässt sich dies der Entstehungsgeschichte entnehmen. Das ADHGB sah keine zwingenden Regelungen zur Handhabung des Stimmrechts vor.[490] Ein Stimmrechtsausschluss ist also im Hinblick auf einzelne Geschäftsanteile von Gesellschaftern möglich.[491]

Darüber hinaus ist ein Verstoß gegen das „Wesen der GmbH" zu bejahen, wenn der Beschluss zu einer Aushebelung von unentziehbaren Mitgliedschaftsrechten führt.[492] Zu den unentziehbaren Mitgliedschaftsrechten gehören das Recht, an der Gesellschafterversammlung teilzunehmen, das Recht auf Auskunft und Einsicht (§ 51 a GmbHG), das Recht auf Erhebung einer Auflösungsklage sowie das Recht auf Beantragung einer gesetzlichen Bestellung oder Abberufung von Liquidatoren.[493] Weitere bedeutsame Minderheitsrechte lassen sich § 50 GmbHG entnehmen. So ist in Absatz 2 das Recht geregelt, verlangen zu können, dass Gegenstände zur Beschlussfassung, also Tagesordnungspunkte, der Versammlung zuvor angekündigt werden.[494] Den Gesellschaftern muss die Möglichkeit gegeben werden, sich umfassend über die abzustimmenden Punkte zu informieren; denn eine überlegte Entscheidung des Einzelnen ist ein wesentliches Interesse der Gesellschaft.[495] In jedem Fall kann eine Herabwürdigung der Gesellschafter zu „bloßen Kapitalgebern" mit Blick auf das Wesen der Gesellschaft nicht hingenommen werden.[496]

---

486 Lutter/Hommelhoff/*Bayer*, Anh. § 47 Rn. 17; Scholz/*Schmidt*, § 45 Rn. 73; MüKoGmbHG/*Wertenbruch*, Anh. § 47 Rn. 45.
487 Lutter/Hommelhoff/*Bayer*, Anh. § 47 Rn. 17; MüKoGmbHG/*Wertenbruch*, Anh. § 47 Rn. 52.
488 Lutter/Hommelhoff/*Bayer*, Anh. § 47 Rn. 17; Scholz/*Schmidt*, § 45 Rn. 73; MüKoGmbHG/*Wertenbruch*, Anh. § 47 Rn. 52.
489 BGH NJW 1954, S. 1563 (1563 f.).
490 BGH NJW 1954, S. 1563 (1563 f.).
491 BGH NJW 1954, S. 1563 (1563 f.).
492 MüKoGmbHG/*Wertenbruch*, Anh. § 47 Rn. 53; Lutter/Hommelhoff/*Bayer*, Anh. § 47 Rn. 17; Roth/Altmeppen/*Roth*, § 47 Rn. 96.
493 MüKoGmbHG/*Wertenbruch*, Anh. § 47 Rn. 53.
494 MüKoGmbHG/*Wertenbruch*, Anh. § 47 Rn. 53.
495 MüKoGmbHG/*Wertenbruch*, Anh. § 47 Rn. 53.
496 MüKoGmbHG/*Wertenbruch*, Anh. § 47 Rn. 53.

Bezeichnendes Merkmal der GmbH ist insbesondere die Beschränkung der Haftung auf das Vermögen der Gesellschaft.[497] Insofern wäre die Aufhebung der Haftungsbeschränkung mit dem Wesen der GmbH in keiner Weise vereinbar.[498]

dd) Gläubigerschützende Vorschriften, § 241 Nr. 3 Alt. 2 AktG

Die Bedeutung der Formulierung „überwiegend zum Schutz der Gläubiger", Alternative 2, soll nun genauer in den Blick genommen werden. Diese Alternative verdeutlicht den Stellenwert der Vorschrift für den Gläubigerschutz; denn dieser soll nicht nur ein „positiver Nebeneffekt" sein.[499] Gläubigerschützend sind vor allem Regelungen in Bezug auf die Beschaffung und Erhaltung des Stammkapitals, welche insbesondere in den §§ 5 II, III i. V. m. 55 IV, §§ 9, 19 II und 3, 22, 24, 30 bis 34, 58 GmbHG zu finden sind, da angesichts der Haftungsbeschränkung in der GmbH am gesicherten Bestand des Stammkapitals ein erhebliches Gläubigerinteresse besteht.[500] So fordert § 5 III GmbHG die Übereinstimmung der Nennbeträge aller Geschäftsanteile mit dem Stammkapital. Das Mindestkapital muss in der GmbH nach § 5 I GmbHG 25.000 € betragen. Bei einer UG müssen bis zum Erreichen dieses Betrages Rücklagen gebildet werden. Solange der Betrag das Mindeststammkapital unterschreitet, hat gemäß § 5 a GmbHG, abweichend von § 4 GmbHG, zwingend die Bezeichnung „UG (haftungsbeschränkt)" zu erfolgen. Diese Bestimmungen dienen vorwiegend der Information aktueller und künftiger Gläubiger der Gesellschaft, so dass ein Verstoß die Nichtigkeit nach § 241 Nr. 3 Alt. 2 AktG begründet.[501] An die Einbringung einer Sacheinlage sind bestimmte Voraussetzungen geknüpft. Gemäß § 5 IV GmbHG müssen der Gegenstand der Sacheinlage und der Nennbetrag des Geschäftsanteils, auf den sich die Sacheinlage bezieht, im Gesellschaftsvertrag festgesetzt werden. Ferner ist ein ausführlicher Sachgründungsbericht erforderlich. Entspricht der Wert der Sacheinlage bei Anmeldung der GmbH nicht dem Wert des übernommen Geschäftsanteils, so muss der Gesellschafter die Differenz durch Leistung einer Einlage in Geld ausgleichen (§ 9 GmbHG). Darüber hinaus sind die Gesellschafter gegenüber der Gesellschaft zur Leistung fehlender Einzahlungen gesamtschuldnerisch verpflichtet, sofern bei Errichtung der GmbH falsche Angaben gemacht wurden (§ 9 a I GmbHG). Ein Verzicht auf Ersatzansprüche der GmbH (§ 9 a GmbHG) ist nach § 9 b I 1 GmbHG unwirksam. Gemäß § 16 II GmbHG haftet der

---

497 MüKoGmbHG/*Wertenbruch*, Anh. § 47 Rn. 53.

498 MüKoGmbHG/*Wertenbruch*, Anh. § 47 Rn. 53.

499 Baumbach/Hueck/*Fastrich/Haas/Noack/Zöllner*, Anh. § 47 Rn. 51; Ulmer/Habersack/Löbbe/*Raiser*, Anh. § 47 Rn. 52; Rowedder/Schmidt-Leithoff/*Koppensteiner*, § 47 Rn. 100; Zöllner, S. 378.

500 Scholz/*Schmidt*, § 45 Rn. 74; Ulmer/Habersack/Löbbe/*Raiser*, Anh. § 47 Rn. 52; Lutter/Hommelhoff/*Bayer*, Anh. § 47 Rn. 18; MüKoGmbHG/*Wertenbruch*, Anh. § 47 Rn. 55.

501 Ulmer/Habersack/Löbbe/*Raiser*, Anh. § 47 Rn. 52, Michalski/ *Römermann*, Anh. § 47 Rn. 139; MüKoGmbHG/*Wertenbruch*, Anh. § 47 Rn. 55.

Erwerber eines Anteils für rückständige Einlageverpflichtungen. Eine Befreiung von der Verpflichtung zur Leistung der Einlage kommt gemäß § 19 II GmbHG grundsätzlich nicht in Betracht. Ferner sind in § 25 GmbHG i.V.m. § 21 GmbHG zwingende Kaduzierungsvorschriften enthalten, wodurch verhindert werden soll, dass sich die Gesellschafter der Kapitalaufbringung entziehen.[502] Der Gläubigerschutz wird zudem durch die Vorschriften zur Kapitalerhaltung, §§ 30, 31 GmbHG, bewirkt.[503] Ein gutgläubiger Gewinnbezug eines Gesellschafters ist nur unter engen Voraussetzungen und insbesondere lediglich dann denkbar, wenn § 31 I GmbHG nicht einschlägig ist.[504] In § 30 GmbHG ist das an das Stammkapital anknüpfende Auszahlungsverbot zum Zwecke der Kapitalbindung geregelt. Ein entsprechender Verstoß bedeutet die Nichtigkeit eines Beschlusses.[505] Auch der Erwerb eigener Geschäftsanteile durch die Gesellschaft selbst unterliegt entsprechend § 33 GmbHG strengen Anforderungen. Diese Vorschrift dient ebenfalls der Kapitalaufbringung und -erhaltung[506] und hat damit vor allem gläubigerschützende Wirkung.[507] Die Einziehung von Geschäftsanteilen ist in § 34 GmbHG geregelt und dient der Verdrängung von Gesellschaftern bzw. der Verhinderung des Eindringens unwillkommener Dritter.[508] Zulässig ist die Einziehung jedoch nur, wenn dies im Gesellschaftsvertrag verankert und damit für die Gläubiger der Gesellschaft erkennbar ist.[509] Bei Erhöhung des Stammkapitals finden gemäß § 55 IV GmbHG hinsichtlich der Nennbeträge die Regelungen des § 5 II, III GmbHG Anwendung. Eine Herabsetzung des Kapitals kommt nur unter den engen Voraussetzungen des § 58 GmbHG in Betracht. Die Missachtung dieser Bestimmungen über die Kapitalaufbringung und –erhaltung hat die Nichtigkeit eines Beschlusses zur Folge.[510]

Ebenfalls als vorwiegend gläubigerschützend ist das Verbot der Überbewertung als Ausfluss des Vorsichtsprinzips (§ 253 HGB) anzusehen.[511] Der Grund ist in der Informationsfunktion des letztlich daran anknüpfenden Jahresabschlusses für außerhalb der Gesellschaft stehende Dritte zu sehen. Auch die Vorschrift des § 18 II GmbHG, welche die gesamtschuldnerische Haftung derer, die einen Geschäftsanteil

502 Michalski/*Ebbing*, § 21 Rn. 2; Lutter/Hommelhoff/*Bayer*, § 21 Rn. 1.

503 Michalski/Heidinger, § 30 Rn. 7; Baumbach/Hueck/*Fastrich*, § 30 Rn. 1 f.

504 Baumbach/Hueck/*Fastrich*, § 31 Rn. 18 ff.

505 Scholz/*Schmidt*, § 45 Rn. 74; MüKoGmbHG/*Wertenbruch*, Anh. § 47 Rn. 55.

506 Baumbach/Hueck/*Fastrich*, § 33 Rn. 1.

507 BGHZ 15, S. 391 (391 ff.); Scholz/ *Schmidt*, § 45 Rn. 74; MüKoGmbHG/*Wertenbruch*, Anh. § 47 Rn. 55.

508 Michalski/*Sosnitza*, § 34 Rn. 5 ff.

509 BGHZ 144, 365 (365 ff.); MüKoGmbHG/*Wertenbruch*, Anh. § 47 Rn. 55.

510 BGHZ 15, 391 (391 f.); Scholz/*Schmidt*, § 45 Rn. 74; Ulmer/Habersack/Löbbe/*Raiser*, Anh. § 47 Rn. 52; Lutter/Hommelhoff/*Bayer*, Anh. § 47 Rn. 16; MüKoGmbHG/*Wertenbruch*, Anh. § 47 Rn. 55.

511 BGH NJW 1993, S. 42 (44); Lutter/Hommelhoff/*Bayer*, Anh. § 47 Rn. 18; Ulmer/Habersack/Löbbe/*Raiser*, Anh. § 47 Rn. 52; Michalski/*Römermann*, Anh. § 47 Rn. 139; MüKoGmbHG/*Wertenbruch*, Anh. § 47 Rn. 56.

gemeinschaftlich halten, regelt, dient in erster Linie dem Schutz von Gläubigern; denn auch dies hat letztlich wieder kapitalerhaltende Wirkung.[512]

ee) Schutz des öffentlichen Interesses, §241 Nr. 3 Alt. 3 AktG

§ 241 Nr. 3 Alt. 3 AktG dient dem Schutz des öffentlichen Interesses. Die Nichtigkeit des Beschlusses soll also im Falle der Missachtung von im öffentlichen Interesse stehenden Vorschriften gegeben sein. Nach h. A. ist zur Bestimmung des Begriffs „öffentliches Interesse" einer weiten Auslegung der Vorzug zu geben.[513] Andere sind der Auffassung, dies sei mit dem Regel-Ausnahme-Verhältnis von Anfechtungs- zu Nichtigkeitsgründen nicht zu vereinbaren.[514] Dem ist zuzustimmen. Die Rechtsfolge der Nichtigkeit darf nach dieser Regelung nur eintreten, wenn die Wirksamkeit mit Blick auf die Rechtsordnung absolut nicht hinnehmbar ist.[515] Bezweckt eine Vorschrift in der Hauptsache nur den Schutz der aktuellen Gesellschafter, so ist ein öffentliches Interesse zu verneinen.[516] Eine Vorschrift im öffentlichen Interesse ist gegeben, wenn sie insbesondere auch der Allgemeinheit oder außenstehenden Dritten zu dienen bestimmt ist.[517] Von der Alternative 3 werden also Verstöße gegen Vorschriften des Mitbestimmungsgesetzes,[518] gegen das Strafrecht, das Ordnungswidrigkeitengesetz[519] und gegen zwingende Vorschriften des Verwaltungs-, Steuer- und Sozialrechts erfasst.[520] Ein besonderes öffentliches Interesse besteht insbesondere an der Entrichtung von Abgaben, so dass Verstöße gegen das Steuerrecht in jedem Fall die Unwirksamkeit eines Beschlusses zur Folge haben müssen.[521]

---

512 Ulmer/Habersack/Löbbe/*Raiser*, Anh. § 47 Rn. 52, MüKoGmbHG/*Wertenbruch*, Anh. § 47 Rn. 57.

513 Baumbach/Hueck/*Fastrich/Haas/Noack/Zöllner*, Anh. § 47 Rn. 52; Ulmer/Habersack/Löbbe/*Raiser*, Anh. § 47 Rn. 53; KölnKommAktG/*Zöllner*, § 241 Rn. 106; MüKoAktG/*Hüffer*, § 241 Rn. 58; GroßKommAktG/*K. Schmidt*, § 241 Rn. 59; Schmidt/Lutter/*Schwab*, § 241 Rn. 20; Gessler, ZGR 1980, S. 427 (438).

514 Michalski/*Römermann*, Anh. § 47 Rn. 141; MüKoGmbHG/*Wertenbruch*, Anh. § 47 Rn. 58.

515 Michalski/*Römermann*, Anh. § 47 Rn. 144; Roth/Altmeppen/*Roth*, § 47 Rn. 97; Scholz/*Schmidt*, § 45 Rn. 75.

516 Michalski/*Römermann*, Anh. § 47 Rn. 144; Roth/Altmeppen/*Roth*, § 47 Rn. 97; Scholz/*Schmidt*, § 45 Rn. 75.

517 Schmidt/Lutter/*Schwab*, § 241 Rn. 22; MüKoAktG/*Hüffer*, § 241 Rn. 59; Schäfer, S. 46.

518 BGHZ 83, 106 (109 ff.); LG Frankfurt, ZIP 1996, S. 1661 (1663); MüKoAktG/*Hüffer*, § 241 Rn. 65; Schmidt/Lutter/*Schwab*, § 241 Rn. 21; Wertenbruch, Anh. § 47 Rn. 51.

519 Michalski/*Römermann*, Anh. § 47 Rn. 142; Ulmer/Habersack/Löbbe/*Raiser*, Anh. § 47 Rn. 54; MüKoGmbHG/*Wertenbruch*, Anh. § 47 Rn. 58.

520 Scholz/*Schmidt*, § 45, Rn. 75; Ulmer/Habersack/Löbbe/*Raiser*, Anh. § 47 Rn. 54; MüKoGmbHG/*Wertenbruch*, Anh. § 47 Rn. 58, 60.

521 Michalski/*Römermann*, Anh. § 47 Rn. 142; MüKoGmbHG/*Wertenbruch*, Anh. § 47 Rn. 60.

Auch die Bestellung des Geschäftsführers nach § 46 Nr. 5 GmbHG führt bei einem Verstoß gegen die persönlichen an diese Position zu knüpfenden Voraussetzungen zur Nichtigkeit des Beschlusses.[522] So ist das besondere öffentliche Interesse darin zu sehen, dass der Geschäftsführer derjenige ist, der nach außen für die Gesellschaft tätig wird.[523] Ebenso wie in der AG können also Beschlüsse in der GmbH gegen Vorschriften des öffentlichen Interesses verstoßen. Die Übertragbarkeit der Alternative 3 auf die GmbH bereitet keinerlei Schwierigkeiten.

d) Inhaltlicher Verstoß gegen die guten Sitten, 241 Nr. 4 AktG

Nicht nur in § 241 Nr. 3 AktG, sondern auch in § 241 Nr. 4 AktG bereitet die Abgrenzung der Nichtigkeit von der Anfechtbarkeit eines Beschlusses aufgrund der Unbestimmtheit des Begriffs Sittenwidrigkeit große Schwierigkeiten. Folglich bedarf es einer inhaltlichen Konkretisierung.[524] Der Begriff der Sittenwidrigkeit in § 241 Nr. 4 AktG ist ebenso zu definieren wie in § 138 BGB.[525] Mithin ist eine Sittenwidrigkeit gegeben, soweit der Beschluss gegen das Anstandsgefühl aller billig und gerecht Denkender verstößt.[526] Die Auslegung hat jedoch eng zu erfolgen, was wiederum aus der Formulierung „durch seinen Inhalt“ resultiert. Nichtigkeit kommt damit ausschließlich in Betracht, soweit sich die Verletzung auf den Inhalt des Beschlusses bezieht.[527] Geht es um Beweggrund, Zweck oder Art des Zustandekommens, kann lediglich die Anfechtbarkeit die Folge sein.[528] Dementsprechend führt eine Beeinträchtigung der Willensentschließungsfreiheit des einzelnen Gesellschafters bei der Abstimmung, beispielsweise durch Drohung, nicht zwangsläufig zur Nichtigkeit des Beschlusses.[529] Vielmehr ist die Willensentschließungsfreiheit anderweitig, u. a. durch die Möglichkeit der Erhebung der Anfechtungsklage, ausreichend geschützt.[530] Auch die einzelnen Motive für die Beschlussfassung oder auch ein sittenwidriges Beschlussverfahren führen nur zur Anfechtbarkeit.[531] So

522 Michalski/*Römermann*, Anh. § 47 Rn. 143; MüKoGmbHG/*Wertenbruch*, Anh. § 47 Rn. 60.

523 Michalski/*Römermann*, Anh. § 47 Rn. 143; MüKoGmbHG/*Wertenbruch*, Anh. § 47 Rn. 60; Roth/Altmeppen/*Roth*, § 47 Rn. 97.

524 Schmidt/Lutter/*Schwab*, § 241 Rn. 23; MüKoAktG/*Hüffer*, § 241 Rn. 68.

525 Schmidt/Lutter/*Schwab*, § 241 Rn. 23; MüKoAktG/*Hüffer*, § 241 Rn. 68.

526 RGZ 80, 221 (221); BGHZ 10, 228 (232); Palandt/*Ellenberger*, § 138 Rn. 2; GroßKommAktG/*K.Schmidt*, § 241 Rn. 66.

527 OLG Hamm, Urteil v. 17.10.2007 – 8 U 28/07; Baumbach/Hueck/*Fastrich/Haas/Noack/Zöllner*, Anh. § 47 Rn. 55; Henssler/Strohn/*Drescher*, § 241 AktG Rn. 39.

528 RGZ 75, 239 (243); Schmidt/Lutter/*Schwab*, § 241 Rn. 23; Ulmer/Habersack/Löbbe/*Raiser*, Anh. § 47 Rn. 58; MüKoGmbHG/*Wertenbruch*, Anh. § 47 Rn. 62 ff.

529 MüKoGmbHG/*Wertenbruch*, Anh. § 47 Rn. 61.

530 BGH NJW 1953, S. 740 (741); Michalski/*Römermann*, Anh. § 47 Rn. 153; MüKoGmbHG/*Wertenbruch*, Anh. § 47 Rn. 61.

531 OLG Hamm, Urteil v. 17.10.2007 – 8 U 28/07; Lutter/Hommelhoff/*Bayer*, Anh, § 47 Rn. 20; MüKoGmbHG/Wertenbruch, Anh. § 47 Rn. 62.

sah die frühere Rechtsprechung einen Beschluss nur dann wegen Sittenwidrigkeit als nichtig an, wenn „der Beschlussinhalt für sich allein betrachtet" einen Sittenverstoß darstellte.[532] Diesen Ausführungen schloss sich die Rechtsprechung in der Folgezeit an.[533] Es erfolgte jedoch eine Erweiterung der früheren Rechtsprechung dahingehend, dass bei der Beurteilung der Sittenwidrigkeit des Inhalts nicht der Wortlaut des Beschlusses entscheidend sei, sondern dessen innerer Gehalt.[534] Der innere Gehalt des Beschlusses ist insbesondere dann als sittenwidrig anzusehen, wenn der Beschluss bewirkt, dass ein nicht anfechtungsberechtigter Dritter einen Schaden davonträgt, da diesem ein Vorgehen gegen den Beschluss letztlich verwehrt ist.[535] Ferner muss der Verstoß derart gravierend sein, dass eine bloße Anfechtbarkeit als nicht ausreichend empfunden wird.[536] Eine Anwendung der Regelung auf die GmbH ist uneingeschränkt möglich.[537]

Ein Beschluss über die Abberufung eines Geschäftsführers kann in der Regel nicht sittenwidrig sein.[538] Dies liegt darin begründet, dass eine Abberufung des Geschäftsführers gemäß § 38 I GmbHG zu jeder Zeit möglich ist, und zwar unabhängig von der Angabe von Gründen und vom zugrunde liegenden Anstellungsverhältnis.[539] Nicht ersichtlich ist, wie sich angesichts des geringen Begründungsaufwandes die Sittenwidrigkeit aus dem Inhalt des Beschlusses selbst ergeben sollte.[540] Die Sittenwidrigkeit könnte sich also nur aus den Beweggründen für die Abberufung ergeben, was wiederum nicht die Nichtigkeit des Beschlusses i. S. v. § 241 Nr. 4 AktG zur Folge hätte. Das OLG Dresden hat die Sittenwidrigkeit und Unwirksamkeit eines Beschlusses bejaht, in welchem der bisherige Alleingeschäftsführer einer GmbH seine Mehrheitsbeteiligung im Rahmen des Abschlusses eines Kaufvertrages an einen Dritten unter der aufschiebenden Bedingung der vollständigen Kaufpreiszahlung abtrat und noch vor dem Eintritt der Bedingung unter Ausnutzung seiner formalen Stellung als Alleingeschäftsführer einen Beschluss fasste, in welchem er sich selbst erneut zum Geschäftsführer bestellte.[541] Die Nichtigkeit des Beschlusses wegen Sittenwidrigkeit ergab sich in diesem Fall zwar nicht aus dem Wortlaut des Beschlusses; der Beschluss bedeutete aber seinem inneren Gehalt nach eine sittenwidrige

---

532 RGZ 131, 141 (145).

533 BGHZ 8, 348 (355); BGHZ 15, 382 (385).

534 BGHZ 8, 348 (355); BGHZ 15, 382 (385); KölnKommAktG/*Zöllner*, § 241 Rn. 101.

535 RGZ 161, 129 (144); BGHZ 15, 382 (385 f.); Scholz/*Schmidt*, § 45 Rn. 76; GroßKommAktG/*K. Schmidt*, § 241 Rn. 65; MüKoGmbHG/*Wertenbruch*, Anh. § 47 Rn. 63.

536 Scholz/*Schmidt*, § 45 Rn. 76.

537 Scholz/*Schmidt*, § 45 Rn. 76; MüKoGmbHG/*Wertenbruch*, Anh. § 47 Rn. 61 ff.; Lutter/Hommelhoff/*Bayer*, Anh, § 47 Rn. 20.

538 OLG Hamm, Urteil v. 17.10.2007 – 8 U 28/07; MüKoGmbHG/*Wertenbruch*, Anh. § 47 Rn. 64.

539 OLG Hamm, Urteil v. 17.10.2007 – 8 U 28/07.

540 MüKoGmbHG/*Wertenbruch*, Anh. § 47 Rn. 56.

541 OLG Dresden, NZG 1999, S. 1109 (1109 f.).

Schädigung des nicht anfechtungsberechtigten Käufers; denn der Beschluss war in erster Linie darauf gerichtet, die kaufvertragliche Abrede zu umgehen und den Käufer als Dritten zu schädigen.[542] Führt also ein Beschluss seinem inneren Gehalt nach zu einer sittenwidrigen Schädigung, so ist dies als ausreichend anzusehen, um die in § 241 Nr. 4 AktG vorgesehene Rechtsfolge auszulösen.[543]

In einem vom BGH zu entscheidenden Fall über die Wirksamkeit eines Beschlusses über die Einziehung eines Geschäftsanteils ging der BGH nicht von der Sittenwidrigkeit des Beschlussinhalts aus. In diesem Fall hatte in einer zweigliedrigen GmbH der eine Gesellschafter gegenüber dem anderen ein vollstreckbares Schuldanerkenntnis nur zum Schein abgegeben.[544] Der durch das Schuldanerkenntnis Begünstigte ging in der Folge im Wege der Zwangsvollstreckung gegen den anderen Gesellschafter vor und erreichte einen Einziehungsbeschluss in Bezug auf den Geschäftsanteil seines Mitgesellschafters, um ihn schließlich aus seiner Stellung als Gesellschafter hinauszudrängen.[545] Der BGH sah den Einziehungsbeschluss zwar nicht als nichtig nach § 241 Nr. 4 AktG analog an, da es an der der Sittenwidrigkeit des Beschlussinhalts fehlte.[546] Die Sittenwidrigkeit ergebe sich vielmehr aus der Motivation des Gesellschafters für die Beschlussfassung, nämlich den anderen in vermögensschädigender Weise aus seiner Gesellschafterstellung hinauszudrängen.[547] Der BGH nahm in dieser Entscheidung dennoch an, dass die sittenwidrige Ausnutzung einer formalen Rechtsposition nicht hingenommen werden könne.[548] Wenn eine Klage auf Leistung von Schadensersatz, gestützt auf § 826 BGB wegen Ausnutzung unrichtiger rechtskräftiger Urteile, zulässig sei, dann könne der dahinter stehende Gedanke, dass eine Billigung der Ausnutzung einer formaler Rechtsposition, mit dem Ziel, einen anderen zu schädigen, hier ebenfalls herangezogen werden. Für die Ausnutzung unanfechtbar gewordener Gesellschafterbeschlüsse dürfe nichts anderes gelten, insbesondere da Gesellschafterbeschlüsse nicht schützenswerter seien als rechtskräftig gewordene gerichtliche Entscheidungen.[549] Der BGH entschied daher, dass die Berufung auf die Unanfechtbarkeit des Beschlussses nicht zulässig, da rechtsmißbräuchlich sei.[550] Tatsächlich kann die Berufung auf die Bestandskraft eines derart motivierten Beschlusses wegen Rechtsmißbrauchs nicht akzeptiert werden. Einige Stimmen in der Literatur halten zumindest die entschädigungslose Einziehung eines Gesellschafteranteils zur Vereitelung eines Pfändungspfandrechts

542 OLG Dresden, NZG 1999, S. 1109 (1109 f.); MüKoGmbHG/*Wertenbruch*, Anh. § 47 Rn. 58.
543 OLG Dresden, NZG 1999, S. 1109 (1109 f.); MüKoGmbHG/*Wertenbruch*, Anh. § 47 Rn. 58.
544 BGHZ 101, 113 (118 ff.).
545 BGHZ 101, 113 (118 ff.).
546 BGHZ 101, 113 (118 ff.).
547 BGHZ 101, 113 (117).
548 BGHZ 101, 113 (117).
549 BGHZ 101, 113 (121).
550 BGHZ 101, 113 (121).

für sittenwidrig i. S. v. § 241 Nr. 4 AktG;[551] denn dies bedeute eine Verletzung des Grundsatzes der unbeschränkten Vermögenshaftung des Vollstreckungsschuldners.[552] Der Beschluss ist somit auf die Schädigung nicht anfechtungsberechtigter Dritter ausgerichtet.[553] Nicht ausreichend für die Annahme eines sittenwidrigen Gehalts des Beschlusses und damit für dessen Nichtigkeit ist es allerdings, wenn einer der Gesellschafter bei der Abstimmung in der Hauptsache daran interessiert ist, den Gesellschafter-Geschäftsführer auszuschalten.[554] Die Beweggründe für das Abstimmungsverhalten der einzelnen Gesellschafter können den inneren Gehalt des Beschlusses nicht derart weitgreifend beeinflussen. Wäre dies der Fall, so hätte das eine erhebliche Rechtsunsicherheit zur Folge; denn die Motivation des Einzelnen, in welche Richtung er sein Stimmrecht ausübt, ist in der Regel nicht offenkundig.[555]

e) Sittenwidrigkeit von Beschlüssen im Rahmen der sog. Firmenbestattung

In den oben dargestellten Problemkreis der Sittenwidrigkeit von Berufungs- bzw. Abberufungsbeschlüssen von Geschäftsführern fügen sich auch die aktuell in Diskussion stehenden Gesellschafterbeschlüsse im Rahmen der sog. „Firmenbestattung" ein. So wird die Nichtigkeit von Gesellschafterbeschlüssen diskutiert, die einen Wechsel der Geschäftsführung herbeiführen sollen, wenn die Beschlussfassung mit dem dahinterstehenden Zweck geschieht, die ursprünglichen Geschäftsführer vor einer Bestrafung wegen Insolvenzverschleppung zu bewahren.[556] Auch in diesen Fallgestaltungen stellt sich die Frage, ob für die Annahme der Nichtigkeit des Beschlusses ausschließlich an den Inhalt des Beschlusses anzuknüpfen ist oder ob es doch auf die Beweggründe der Gesellschafter ankommen kann, diesen Beschluss zu fassen.

Zum näheren Verständnis soll an dieser Stelle zunächst erläutert werden, was unter der sog. Firmenbestattung zu verstehen ist. Die sog. „Bestattungsunternehmer" machen in der Regel im Wege einer Zeitungsannonce auf sich aufmerksam und erklären darin ihre Bereitschaft zum Kauf von Anteilen an einer insolventen Gesellschaft.[557] Anders als beim Kauf von Geschäftsanteilen einer Gesellschaft

---

551 Michalski/*Römermann*, Anh § 47 Rn. 152; MüKoGmbHG/*Wertenbruch*, Anh. § 47 Rn. 67.

552 Wertenbruch, S.649 ff; 684 f.

553 Michalski/*Römermann*, Anh. § 47 Rn. 152.

554 OLG München Urt v. 8.6.1994 – 7 U 4606/93; MüKoGmbHG/*Wertenbruch*, Anh. § 47 Rn. 65.

555 MüKoGmbHG/*Wertenbruch*, Anh. § 47 Rn. 59.

556 AG Memmingen GmbHR 2004, 952; OLG Karlsruhe, Beschl. v. 19. 4. 2013 – 2 (7) Ss 89/12 – AK 63/12; OLG Zweibrücken, Beschluss v. 3.6.2013 – 3 W 87/12; MüKoGmbHG/Wißmann, § 84 Rn. 64; Roth/Altmeppen/*Altmeppen,* § 39 GmbHG Rn. 18; Baumbach/Hueck/*Fastrich/Haas/Noack/Zöllner*, Anh. § 47 Rn. 55; Wertenbruch, OLG Karlsruhe EWiR § 46 GmbHG 1/13, S. 721 (721 f.).

557 Reul/Heckschen/Wienberg/*Heckschen;* Kap. N Rn. 507; Schröder, DNotZ 2005, S. 596 (597).

sonst üblich bezahlt der Verkäufer der illiquiden Gesellschaft ein Entgelt für die Übernahme der Anteile.[558] Sodann wird der „Bestattungsprozess“ in Gang gesetzt. Der Käufer übernimmt die Anteile an der Gesellschaft. Es erfolgt die Abberufung des alten Geschäftsführers, zugleich wird über dessen Entlastung beschlossen. Ein neuer Geschäftsführer wird bestellt.[559] Um die Spuren der Gesellschaft bzw. der vormaligen Geschäftsführer in Gänze zu verwischen, wird schließlich der Sitz der Gesellschaft verlegt und die Firma geändert.[560] Sämtliche Unterlagen, die über die wirtschaftlichen Verhältnisse der Gesellschaft Auskunft geben könnten, lässt man verschwinden.[561] Der Zweck, der hinter diesem Prozedere steckt, ist der, Gläubiger „abzuschütteln“[562] und die Bestrafung der ursprünglichen Geschäftsführer wegen Insolvenzverschleppung zu verhindern.[563]

Schließlich stellen die neuen Geschäftsführer einen Insolvenzantrag häufig mit dem Ergebnis, dass die Eröffnung des Insolvenzverfahrens nach § 26 InsO mangels kostendeckender Masse abgelehnt wird. Dies wird letztlich mit dem Vorgehen auch bezweckt.[564] Den Richtern, die über den Antrag entscheiden müssen, stehen keinerlei Unterlagen zur Verfügung, um die Lage der Gesellschaft richtig einschätzen zu können, und die neuen Geschäftsführer verfügen ebenfalls über keine Kenntnisse, was die Vermögenslage der Gesellschaft anbetrifft.[565]

Das OLG Karlsruhe hatte im Jahre 2013 einen solchen Fall der Firmenbestattung zu beurteilen. So hatte das OLG über die Frage der Wirksamkeit der Bestellung eines neuen Geschäftsführers bei parallel laufender Firmenbestattung zu entscheiden.[566]Der Angeklagte erwarb am 16.02.2006 Geschäftsanteile an zwei Gesellschaften, der Y-GmbH und der S-GmbH. Im Wege eines Gesellschafterbeschlusses wurde der Angeklagte bei der Y-GmbH bereits vor Übernahme der Anteile zum neuen Geschäftsführer bestellt, bei der S-GmbH dahingegen erst nach Übernahme der Geschäftsanteile. Beide Gesellschaften waren bereits am Tag des

558 MüKoGmbHG/ *Wißmann*, § 84 Rn. 64; Reul/Heckschen/Wienberg/*Heckschen*, Kap. N Rn. 508; Hey/ Regel, GmbHR 2000, S. 115 (115ff.); Schröder, DNotZ 2005, S. 596 (597).

559 MüKoGmbHG/ *Wißmann*, § 84 Rn. 64; Reul/Heckschen/Wienberg/*Heckschen*, Kap. N Rn. 508.

560 MüKoGmbHG/ *Wißmann*, § 84 Rn. 64; Reul/Heckschen/Wienberg/*Heckschen*, Kap. N Rn. 508.

561 MüKoGmbHG/ *Wißmann*, § 84 Rn. 64; Reul/Heckschen/Wienberg/*Heckschen*, Kap. N Rn. 508; Schröder, DNotZ 2005, S. 596 (598).

562 Schröder, DNotZ 2005, S. 596 (598).

563 Schröder, DNotZ 2005, S. 596 (598); Reul/Heckschen/Wienberg/*Heckschen*, Kap. N Rn. 508.

564 MüKoGmbHG/Wißmann, § 84 Rn. 64; Reul/Heckschen/Wienberg/*Heckschen*, Kap. N. Rn. 508.

565 MüKoGmbHG/Wißmann, § 84 Rn. 64; Reul/Heckschen/Wienberg/*Heckschen*, Kap. N Rn. 508.

566 OLG Karlsruhe, Beschl. v. 19. 4. 2013 – 2 (7) Ss 89/12 – AK 63/12 = NZG 2013, S. 818 (820 f.).

Verkaufs der Anteile überschuldet und zahlungsunfähig. Anschließend wurde der Sitz beider Gesellschaften an den Sitz des Angeklagten verlegt. Der Angeklagte erlangte hinsichtlich der Zahlungsunfähigkeit der S-GmbH nachweislich Kenntnis am 13.12.2008 und hinsichtlich der Y-GmbH am 18.01.2008. Er stellte in der Folgezeit einen Antrag auf Löschung der Gesellschaften im Handelsregister. Er unterließ es jedoch, im Hinblick auf beide Gesellschaften einen Antrag auf Eröffnung des Insolvenzverfahrens zu stellen. Das Amtsgericht hatte den Angeklagten daher wegen vorsätzlicher Insolvenzverschleppung in zwei Fällen sowie wegen Bankrotts verurteilt. Auf die Berufung des Angeklagten hin sprach das Landgericht ihn nur vom Vorwurf des Bankrotts frei. Die anschließende Revision hatte ebenfalls keinen Erfolg. Nach Auffassung der Verteidigung fehlte es bei beiden Gesellschaften an einer wirksamen Bestellung des Angeklagten zum Geschäftsführer, da der zugrundeliegende Beschluss sittenwidrig und damit nichtig sei, so dass dieser gar nicht erst als Täter der ihm vorgeworfenen Strafbarkeit der Insolvenzverschleppung in Betracht komme. Das OLG schloss sich dieser Auffassung nicht an.[567] So spreche zwar einiges dafür, dass die Übertragung der Anteile und die Bestellung des Angeklagten zum Geschäftsführer zu dem Zwecke erfolgte, die ursprünglichen Geschäftsführer vor einer Bestrafung wegen Insolvenzverschleppung zu schützen; ein Nachweis dieser Absicht sei aber nicht gelungen. Das OLG nahm in seiner Entscheidung darüber hinaus aber auch Stellung zu der darin aufgeworfenen Frage, ob ein solch unredlich motivierter Beschluss überhaupt nach § 241 Nr. 4 des AktG nichtig und damit unwirksam sein kann. So begründete das OLG seine Entscheidung des Weiteren mit dem Argument, dass sich die Sittenwidrigkeit eines Beschlusses aus dessen innerem Gehalt ergeben müsse und nicht nur aus den Beweggründen, die die Gesellschafter zur Fassung des Beschlusses bewogen hätten. Die Verfolgung eines sittenwidrigen Zwecks, in diesem Fall die Firmenbestattung, begründe nicht die Sittenwidrigkeit des Berufungsbeschlusses. Zudem sprächen praktische Erwägungen gegen die Annahme der Nichtigkeit des sittenwidrig motivierten Beschlusses. Die Nichtigkeit würde einen Zustand der Rechtunsicherheit hervorrufen, da es an der Offenkundigkeit des in der Gesellschaft verantwortlichen Geschäftsführers fehle. Zudem würde dies zu dem widersinnigen Ergebnis führen, dass sich gerade der die Insolvenzverschleppung u. a. zu verantwortende Geschäftsführer auf die Sittenwidrigkeit berufen könne.[568] Mit dieser Entscheidung schließt sich das OLG einer bereits in der Literatur vorherrschenden Auffassung an.[569]

567 OLG Karlsruhe, NZG 2013, S. 818 (820 f.).

568 OLG Karlsruhe, NZG 2013, S. 818 (820 f.).

569 Scholz/*Schmidt*, § 45 Rn. 76; MüKoGmbHG/*Wertenbruch*, Anh. § 47 Rn. 64; Rowedder/Schmidt-Leithoff/*Koppensteiner/ Gruber*, § 47 Rn.105; Hüffer/*Koch*, AktG, § 241 Rn. 21ff.; MüKoAktG/*Hüffer*, § 241 Rn. 70; Brand/Reschke, ZIP 2010 S. 2134 (2136 f.).

Nach anderer Auffassung führt die bezweckte Firmenbestattung zur Nichtigkeit sämtlicher Beschlüsse.[570] Auch das OLG Zweibrücken wurde im Jahre 2013 mit der Frage der Wirksamkeit eines Berufungsbeschlusses im Rahmen einer Firmenbestattung konfrontiert.[571] Anders als das OLG Karlsruhe hatte jedoch das OLG Zweibrücken nicht über die Bestrafung des aktuellen Geschäftsführers wegen Insolvenzverschleppung zu entscheiden. Das Gericht hatte vielmehr über die Zulässigkeit der Verweigerung des Registergerichts, den Geschäftsführerwechsel aufgrund vorangegangener Beschlussfassung einzutragen, zu entscheiden. Das OLG hielt die Entscheidung des Registergerichts für korrekt, da nach dessen Ansicht offensichtlich eine Firmenbestattung geplant war und daher ein Umgehungsgeschäft i.S.v. § 134 BGB vorliege. Die Unwirksamkeit der Berufungsbeschlüsse stützte das OLG auf § 134 BGB sowie auf § 241 Nr. 3 AktG analog.[572] Die Entscheidung des OLG Zweibrücken kann hier nicht recht überzeugen. Zum einen lässt sich die Nichtigkeit des Beschlusses nicht auf § 134 BGB stützen, da es sich bei dem Katalog der Nichtigkeitsgründe in § 241 AktG um eine abschließende Aufzählung handelt. Daran ist aus Gründen der Rechtssicherheit auch festzuhalten. Ferner setzt sich das OLG mit der Anwendbarkeit des § 241 Nr. 3 nicht hinreichend auseinander. Es fehlt an einer ausführlichen Begründung. Die Heranziehung widerspricht dem Wortlaut der Vorschrift, da der Bestattungszweck nicht den inneren Gehalt des Beschlusses bestimmt.[573] Es ist also der Auffassung des OLG Karlsruhe zu folgen, nach der für Beschlüsse über die Bestellung bzw. Abberufung von Geschäftsführern ausschließlich an den Inhalt des Beschlusses für die Annahme der Nichtigkeit nach § 241 Nr. 4 AktG anzuknüpfen und nicht auf die Beweggründe abzustellen ist.

f) Unklare Beschlüsse

Im Katalog des § 241 AktG ist keine Regelung enthalten, die die Nichtigkeit eines Beschlusses vorsieht, dessen Inhalt nicht klar und deutlich erkennbar oder gar widersprüchlich ist. Es stellt sich damit die Frage, wie mit einem solchen Beschluss umzugehen ist angesichts des Umstandes, dass der Katalog des § 241 AktG abschließende Geltung hat und die Verdrängung der bürgerlich-rechtlichen Nichtigkeitsvorschriften bedeutet. Nach einer Ansicht soll Konsequenz eines unklaren bzw. widersprüchlichen Beschlusses nicht dessen Nichtigkeit sein.[574] Ein solcher Sachverhalt sei nicht unter § 241 I AktG subsumierbar, dessen Katalog von Nichtigkeitsgründen abschließend sei und andere Nichtigkeitsgründe verdränge.[575] Andere

570 AG Memmingen GmbHR 2004, 952 (954 ff.); LG Potsdam, wistra 2005, S. 193 (195 f.); Baumbach/Hueck/*Fastrich/Haas/Noack/Zöllner*, Anh. § 47 Rn. 55; MüKoGmbHG/Wißmann, § 84 Rn. 64.

571 OLG Zweibrücken, Beschluss v. 3.6.2013 – 3 W 87/12 = RNotZ 2013, S. 554 (554 ff.).

572 OLG Zweibrücken, RNotZ 2013, S. 554 (555 f. ff.).

573 Wertenbruch, OLG Karlsruhe EWiR § 46 GmbHG 1/13, S. 721 (722).

574 Emde, ZIP 2000, S. 59 (63).

575 Emde, ZIP 2000, S. 59 (63).

halten einen Beschluss auch dann für nichtig, sofern er aufgrund der Unklarheiten, die durch ihn hervorgerufen werden, keine zweckgerichtete Wirkung auslösen kann.[576] Dieser zweiten Ansicht ist zuzustimmen. In diesen Fällen kommt das allgemeine Prinzip der Unwirksamkeit unklarer, widersprüchlicher Verträge zum Tragen.[577] Dieses Prinzip wird nicht durch die abschließende Regelung in § 241 AktG verdrängt.[578] Es ist darin nämlich kein Nichtigkeitsgrund im Sinne dieser Vorschrift zu sehen, sondern vielmehr eine Regelung zur Erhaltung der Rechtssicherheit. Insoweit dient dieses Prinzip vorwiegend dem öffentlichen Interesse.[579]

g) Nichtigkeit durch Anfechtungsurteil, § 241 Nr. 5 AktG

§ 241 Nr. 5 AktG ordnet an, dass der Beschluss nichtig ist, wenn er infolge einer Anfechtungsklage rechtskräftig für nichtig erklärt wurde. Diese Regelung ist auf Beschlüsse der GmbH ohne Weiteres übertragbar.[580] Sie scheint auf den ersten Blick eine Selbstverständlichkeit zu regeln; denn die Nichtigkeit des Beschlusses lässt sich bereits dem Urteilstenor entnehmen.[581] Bei genauerer Betrachtung wird jedoch die Erforderlichkeit dieser Bestimmung erkennbar. So folgt aus der Anfechtung eines Beschlusses nicht zwingend dessen Nichtigkeit mit Wirkung ex tunc.[582] Dass aber die Nichtigkeit des Beschlusses von Anfang an die Folge einer Anfechtungsklage ist, wird erst durch § 241 Nr. 5 AktG geregelt, wodurch eine Gleichstellung mit den übrigen Nichtigkeitsgründen des § 241 AktG bewirkt wird.[583] Ein Unterschied im Verhältnis zu den „anfänglichen" Nichtigkeitsgründen ist nach rechtskräftiger Entscheidung also nicht mehr gegeben.[584]

h) Löschung des Beschlusses im Handelsregister, § 241 Nr. 6 AktG

§ 241 Nr. 6 AktG bestimmt, dass ein Beschluss nichtig ist, der aufgrund rechtskräftiger Entscheidung nach § 398 FamFG als nichtig gelöscht worden ist. § 398 FamFG

---

576 Baumbach/Hueck/*Fastrich/Haas/Noack/Zöllner*, Anh. § 47 Rn. 54; Henssler/Strohn/*Drescher*, § 241 AktG Rn. 20; MüKoGmbHG/*Wertenbruch*, Anh. § 47 Rn. 69.

577 MüKoGmbHG/*Wertenbruch*, Anh. § 47 Rn. 69.

578 MüKoGmbHG/*Wertenbruch*, Anh. § 47 Rn. 69.

579 Baumbach/Hueck/*Fastrich/Haas/Noack/Zöllner*, Anh. § 47 Rn. 54.

580 Baumbach/Hueck/*Fastrich/Haas/Noack/Zöllner*, Anh. § 47 Rn. 56 f.; Ulmer/Habersack/Löbbe/*Raiser*, Anh. § 47 Rn. 60; Michalski/*Römermann*, Anh. § 47 Rn. 155 f.; MüKoGmbHG/*Wertenbruch*, Anh. § 47 Rn. 70.

581 Ulmer/Habersack/Löbbe/*Raiser*, Anh. § 47 Rn. 60; MüKoGmbHG/*Wertenbruch*, Anh. § 47 Rn. 70.

582 Ulmer/Habersack/Löbbe/*Raiser*, Anh. § 47 Rn. 60; MüKoGmbHG/*Wertenbruch*, Anh. § 47 Rn. 70.

583 GroßKommAktG/*K.Schmidt*, § 241 Rn. 70; Ulmer/Habersack/Löbbe/*Raiser*, Anh. § 47 Rn. 60; Michalski/Römermann, Anh. § 47 Rn. 156; MüKoGmbHG/*Wertenbruch*, Anh. § 47 Rn. 70.

584 Ulmer/Habersack/Löbbe/*Raiser*, Anh. § 47 Rn. 60; Michalski/*Römermann*, Anh. § 47 Rn. 156; MüKoGmbHG/*Wertenbruch*, Anh. § 47 Rn. 70.

besagt, dass ein Beschluss nach § 395 FamFG als nichtig gelöscht werden kann, wenn er durch seinen Inhalt zwingende gesetzliche Vorschriften verletzt und seine Beseitigung im öffentlichen Interesse erforderlich erscheint. Es können nach h. M. nur nichtige Beschlüsse gelöscht werden.[585] Dahingegen darf keine Löschung anfechtbarer oder schwebend unwirksamer Beschlüsse erfolgen.[586] Eine Wirkung kann diese Bestimmung jedoch allenfalls dann entfalten, wenn der Beschluss nicht bereits nach einer anderen Bestimmung des § 241 AktG nichtig ist bzw. eine Heilung des mit einem Mangel behafteten Beschlusses stattgefunden hat.[587] Verwirrend ist im Übrigen die Formulierung „kann" in § 398 FamG, wonach dem Registergericht scheinbar ein Ermessenspielraum hinsichtlich des Vorliegens der Löschungsvoraussetzungen eingeräumt wird.[588] Tatsächlich kann ein Ermessensspielraum nicht mehr gegeben sein, sobald die Löschung im „öffentlichen Interesse erforderlich erscheint".[589] Sofern Beschlüsse der GmbH einer Eintragung ins Handelsregister bedürfen, ist die Anwendung der Regelung auf die GmbH möglich. § 395 FamFG, wonach eine Löschung wegen Fehlens einer wesentlichen Eintragungsvoraussetzung möglich ist, gelangt neben dieser Vorschrift nicht zur Anwendung, da es sich bei § 398 FamFG um eine Spezialregelung handelt, welche die allgemeinen Vorschriften verdrängt.[590]

Die wesentlichen Voraussetzungen für eine Löschung mit Nichtigkeitswirkung sind also eine Löschung aufgrund rechtskräftiger Entscheidung, ein inhaltlicher Verstoß gegen zwingende gesetzliche Vorschriften sowie ein öffentliches Interesse an der Löschung.[591] Fraglich ist, was unter einer „rechtskräftigen Entscheidung" i. S. v. § 241 Nr. 6 AktG zu verstehen ist; denn gemeint ist damit nicht ein in Rechtskraft erwachsenes Urteil. Tatsächlich ist § 45 FamFG zur Bestimmung dieses Begriffs heranzuziehen.[592] Darin heißt es, dass die Rechtskraft eines Beschlusses nicht eintritt, bevor die Frist für die Einlegung des zulässigen Rechtsmittels oder des zulässigen Einspruchs, des Widerspruchs oder der Erinnerung abgelaufen ist.

---

585 Scholz/*Schmidt*, § 45 Rn. 83; Baumbach/Hueck/*Zöllner*, § 47 Rn. 58; Ulmer/Habersack/Löbbe/*Raiser*, Anh. § 47 Rn. 62; MüKoGmbHG/*Wertenbruch*, Anh. § 47 Rn. 72; MüKoAktG/*Hüffer*, § 241 Rn. 76 f.

586 Scholz/*Schmidt*, § 45 Rn. 83; Baumbach/Hueck/*Zöllner*, § 47 Rn. 58; Ulmer/Habersack/Löbbe/*Raiser*, Anh. § 47 Rn. 62; MükoGmbHG/*Wertenbruch*, Anh. § 47 Rn. 72; MüKoAktG/*Hüffer*, § 241 Rn. 76 f.

587 Baumbach/Hueck/*Fastrich/Haas/Noack/Zöllner*, Anh. § 47 Rn. 57.

588 Scholz/*Schmidt*, § 45 Rn. 83; Hüffer/*Koch*, AktG, § 241 Rn. 28; Henssler/Strohn/*Drescher*, § 241 AktG Rn. 43; MüKoGmbHG/*Wertenbruch*, Anh. § 47 Rn. 75; Baums, S. 116.

589 Scholz/*Schmidt*, § 45 Rn. 83; Hüffer/*Koch*, AktG, § 241 Rn. 28; Henssler/Strohn/*Drescher*, § 241 AktG Rn. 43; MüKoGmbHG/*Wertenbruch*, Anh. § 47 Rn. 75; Baums, S. 116.

590 Prütting/Helms/*Holzer*, FamFG, § 398 Rn. 2 f.; MüKoGmbHG/*Wertenbruch*, Anh. § 47 Rn. 77.

591 Prütting/Helms/*Holzer*, FamFG, § 398 Rn. 2 ff.; MüKoGmbHG/*Wertenbruch*, Anh. § 47 Rn. 71 ff.

592 MüKoGmbHG/*Wertenbruch*, Anh. § 47 Rn. 74.

Anknüpfungspunkt ist mithin die formelle Rechtskraft eines Beschlusses.[593] Es wird die Auffassung vertreten, das öffentliche Interesse müsse kumulativ zur Verletzung zwingender Vorschriften des Gesetzes vorliegen.[594] Tatsächlich ruft aber jede Verletzung zwingender Vorschriften zugleich ein öffentliches Interesse an der Löschung eines solchen Beschlusses hervor, so dass dem Merkmal „öffentliches Interesse" eine andere Bedeutung zukommen muss.[595] Vielmehr muss das öffentliche Interesse ein privates Interesse am Bestand des Beschlusses überwiegen. Dies ist mit der Formulierung gemeint, dass die Beseitigung im öffentlichen Interesse „erforderlich erscheint".[596]

i) Nichtigkeit der Wahl eines Aufsichtsratsmitglieds, § 250 AktG

Die Wahl eines Aufsichtsratsmitglieds ist nach § 250 AktG im Falle von Verstößen bei der Zusammensetzung, der Nichteinhaltung von Bindungen an Wahlvorschläge, der Überschreitung der Höchstzahl von Aufsichtsratsmitgliedern oder bei Nichteignung einer gewählten Person entsprechend § 100 Abs 1 und 2 AktG nichtig. Ferner wird in § 250 I AktG die Regelung des § 241 Nr. 1, 2 und 5 AktG für anwendbar erklärt; denn dort heißt es, die Wahl des Aufsichtsratsmitglieds ist außer im Falle des § 241 Nr. 1, 2 und 5 AktG nur dann nichtig, wenn eine der in § 250 I AktG aufgeführten Konstellationen einschlägig ist.[597] Damit wird an dieser Vorschrift mit den dort niedergelegten Varianten Nr. 1, 2 und 5 ausdrücklich festgehalten.[598] Dahingegen lässt sich der fehlenden Aufnahme der Nr. 3, 4, und 6 entnehmen, dass Verstöße gegen sie nicht zur Nichtigkeit führen.[599] Eine Anwendung des § 241 Nr. 6 kommt hier nicht in Betracht, weil es sich bei der Wahl des Aufsichtsrates weder in der AG noch in der GmbH um eine eintragungspflichtige Tatsache handelt.[600] Im Verhältnis zu § 241 Nr. 3 und 4 AktG stellen die Alternativen des § 250 Nr. 1–5

593 Prütting/Helms/*Abramenko*, FamFG, § 45 Rn. 2.
594 Jansen, FGG, § 144 Rn. 15.
595 RGZ 127, 77 (85).
596 RGZ 127, 77 (85).
597 GroßKommAktG/*K. Schmidt*, § 250 Rn. 9; MüKoAktG/*Hüffer*, § 250 Rn. 4; Henssler/Strohn/*Drescher*, § 250 AktG Rn.3; Hüffer/*Koch*, AktG, § 250 Rn. 3; Baumbach/Hueck/*Fastrich/Haas/Noack/Zöllner*, Anh. § 47 Rn. 61; Ulmer/Habersack/Löbbe/*Raiser*, Anh. § 47 Rn. 69; MüKoGmbHG/*Wertenbruch*, Anh. § 47 Rn. 79.
598 MüKoAktG/*Hüffer*, § 250 Rn. 4; Baumbach/Hueck/*Fastrich/Haas/Noack/Zöllner*, Anh. § 47 Rn. 61; Ulmer/Habersack/Löbbe/*Raiser*, Anh. § 47 Rn. 69; MüKoGmbHG/*Wertenbruch*, Anh. § 47 Rn. 79.
599 GroßKommAktG/*K. Schmidt*, § 250 Rn. 9; Henssler/Strohn/*Drescher*, § 250 AktG Rn. 3; MüKoAktG/*Hüffer*, § 250 Rn. 5; Spindler/Stilz/*Stilz*, § 250 Rn. 8; Baumbach/Hueck/*Fastrich/Haas/Noack/Zöllner*, Anh. § 47 Rn. 61; Ulmer/Habersack/Löbbe/*Raiser*, Anh. § 47 Rn. 69; MüKoGmbHG/*Wertenbruch*, Anh. § 47 Rn. 79.
600 MüKoAktG/*Hüffer*, § 250 Rn. 5; Baumbach/Hueck/*Fastrich/Haas/Noack/Zöllner*, Anh. § 47 Rn. 61; Ulmer/Habersack/Löbbe/*Raiser*, Anh. § 47 Rn. 69; MüKoGmbHG/*Wertenbruch*, Anh. § 47 Rn. 79.

AktG schlicht die spezielleren Regelungen mit dem entsprechenden Verdrängungseffekt dar.[601] Daneben findet § 241 Nr. 2 AktG bei Beschlüssen über die Wahl des Aufsichtsrates keine Anwendung.[602] Dies liegt darin begründet, dass es sich in der GmbH bei der Wahl des Aufsichtsrates nicht um eine notariell beurkundungspflichtige Tatsache handelt und ein Formmangel, wie ihn § 241 Nr. 2 AktG ahndet, nicht einschlägig sein kann.[603] Bei der Frage der Übertragbarkeit der Regelungen auf den Aufsichtsrat in der GmbH ist zwischen fakultativem und obligatorischem Aufsichtsrat zu differenzieren. Erfüllt eine GmbH bestimmte Voraussetzungen u. a. des DrittelbG, des MitbestG, des MontanmitbestG oder des MitbestErgG, so ist zwingend ein Aufsichtsrat zu bilden.[604] § 52 I GmbHG hat für den zwingend zu bildenden Aufsichtsrat keine Geltung.[605] Für den fakultativen Aufsichtsrat ist § 52 GmbHG die entscheidende Vorschrift. Diese Vorschrift ist nur dann einschlägig, wenn keine gesetzliche Verpflichtung zur Bildung eines Aufsichtsrates besteht und die Bildung im Gesellschaftsvertrag vorgesehen ist.[606] Insofern ergeben sich hinsichtlich einer Übertragbarkeit des § 250 AktG auf die GmbH kaum Schwierigkeiten, soweit es den obligatorischen Aufsichtsrat anbetrifft.[607] Umstritten ist die Geltung des § 250 I AktG für den fakultativen Aufsichtsrat.[608] Wie sich dies im Einzelnen verhält, ist anhand der einzelnen Alternativen des § 250 AktG zu entscheiden.

Gemäß § 250 I Nr. 1 AktG ist die Wahl eines Aufsichtsratsmitglieds nichtig, wenn der Aufsichtsrat unter Verstoß gegen § 96 IV, § 97 II 1 oder § 98 IV AktG zusammengesetzt wird. Diese Vorschrift ist ohne Weiteres auf den obligatorischen

---

601 MüKoAktG/*Hüffer*, § 220 Rn. 6; Spindler/Stilz/*Stilz*, § 250 Rn. 8; Baumbach/Hueck/*Fastrich/Haas/Noack/Zöllner*, Anh. § 47 Rn. 61; Ulmer/Habersack/Löbbe/*Raiser*, Anh. § 47 Rn. 69; Michalski/*Römermann*, Anh. § 47 Rn. 178; MüKoGmbHG/*Wertenbruch*, Anh. § 47 Rn. 79.

602 Baumbach/Hueck/*Fastrich/Haas/Noack/Zöllner*, Anh. § 47 Rn. 61; Ulmer/Habersack/Löbbe/*Raiser*, Anh. § 47 Rn. 69; Michalski/*Römermann*, Anh. § 47 Rn. 178; MüKoGmbHG/*Wertenbruch*, Anh. § 47 Rn. 79.

603 Baumbach/Hueck/*Fastrich/Haas/Noack/Zöllner*, Anh. § 47 Rn. 61; Ulmer/Habersack/Löbbe/*Raiser*, Anh. 47 Rn. 69; Michalski/*Römermann*, Anh. § 47 Rn. 178; MüKoGmbHG/*Wertenbruch*, Anh. § 47 Rn. 79.

604 Ulmer/Habersack/Löbbe/*Heermann*, § 52 Rn. 2; Baumbach/Hueck/*Zöllner/ Noack*, § 52 Rn. 2; Michalski/*Giedinghagen*, § 52 Rn. 21.

605 Ulmer/Habersack/Löbbe/*Heermann*, § 52 Rn. 16; Baumbach/Hueck/*Zöllner*, § 52 Rn. 20 ff.; Michalski/*Giedinghagen*, § 52 Rn. 22.

606 Ulmer/Habersack/Löbbe/*Heermann*, § 52 Rn. 16; Baumbach/Hueck/*Zöllner/Noack*, § 52 Rn. 1; Michalski/*Giedinghagen*, § 52 Rn. 4 ff.

607 Scholz/*Schmidt*, § 45 Rn. 78; Ulmer/Habersack/Löbbe/*Raiser*, Anh. 47 Rn. 71; Lutter/Hommelhoff/*Bayer*, Anh. § 47 Rn. 22; Michalski/*Römermann*, Anh. § 47 Rn. 180; MüKoGmbHG/*Wertenbruch*, Anh. § 47 Rn. 78.

608 Baumbach/Hueck/*Fastrich/Haas/Noack/Zöllner*, Anh. § 47 Rn. 61; Ulmer/Habersack/Löbbe/*Raiser*, Anh. 47 Rn. 69; MüKoGmbHG/*Wertenbruch*, Anh. § 47 Rn. 79.

Aufsichtsrat der GmbH anwendbar.[609] So hat der Gesetzgeber in § 27 EGAktG, § 1 I Nr. 3 DrittelbG, § 6 II MitbestG und § 3 II MontanmitbestG die Regelungen in §§ 96–98 AktG über den Aufsichtsrat als für die GmbH einschlägig erklärt.[610] § 96 IV AktG dient der Kontinuität des Aufsichtsrates.[611] Eine Auswechselung desselben ist nicht ohne Weiteres möglich, sondern ausschließlich bei Bekanntmachung durch die Geschäftsführer (§ 97 AktG) oder auf Grund gerichtlicher Entscheidung (§ 98 AktG).[612] Sofern die Zusammensetzung des Aufsichtsrates zum maßgebenden Zeitpunkt nicht der gerichtlichen Entscheidung entspricht, ist gemäß § 98 IV AktG der Aufsichtsrat nach den in der Entscheidung angegebenen Vorschriften zusammenzusetzen. Verstöße gegen diese Bestimmungen führen bei der Wahl des obligatorischen Aufsichtsrates zur Nichtigkeit.[613] Auf den fakultativen Aufsichtsrat findet § 250 I Nr. 1 AktG jedoch keine Anwendung.[614] § 52 I GmbHG enthält keinen entsprechenden Verweis und ist insofern abschließend, als aktienrechtliche Normen ohne Verweis nicht ohne Weiteres herangezogen werden können.[615] Zwar bedeutet dies nicht per se den Ausschluss aktienrechtlicher Vorschriften im Hinblick auf den Aufsichtsrat; denn ist eine planwidrige Regelungslücke gegeben, so kann auf diese Bestimmungen zurückgegriffen werden.[616] Gegen eine Planwidrigkeit wegen fehlender Verweisung auf die in § 250 I Nr. 1 AktG aufgeführten Paragraphen spricht jedoch, dass § 1 I Nr. 3 DrittelbG eine explizite Verweisung im Hinblick auf den obligatorischen Aufsichtsrat enthält.[617]

Gemäß § 250 I Nr. 2 AktG ist die Wahl nichtig, wenn die Hauptversammlung, obwohl sie nach §§ 6 und 8 des Montan-MitbestG an Wahlvorschläge gebunden ist, eine nicht vorgeschlagene Person wählt. Das Montan-MitbestG hat ebenfalls Geltung für die GmbH mit einem obligatorischem Aufsichtsrat, so dass die Vorschrift

---

609 Baumbach/Hueck/*Fastrich/Haas/Noack/Zöllner*, Anh. § 47 Rn. 61; Ulmer/Habersack/Löbbe/*Raiser*, Anh. 47 Rn. 71; Michalski/*Römermann*, Anh. § 47 Rn. 180; Lutter/Hommelhoff/*Bayer*, Anh. § 47 Rn. 22; MüKoGmbHG/*Wertenbruch*, Anh. § 47 Rn. 80.

610 Baumbach/Hueck/*Zöllner*, § 52 Rn. 13.

611 Baumbach/Hueck/*Zöllner*, § 52 Rn. 14; Ulmer/Habersack/Löbbe/*Raiser*, Anh. 47 Rn. 70; MüKoGmbHG/*Wertenbruch*, Anh. § 47 Rn. 80:

612 Baumbach/Hueck/*Zöllner*, § 52 Rn. 14; Ulmer/Habersack/Löbbe/*Raiser*, Anh. 47 Rn. 70; MüKoGmbHG/*Wertenbruch*, Anh. § 47 Rn. 80.

613 Baumbach/Hueck/*Zöllner*, § 52 Rn. 14; Ulmer/Habersack/Löbbe/*Raiser*, Anh. 47 Rn. 70; MüKoGmbHG/*Wertenbruch*, Anh. § 47 Rn. 73.

614 Baumbach/Hueck/*Fastrich/Haas/Noack/Zöllner*, Anh. § 47 Rn. 61; Ulmer/Habersack/Löbbe/*Raiser*, Anh. 47 Rn. 71; Michalski/*Römermann*, Anh. § 47 Rn. 180 f.; Lutter/Hommelhoff/*Bayer*, Anh. § 47 Rn. 22; MüKoGmbHG/*Wertenbruch*, Anh. § 47 Rn. 80.

615 Ulmer/Habersack/Löbbe/*Heermann*, § 52 Rn. 21; Baumbach/Hueck/*Fastrich/Haas/Noack/Zöllner*, Anh. § 47 Rn. 31.

616 Scholz/*Schneider*, § 52 Rn. 70; Ulmer/Habersack/Löbbe/*Heermann*, § 52 Rn. 22; Baumbach/Hueck/*Zöllner/Noack*, § 52 Rn. 31; Michalski/*Giedinghagen*, § 52 Rn. 20.

617 Baumbach/Hueck/*Zöllner*, § 52 Rn. 31.

des § 250 I Nr. 2 AktG entsprechend anwendbar ist.[618] Dahingegen hat das Montan-MitbestG für die GmbH mit fakultativem Aufsichtsrat keine Geltung, so dass § 250 I Nr. 2 AktG nicht zur Anwendung gelangen kann.[619]

Gemäß § 250 I Nr. 3 AktG ist die Wahl eines Aufsichtsratsmitglieds nichtig, wenn durch die Wahl die gesetzliche Höchstzahl der Aufsichtsratsmitglieder überschritten wird (§ 95 AktG). Welche Höchstzahl bei der Aufsichtsratsbildung gesetzlich vorgesehen ist, richtet sich beim obligatorischen Aufsichtsrat nach den Vorschriften, welche den Aufsichtsrat als zwingend ansehen. Ist das DrittelbG einschlägig, so richtet sich dies nach § 95 AktG. Dies wird durch die Verweisung in § 1 I Nr. 3 DrittelbG auf § 95 AktG deutlich.[620] § 95 Satz 4 AktG bestimmt eine Höchstzahl an Aufsichtsratsmitgliedern in Abhängigkeit zur Höhe des Grundkapitals. Im Montan-MitbestG ist eine Regelung zur Höchstzahl in § 4 Montan-MitbestG zu finden und im MitbestG in § 7 I MitbestG. § 250 I Nr. 3 AktG knüpft an diese Höchstzahlen an, so dass im Falle ihres Überschreitens die Wahl des Aufsichtsrates nichtig ist.[621] Das Ausmaß der Nichtigkeitswirkung bestimmt sich nach der Art der Durchführung der Wahl.[622] Haben mehrere Einzelwahlen hintereinander stattgefunden, so ist nur diejenige Wahl nichtig, die letztlich zu einem Überschuss an Sitzen geführt hat.[623] Wurde eine Gesamtwahl durchgeführt, so ist diese in ihrer Gesamtheit nichtig; denn die Wahl war von vornherein auf eine Überschreitung der Sitze im Aufsichtsrat gerichtet.[624] Es ist letztlich nicht mehr feststellbar, welche der Kandidaten bei Nicht-Überschreitung gewählt worden wären.[625] Mangels entsprechender Verweisung in § 52 I GmbHG auf diese Höchstzahlen ist § 250 I Nr. 3 AktG beim fakultativen Aufsichtsrat nicht einschlägig.[626]

Eine Aufsichtsratswahl ist nach § 250 I Nr. 4 AktG nichtig, wenn die gewählte Person nach § 100 I und II AktG bei Beginn ihrer Amtszeit nicht Aufsichtsratsmitglied sein kann. In § 100 AktG sind die persönlichen, an ein Aufsichtsratsmitglied

---

618 MüKoGmbHG/*Wertenbruch*, Anh. § 47 Rn. 81.

619 MüKoGmbHG/*Wertenbruch*, Anh. § 47 Rn. 81.

620 Baumbach/Hueck/*Zöllner/Noack*, § 52 Rn. 160; Ulmer/Habersack/Löbbe/*Heermann*, § 52 Rn. 158, 171; Michalski/*Giedinghagen*, § 52 Rn. 74.

621 Hüffer/*Koch*, AktG, § 250 Rn. 6; MüKoGmbHG/*Wertenbruch*, Anh. § 47 Rn. 82.

622 LG Flensburg, AG 2004, S. 623 (624); Hüffer/*Koch*, AktG, § 250 Rn. 9; MüKoAktG/*Hüffer*, § 250 Rn. 12; Henssler/Strohn/*Drescher*, § 250 AktG Rn. 5; MüKoGmbHG/*Wertenbruch*, Anh. § 47 Rn. 82.

623 LG Flensburg, AG 2004, S. 623 (624); Hüffer/*Koch*, AktG, § 250 Rn. 8; MüKoAktG/*Hüffer*, § 250 Rn. 12; Henssler/Strohn/*Drescher*, § 250 AktG Rn. 5; MüKoGmbHG/*Wertenbruch*, Anh. § 47 Rn. 82.

624 Hüffer/*Koch*, AktG, § 250 Rn. 8; Schmidt/Lutter/*Schwab*, § 250 Rn. 4; MüKoAktG/*Hüffer*, § 250 Rn. 12; Henssler/Strohn/*Drescher*, § 250 AktG Rn. 5; MüKoGmbHG/*Wertenbruch*, Anh. § 47 Rn. 82.

625 GroßKommAktG/*Schmidt*, § 250 Rn. 18; Baumbach/Hueck/*Zöllner*, § 52 Rn. 7; Schmidt/Lutter/*Schwab*, § 250 Rn. 4.

626 Baumbach/Hueck/*Zöllner*, § 52 Rn. 31; MüKoGmbHG/*Wertenbruch*, Anh, § 47 Rn. 83.

zu stellenden Voraussetzungen geregelt.[627] So kann gemäß § 100 I 1 AktG nur eine natürliche, unbeschränkt geschäftsfähige Person Mitglied sein. Diese Regelung ist sowohl auf den obligatorischen als auch auf den fakultativen Aufsichtsrat einer GmbH übertragbar.[628] § 52 I GmbHG enthält schließlich eine ausdrückliche Verweisung auf § 100 I AktG.[629] Die in § 100 II Nr.1–4 AktG genannten Ausschlussgründe bezwecken eine effektive Überwachungstätigkeit des Aufsichtsrates.[630] In Nr. 1 ist die Höchstzahl möglicher Aufsichtsratsmandate geregelt. Nach Nr. 2 darf der gesetzliche Vertreter eines abhängigen Unternehmens kein Mitglied sein, Nr. 3 verbietet es, dass der zur Wahl Nominierte ein gesetzlicher Vertreter einer anderen Kapitalgesellschaft ist und deren Aufsichtsrat ein Vorstandsmitglied der AG angehört, und Nr. 4 legt eine Karenzzeit für ehemalige Vorstandsmitglieder fest. Die in § 100 II AktG festgelegten Voraussetzungen müssen zum Zeitpunkt des Amtsantritts vorliegen.[631] Fällt ein in der Person des jeweiligen Aufsichtsratsmitglieds gelegenes Hindernis nach Beginn der Amtszeit weg, so ist die Wahl zum Aufsichtsratsmitglied einer Ansicht nach dennoch als nichtig anzusehen.[632] Die Heilung eines solchen Mangels sei in § 242 AktG nicht vorgesehen.[633] Nach abweichender Auffassung soll eine Heilung des Mangels möglich sein.[634] In der Person des Gewählten liegende Wählbarkeitshindernisse führten dann nicht zur Nichtigkeit der Wahl, wenn nach Amtsantritt das Hindernis weggefallen sei. Es sei eine Heilung der Wahl für die Zukunft gegeben. Die Wendung in § 250 II Nr. 4 AktG „bei Beginn der Amtszeit" bedeute nur, dass ein Hindernis, welches bei der Wahl vorgelegen habe, dann keine Wirkung entfalte, wenn dieses bei Amtsantritt bereits nicht mehr vorliege.[635] Dieser Ansicht ist nicht

---

627 Baumbach/Hueck/*Fastrich/Haas/Noack/Zöllner*, Anh. § 47 Rn. 61; Scholz/*Schmidt*, § 45 Rn. 78; Ulmer/Habersack/Löbbe/*Raiser*, Anh. 47 Rn. 71; Lutter/Hommelhoff/*Bayer*, Anh. § 47 Rn. 22; Michalski/*Römermann*, Anh. § 47 Rn. 183; MüKoGmbHG/*Wertenbruch*, Anh. § 47 Rn. 84.

628 Baumbach/Hueck/*Fastrich/Haas/Noack/Zöllner*, Anh. § 47 Rn. 61; Scholz/*Schmidt*, § 45 Rn. 78; Ulmer/Habersack/Löbbe/*Raiser*, Anh. 47 Rn. 71; Lutter/Hommelhoff/*Bayer*, Anh. § 47 Rn. 22; Michalski/*Römermann*, Anh. § 47 Rn. 183; MüKoGmbHG/*Wertenbruch*, Anh. § 47 Rn. 84.

629 Baumbach/Hueck/*Fastrich/Haas/Noack/Zöllner*, Anh. § 47 Rn. 61; Scholz/*Schmidt*, § 45 Rn. 78; Ulmer/Habersack/Löbbe/*Raiser*, Anh. 47 Rn. 71; Lutter/Hommelhoff/*Bayer*, Anh. § 47 Rn. 22; Michalski/*Römermann*, Anh. § 47 Rn. 183; MüKoGmbHG/*Wertenbruch*, Anh. § 47 Rn. 84.

630 Michalski/*Giedinghagen*, § 52 Rn. 118; Hüffer/*Koch*, AktG, § 250 Rn. 9; MüKoGmbHG/*Wertenbruch*, Anh. § 47 Rn. 84.

631 Michalski/*Giedinghagen*, § 52 Rn. 118; Hüffer/*Koch*, AktG, § 250 Rn. 9; MüKoGmbHG/*Wertenbruch*, Anh. § 47 Rn. 84.

632 Hüffer/*Koch*, AktG, § 250 Rn. 9; MüKoAktG/*Hüffer*, § 250 Rn. 14; MüKoGmbHG/*Wertenbruch*, Anh. § 47 Rn. 84.

633 Hüffer/*Koch*, AktG, § 250 Rn. 9; MüKoAktG/Hüffer, § 250 Rn. 14; MüKoGmbHG/Wertenbruch, Anh. § 47 Rn. 84.

634 Schröder, S. 31.

635 Schröder, S. 31.

zuzustimmen. Das Argument, die Formulierung „zu Beginn der Amtszeit" meine nur, dass ein Hindernis bis zu diesem Zeitpunkt keine Nichtigkeit der Wahl zufolge habe, aber keine Aussagekraft für eine Heilung für die Zukunft habe, überzeugt nicht; denn Nichtigkeit ist nun einmal gegeben, sobald ein Hindernis bei Beginn des Amtsantritts vorlag.[636] Die Heilung eines nichtigen Beschlusses, wenn auch nur für die Zukunft, kommt nur dann in Betracht, wenn dies ausdrücklich durch Gesetz zugelassen ist. Dies ist aber nach § 242 AktG nicht der Fall.[637] Insoweit ist der h. A. beizupflichten, wonach die Wahl nichtig und eine Heilung des Mangels ausgeschlossen ist. Einer Anwendbarkeit auf den obligatorischen Aufsichtsrat steht nichts entgegen.[638] § 52 I AktG nimmt ausdrücklich Bezug auf § 100 I Nr. 2 AktG. Insoweit ist also auch eine Übertragung auf den fakultativen Aufsichtsrat zulässig.[639]

In § 105 AktG ist die Unvereinbarkeit gleichzeitiger Zugehörigkeit zum Vorstand und zum Aufsichtsrat geregelt.[640] Die Vorschrift bezweckt eine Trennung der Funktionen von Vorstand und Aufsichtsrat wegen Inkompatibilität.[641] Fraglich ist, ob ein Verstoß gegen die Inkompatibilitätsregelung die Nichtigkeit einer Aufsichtsratswahl bewirken kann. Dagegen spricht, dass § 105 AktG als Nichtigkeitsgrund nicht in § 250 I Nr. 4 AktG aufgeführt ist und der Katalog der Nichtigkeitsgründe wegen des erheblichen Maßes an damit einhergehender Rechtsunsicherheit eigentlich abschließend ist.[642] Es wird die Auffassung vertreten, dass hier eine planwidrige Regelungslücke gegeben sei, die durch analoge Anwendung geschlossen werden müsse.[643] Ein Verstoß gegen § 105 AktG müsse die Nichtigkeit eines Wahlbeschlusses bewirken.[644] Die Rechtsfolge eines Verstoßes gegen § 105 AktG ist nicht ausdrücklich geregelt, so dass eine Regelungslücke zu bejahen ist.[645] Die Vorschrift des § 105 AktG geht davon

---

636 Baumbach/Hueck/*Fastrich/Haas/Noack/Zöllner*, Anh. § 47 Rn. 61; Michalski/*Giedinghagen*, § 52 Rn. 118; MüKoGmbHG/*Wertenbruch*, Anh. § 47 Rn. 84.

637 Baumbach/Hueck/*Fastrich/Haas/Noack/Zöllner*, Anh. § 47 Rn. 61; Michalski/*Giedinghagen*, § 52 Rn. 118; MüKoGmbHG/*Wertenbruch*, Anh. § 47 Rn. 84.

638 Baumbach/Hueck/*Fastrich/Haas/Noack/Zöllner*, Anh. § 47 Rn. 61; Michalski/*Giedinghagen*, § 52 Rn. 118; MüKoGmbHG/*Wertenbruch*, Anh. § 47 Rn. 84.

639 Baumbach/Hueck/*Fastrich/Haas/Noack/Zöllner*, Anh. § 47 Rn. 61; Ulmer/Habersack/Löbbe/*Raiser*, Anh. 47 Rn. 71; Michalski/*Römermann*, Anh. § 47 Rn. 184; Lutter/Hommelhoff/*Bayer*, Anh. § 47 Rn. 22; MüKoGmbHG/*Wertenbruch*, Anh. § 47 Rn. 85.

640 Ulmer/Habersack/Löbbe/*Raiser*, Anh. 47 Rn. 73.

641 Hüffer/*Koch*, AktG, § 105 Rn. 1.

642 Hüffer/*Koch*, AktG, § 241 Rn. 1; MüKoAktG/*Hüffer*, § 241 Rn. 7.

643 LG München NZG 2004, S. 626 (627); Hüffer/*Koch*, AktG, § 250 Rn. 11; MüKoAktG/*Hüffer*, § 250 Rn. 18; Henssler/Strohn/*Drescher*, § 250 AktG Rn. 6; MüKoGmbHG/*Wertenbruch*, Anh. § 47 Rn. 86.

644 LG München NZG 2004, S. 626 (627); Hüffer/*Koch*, AktG, § 250 Rn. 11; MüKoAktG/*Hüffer*, § 250 Rn. 18; Henssler/Strohn/*Drescher*, § 250 AktG Rn. 6; MüKoGmbHG/*Wertenbruch*, Anh. § 47 Rn. 86.

645 LG München, NZG 2004, S. 626 (626 ff.); Hüffer/*Koch*, AktG, § 250 Rn. 11; Henssler/Strohn/*Drescher*, § 250 AktG Rn. 6; MüKoGmbHG/*Wertenbruch*, Anh. § 47 Rn. 86.

aus, dass die betreffende Person bereits Mitglied des Aufsichtsrats ist. Dies lässt sich der systematischen Stellung der Vorschrift entnehmen.[646] Die Unvereinbarkeit der Ämter gilt aber natürlich bereits im Zeitpunkt der Wahl bzw. des Amtsantritts.[647] Planwidrig wäre die Lücke dann, wenn der Gesetzgeber es schlicht übersehen hat, eine Regelung trotz Erfordernisses zu treffen.[648] Auffallend ist, dass in § 100 II Nr. 1–4 AktG zur Nichtigkeit nach § 250 Nr. 4 AktG führende Wahlhindernisse aufgeführt sind, die die Unabhängigkeit des zu Wählenden weniger beeinträchtigen als ein Verstoß gegen den in § 105 AktG verankerten Inkompatibilitätsgrundsatz in Bezug auf Vorstand und Aufsichtsrat.[649] Insbesondere bei Betrachtung des § 100 II Nr. 3 AktG fällt dies auf; denn darin ist geregelt, dass ein Vorstand erst zwei Jahre nach Aufgabe seines Amtes als Aufsichtsratsmitglied wählbar ist. Daher muss erst recht die gleichzeitige Ausführung beider Ämter die Nichtigkeit des Wahlbeschlusses zur Folge haben.[650] Insofern erscheint es naheliegend, dass der Gesetzgeber es schlicht übersehen hat, eine dahingehende Regelung zu treffen, oder die Rechtsfolge der Nichtigkeit als so selbstverständlich angesehen hat, dass er eine entsprechende Regelung nicht als notwendig erachtete.[651] Ein Verstoß gegen § 105 AktG führt mithin zur Nichtigkeit des Wahlbeschlusses.[652]

Des Weiteren ist zu klären, inwieweit eine Übertragbarkeit auf den fakultativen und den obligatorischen Aufsichtsrat der GmbH gegeben ist. Die Regelung des § 105 AktG und die damit einhergehende Nichtigkeit bei einem Verstoß ist ohne Weiteres auf den obligatorischen Aufsichtsrat anwendbar.[653] Umstritten ist die Übertragbarkeit auf den fakultativen Aufsichtsrat. Ein Teil der Literatur lehnt die Übertragbarkeit ab.[654] Überzeugender erscheint jedoch die Auffassung, welche die Anwendbarkeit auch auf den fakultativen Aufsichtsrat bejaht.[655] Zum einen enthält § 52 I GmbHG einen ausdrücklichen Verweis auf § 105 AktG. Die Frage, ob die Anwendbarkeit der Vorschrift bei Verstößen gegen den in ihr enthaltenen Grundsatz der Inkompabilität zur Nichtigkeit führt, wurde bereits bejahend

646 Hüffer/*Koch*, AktG, § 250 Rn. 11; MüKoGmbHG/*Wertenbruch*, Anh. § 47 Rn. 86.
647 Hüffer/*Koch*, AktG, § 250 Rn. 11; MüKoGmbHG/*Wertenbruch*, Anh. § 47 Rn. 86.
648 Kaufmann, S.44 ff.
649 LG München, NZG 2004, S. 626 (627); MüKoGmbHG/*Wertenbruch*, Anh. § 47 Rn. 86.
650 LG München, NZG 2004, S. 626 (627); MüKoGmbHG/*Wertenbruch*, Anh. § 47 Rn. 86.
651 LG München, NZG 2004, S. 626 (627); Hüffer/*Koch*, AktG, § 250 Rn. 11; Henssler/Strohn/*Drescher*, § 250 AktG Rn. 6; MüKoGmbHG/*Wertenbruch*, Anh. § 47 Rn. 86.
652 LG München, NZG 2004, S. 626 (627); Hüffer/*Koch*, AktG, § 250 Rn. 11; Henssler/Strohn/*Drescher*, § 250 AktG Rn. 6; MüKoGmbHG/*Wertenbruch*, Anh. § 47 Rn. 86.
653 Ulmer/Habersack/Löbbe/*Raiser*, Anh. 47 Rn. 73; Michalski/*Römermann*, Anh. § 47 Rn. 181; MüKoGmbHG/*Wertenbruch*, Anh. § 47 Rn. 87.
654 Baumbach/Hueck/*Fastrich/Haas/Noack/Zöllner*, Anh. § 47 Rn. 61; Ulmer/Habersack/Löbbe/*Raiser*, Anh. 47 Rn. 72; Lutter/Hommelhoff/*Bayer*, Anh. § 47 Rn. 22.
655 MüKoGmbHG/*Wertenbruch*, Anh. § 47 Rn. 87.

beantwortet. Aus der Anwendbarkeit, welche sich dem Gesetzeswortlaut ausdrücklich entnehmen lässt, folgt mithin die Nichtigkeit bei Zuwiderhandlung.[656] Zum anderen muss aber auch beim fakultativen Aufsichtsrat die Rechtsfolge der Nichtigkeit erst Recht bei einem Verstoß gegen § 105 AktG eingreifen, wenn dies bereits bei einem Verstoß gegen die Karenzzeit nach § 250 I Nr. 4 i. V. m. § 100 II Nr. 3 AktG der Fall ist.[657] Wenn eine GmbH freiwillig einen Aufsichtsrat einrichtet, so erweckt sie nach außen ein Vertrauen darauf, dass eine Kontrolle der Geschäftsführung durch dieses Organ stattfindet.[658] Dass eine solche Kontrolltätigkeit sinnvoll möglich ist, wird durch § 105 AktG sichergestellt. Die GmbH muss sich an diesem geschaffenen Vertrauenstatbestand festhalten lassen.[659]

Infolge der Einführung des Gesetzes über die gleichberechtigte Teilhabe von Frauen und Männern in Führungspositionen wurde auch der Katalog der Nichtigkeitsgründe in § 250 AktG um eine weitere Ziffer ergänzt. Die Wahl von Aufsichtsratsmitgliedern ist nun nach § 250 I Nr. 5 AktG ebenfalls nichtig, wenn die Wahl gegen § 96 II AktG bzw. die neue aktienrechtliche Regelung zur Geschlechterquote verstößt.[660] Eine Übertragbarkeit dieses Nichtigkeitsgrundes auf die GmbH ist im Hinblick auf den obligatorischen Aufsichtsrat zu bejahen; denn nach § 52 II GmbHG ist auch für den Aufsichtsrat einer GmbH eine Geschlechterquote festzulegen, wenn das DrittelbG, das Mitbestimmungsgesetz, das Montan-Mitbestimmungsgesetz oder das Mitbestimmungsergänzungsgesetz die Bildung eines Ausichtsrates vorsieht.

j) Fehlerhaftigkeit des Beschlusses über die Feststellung des Jahresabschlusses nach § 256 AktG

Die Vorschrift des § 256 AktG ist im Hinblick auf Beschlüsse über die Feststellung des Jahresabschlusses grundsätzlich auf die GmbH entsprechend anwendbar.[661] Die in ihr festgeschriebenen Nichtigkeitsgründe sind gegenüber denen des § 241 AktG die spezielleren und verdrängen diese also.[662] § 256 AktG sieht in bestimmten Fällen die Nichtigkeit eines festgestellten Jahresabschlusses vor. Dies liegt darin begründet, dass an einer ordnungsgemäßen Rechnungslegung ein öffentliches Interesse besteht.[663] § 256 I Nr. 1 und 4 AktG betreffen inhaltliche Mängel, § 256 I Nr. 2 und

---

656 MüKoGmbHG/*Wertenbruch*, Anh. § 47 Rn. 87.
657 MüKoGmbHG/*Wertenbruch*, Anh. § 47 Rn. 88.
658 MüKoGmbHG/*Wertenbruch*, Anh. § 47 Rn. 88.
659 MüKoGmbHG/*Wertenbruch*, Anh. § 47 Rn. 88.
660 Im Einzelnen dazu: Seibt, ZIP 2015, S. 1203 (1204).
661 Ulmer/Habersack/Löbbe/*Raiser*, Anh. 47 Rn. 75; Lutter/Hommelhoff/*Bayer*, Anh. § 47 Rn. 24; Michalski/*Römermann*, Anh. § 47 Rn. 187; MüKoGmbHG/*Wertenbruch*, Anh. § 47 Rn. 90.
662 Ulmer/Habersack/Löbbe/*Raiser*, Anh. 47 Rn. 75; Lutter/Hommelhoff/*Bayer*, Anh. § 47 Rn. 24; Michalski/*Römermann*, Anh. § 47 Rn. 187; MüKoGmbHG/*Wertenbruch*, Anh. § 47 Rn. 90.
663 Hüffer/*Koch*, AktG, § 250, Rn. 1.

3 AktG dahingegen Prüfungsmängel.[664] § 256 VI AktG sieht die Möglichkeit der Heilung von Mängeln vor. Auch diese Vorschrift ist analog auf die GmbH anzuwenden.[665]

Gemäß § 256 I Nr. 1 AktG ist ein festgestellter Jahresabschluss nichtig, wenn er durch seinen Inhalt Vorschriften verletzt, die ausschließlich oder überwiegend zum Schutze der Gläubiger der Gesellschaft gegeben sind. Lediglich für die AG ist umstritten, ob von dieser Norm nur Gesetzesverstöße erfasst sind oder ob auch Verstöße gegen Satzungsnormen darunter fallen.[666] In der GmbH führen nur Verstöße gegen gesetzliche Bestimmungen zur Nichtigkeit.[667] Der Grund dafür ist darin zu sehen, dass § 257 I 2 AktG, welcher die Möglichkeit der Anfechtung bei Verstößen des Inhalts des Jahresabschlusses gegen die Satzung für die AG ausschließt, keine Geltung für die GmbH hat.[668] Satzungsverstöße können in der GmbH mithin auch mittels Anfechtung geltend gemacht werden.[669] Erfasst werden von der Rechtsfolge der Nichtigkeit nur Verstöße von einigem Gewicht.[670] Ein derart bedeutsamer Verstoß ist zu bejahen, wenn der Verstoß aus Sicht eines Außenstehenden zu einer Verzerrung der Vermögens-, Finanz- und Ertragslage führt.[671] Erfasst werden von § 256 I Nr. 1 AktG insbesondere Verstöße gegen Bestimmungen über den Jahresabschluss nach §§ 242 ff. HGB sowie gegen die Grundsätze ordnungsgemäßer Buchführung, §§ 238, 264 II HGB.[672] So müssen auf jeden Fall die entscheidenden Bestandteile des Jahresabschlusses – Bilanz, Gewinn- und Verlustrechnung und Anhang – vorhanden sein.[673]

---

664 Hüffer/*Koch*, AktG, § 250 Rn. 6.

665 Baumbach/Hueck/*Haas*, § 42 a Rn. 32; Ulmer/Habersack/Löbbe/*Raiser*, Anh. 47 Rn. 81; Scholz/*Schmidt*, § 46 Rn. 37; MüKoGmbHG/*Wertenbruch*, Anh. § 47 Rn. 92; Brete/Thomsen, GmbHR 2008, S. 176 (181).

666 Schmidt/Lutter/*Schwab*, § 256 Rn. 9; Hüffer/*Koch*, AktG, § 256 Rn. 7; Spindler/Stilz/*Rölke*, § 256 Rn. 21.

667 Baumbach/Hueck/*Haas*, § 42 a Rn. 25; Ulmer/Habersack/Löbbe/*Raiser*, Anh. 47 Rn. 76; Michalski/*Römermann*, Anh. § 47 Rn. 198; MüKoGmbHG/*Wertenbruch*, Anh. § 47 Rn. 92.

668 Baumbach/Hueck/*Haas*, § 42 a Rn. 25; Ulmer/Habersack/Löbbe/*Raiser*, Anh. 47 Rn. 76; Michalski/*Römermann*, Anh. § 47 Rn. 198; MüKoGmbHG/*Wertenbruch*, Anh. § 47 Rn. 92.

669 MüKoGmbHG/*Wertenbruch*, Anh. § 47 Rn. 92.

670 Hüffer/*Koch*, AktG, § 256 Rn. 7; Ulmer/Habersack/Löbbe/*Raiser*, Anh. 47 Rn. 76; Michalski/*Römermann*, Anh. § 47 Rn. 199; MüKoGmbHG/*Wertenbruch*, Anh. § 47 Rn. 93.

671 Michalski/*Römermann*, Anh. § 47 Rn. 199.

672 BGHZ 124, 111 (117); Ulmer/Habersack/Löbbe/*Raiser*, Anh. 47 Rn. 76; Michalski/*Römermann*, Anh. § 47 Rn. 195; MüKoGmbHG/*Wertenbruch*, Anh. § 47 Rn. 94.

673 Michalski/*Römermann*, Anh. § 47 Rn. 196; Baumbach/Hueck/*Haas*, § 42 a Rn. 24; MüKoGmbHG/*Wertenbruch*, Anh. § 47 Rn. 94; Brete/Thomsen, GmbHR 2008, S. 176 (177).

Auch Verstöße gegen Prüfungsvorschriften führen nach § 256 I Nr. 2 und 3 AktG zur Nichtigkeit des Beschlusses. Nach § 256 I Nr. 2 Alt. 1 AktG ist der Beschluss nichtig, wenn eine Prüfung nach § 316 I und III HGB unterblieben ist, so etwa im Fall des Fehlens einer Nachtragsprüfung nach § 316 III HGB.[674] Es hat bei einer nachträglichen Abänderung des Inhalts des Jahresabschlusses innerhalb von zwei Wochen eine erneute Prüfung zu erfolgen. Ist dies nicht geschehen, so ist der Jahresabschluss nichtig.[675] Nach Alternative 2, welche die Unvollständigkeit der Prüfung erfasst, ist ein Beschluss bereits dann nichtig, wenn die an eine Abschlussprüfung zu stellenden Mindestanforderungen nicht eingehalten wurden.[676]

Gemäß § 256 I Nr. 4 AktG ist ein festgestellter Jahresabschluss ferner dann nichtig, wenn bei seiner Feststellung Bestimmungen des Gesetzes oder der Satzung über die Einstellung von Beträgen in Kapital- oder Gewinnrücklagen oder über die Entnahme von Beträgen aus Kapital- oder Gewinnrücklagen verletzt worden sind. Auch hier gilt für die GmbH, dass nur Gesetzesverstöße die Nichtigkeit begründen können, da im Hinblick auf Satzungsverstöße eine Geltendmachung durch Anfechtung möglich ist.[677]

Nach § 256 II AktG ist ein von Aufsichtsrat und Vorstand festgestellter Jahresabschluss als nichtig anzusehen, wenn der Vorstand oder der Aufsichtsrat bei seiner Feststellung nicht ordnungsgemäß mitgewirkt hat. Fraglich ist, ob diese Vorschrift auf die GmbH übertragbar ist. Grundsätzlich dürfte dies zu verneinen sein, da die Feststellung des Jahresabschlusses nach § 46 Nr. 1 GmbHG in den Zuständigkeitsbereich der Gesellschafterversammlung fällt.[678] Anderes könnte aber gelten, wenn die Zuständigkeit der Geschäftsführung für die Feststellung des Jahresabschlusses gesellschaftsvertraglich festgelegt wurde. Dies wird in der Literatur vereinzelt vertreten.[679] Die Aufnahme einer solchen, von der gesetzlichen Regelung abweichenden Bestimmung in den Gesellschaftsvertrag ist nach überwiegender Auffassung zulässig,[680] so dass zumindest dies als Grund nicht entgegensteht. Einer analogen Anwendung könnte aber gerade die Dispositivität der Vorschrift im Wege stehen.

---

674 Hüffer/*Koch*, AktG, § 256 Rn. 9; Ulmer/Habersack/Löbbe/*Raiser*, Anh. 47 Rn. 79; MüKoGmbHG/Wertenbruch, Anh. § 47 Rn. 95; Brete/Thomsen, GmbHR 2008, S. 176 (178).

675 Hüffer/*Koch*, AktG, § 256 Rn. 9; Ulmer/Habersack/Löbbe/*Raiser*, Anh. 47 Rn. 79; MüKoGmbHG/ *Wertenbruch*, Anh. § 47 Rn. 95; Brete/Thomsen, GmbHR 2008, S. 176 (178).

676 Hüffer/*Koch*, AktG, § 256 Rn. 10.

677 Baumbach/Hueck/*Haas*, § 42 a Rn. 27; Ulmer/Habersack/Löbbe/*Raiser*, Ahh. § 47 Rn. 78; Michalski/*Römermann*, Anh. § 47 Rn. 204; MüKoGmbHG/ *Wertenbruch*, Anh. § 47 Rn. 96; Brete/Thomsen, GmbHR 2008, S. 176 (178).

678 Baumbach/Hueck/*Haas*, § 42 a Rn. 24; Ulmer/Habersack/Löbbe/*Raiser*, Anh. 47 Rn. 80; Michalski/*Römermann*, Anh. § 47 Rn. 188.

679 MüKoGmbHG/ *Wertenbruch*, Anh. § 47 Rn. 97.

680 Baumbach/Hueck/*Haas*, § 42 a Rn. 16; Scholz/*Schmidt*, § 46 Rn. 46; Hommelhoff/Priester, ZGR 1986, S. 463 (475).

Für die Rechtsfolge der Nichtigkeit spricht aber, dass die Gesellschafter auch in diesem Fall durch die Aufnahme der Regelung einen Vertrauenstatbestand nach außen hin insoweit schaffen, als mit einer ordnungsgemäßen Mitwirkung der Geschäftsführung zu rechnen ist. Daher ist einer analogen Anwendung des § 256 II AktG für diesen Fall zuzustimmen.

Ferner ist ein von der Hauptversammlung festgestellter Jahresabschluss nach § 256 III AktG nichtig, wenn die Feststellung gemäß Nr. 1 in einer Hauptversammlung beschlossen worden ist, die unter Verstoß gegen § 121 II, III 1 oder IV AktG einberufen war, nach Nr. 2 nicht gemäß § 130 I, II 1 und IV beurkundet ist oder nach Nr. 3 auf Anfechtungsklage durch Urteil rechtskräftig für nichtig erklärt worden ist. Absatz 3 bildet das Pendant zu § 241 Nr. 1, 2 und 5 AktG. Es gilt im Grunde das Gleiche wie dazu ausgeführt.[681]

Des Weiteren werden nach § 256 IV AktG Verstöße gegen Gliederungsvorschriften des Jahresabschlusses sowie wegen Nichtbeachtung von Formblättern, nach denen der Jahresabschluss zu gliedern ist, dann geahndet, wenn dadurch seine Klarheit und Übersichtlichkeit wesentlich beeinträchtigt wird. Verstöße sind u. a. in einer fehlerhaften Aufgliederung, in der Ausweisung eines Abschlusspostens an der falschen Stelle sowie in der Verletzung des Saldierungsverbotes nach § 246 II HGB zu sehen.[682]

Nach § 256 V AktG ist der Jahresabschluss bei Verstößen gegen Bewertungsvorschriften nichtig, wenn nach Nr. 1 Posten überbewertet oder nach Nr. 2 unterbewertet sind und dadurch die Vermögens- und Ertragslage der Gesellschaft vorsätzlich unrichtig wiedergegeben oder verschleiert wird. Eine Überbewertung hat also in jedem Fall die Nichtigkeit zur Folge.[683] Eine Unterbewertung dahingegen nur, wenn das Merkmal der vorsätzlichen unrichtigen Wiedergabe oder Verschleierung hinzutritt.[684] Diese Vorschrift dient vorwiegend dem Gläubigerschutz und ist daher ebenso auf die GmbH anwendbar.[685]

k) Nichtigkeit von Beschlüssen über die Gewinnverwendung

Nach § 253 AktG ist der Beschluss über die Verwendung des Bilanzgewinns, außer in den Fällen des § 241 AktG, nur dann nichtig, wenn die Feststellung über den Jahresabschluss, auf dem er beruht, nichtig ist. Daneben ist die Feststellung des Jahresabschluss nach § 256 AktG nichtig, sofern der auf dieser Feststellung

---

681 MüKoGmbHG/*Wertenbruch*, Anh. § 47 Rn. 99.

682 Michalski/*Römermann*, Anh. § 47 Rn. 206; MüKoGmbHG/*Wertenbruch*, Anh. § 47 Rn. 100.

683 BGHZ 83, 341 (347); Michalski/*Römermann*, Anh. § 47 Rn. 209; MüKoGmbHG/*Wertenbruch*, Anh. § 47 Rn. 101.

684 Baumbach/Hueck/*Haas*, § 42 a Rn. 21; Michalski/*Römermann*, Anh. § 47 Rn. 210; MüKoGmbHG/*Wertenbruch*, Anh. § 47 Rn. 101.

685 Ulmer/Habersack/Löbbe/*Raiser*, Anh. 47 Rn. 75; Scholz/*Schmidt*, § 45 Rn. 79; Michalski/*Römermann*, Anh. § 47 Rn. 187.

beruhende Beschluss über die Gewinnverwendung gemäß § 253 AktG nichtig ist. Die Regelung des § 253 AktG kann im Großen und Ganzen entsprechend auf die GmbH angewandt werden.[686]

2. *Heilung der Nichtigkeit*

Eine Heilung von Nichtigkeitsmängeln kommt nach Maßgabe von §§ 242 I, II AktG sowie nach § 256 AktG in Frage.[687] Eine Heilung ist vorwiegend bei den weniger schwerwiegenden Verfahrensmängeln möglich, aber auch materielle Fehler können geheilt werden.[688] Ebenso ist eine antizipierte Heilung möglich.[689] Diese ist zu bejahen bei Einberufungs- oder Ladungsmangel, welche sich bereits in der entsprechenden Versammlung etwa durch Rügeverzicht oder rügelose Vollversammlung erledigt haben.[690]

§ 242 I AktG sieht vor, dass die Nichtigkeit eines Hauptversammlungsbeschlusses, der entgegen § 130 I und II 1 und IV AktG nicht oder nicht gehörig beurkundet worden ist, nicht mehr geltend gemacht werden kann, wenn der Beschluss in das Handelsregister eingetragen worden ist. Diese Heilungsvorschrift bezieht sich auf Verfahrensfehler. Dies ergibt sich aus einem Verweis der Vorschrift auf § 130 AktG.[691] Sofern der betreffende Beschluss eintragungspflichtig ist, darf der nichtige Beschluss zwar nicht eingetragen werden; geschieht dies aber gleichwohl, so wird der Beschluss dadurch geheilt (§ 242 I AktG i. V. m. § 130 I, II, VI AktG analog).[692] Die Vorschrift ist analog auf die GmbH anwendbar.[693]

Eine Heilung durch Eintragung und Zeitablauf von drei Jahren kommt in entsprechender Anwendung des § 242 II 1 AktG bei Mängeln nach § 241 Nr. 1, 2, 4 AktG in Betracht. Diese Vorschrift ist auch mit ihrer Dreijahresfrist analog auf die GmbH anwendbar.[694] Zwar stand früher in Diskussion, ob es in der GmbH nicht einen Bedarf gebe, die strikte Dreijahresfrist durch eine „angemessene Frist" zu

686 Lutter/Hommelhoff/*Bayer*, Anh. § 47 Rn. 24; Rowedder/Schmidt-Leithoff/*Koppensteiner*, § 47 Rn. 109; Baumbach/Hueck/*Fastrich/Haas/Noack/Zöllner*, Anh. § 47 Rn. 62; MüKoGmbHG/Wertenbruch, Anh. § 47 Rn. 107.

687 Scholz/*Schmidt*, § 45 Rn. 84 ff.; Lutter/Hommelhoff/*Bayer*, Anh. § 47 Rn. 28.

688 Scholz/*Schmidt*, § 45 Rn. 84; Lutter/Hommelhoff/*Bayer*, Anh. § 47 Rn. 28.

689 Scholz/*Schmidt*, § 45 Rn. 85; Lutter/Hommelhoff/*Bayer*, Anh. § 47 Rn. 28.

690 Scholz/*Schmidt*, § 45 Rn. 85; Lutter/Hommelhoff/*Bayer*, Anh. § 47 Rn. 28.

691 Lutter/Hommelhoff/*Bayer*, Anh § 47 Rn. 26; Ulmer/Habersack/Löbbe/*Raiser*, Anh. 47 Rn. 86; Baumbach/Hueck/*Fastrich/Haas/Noack/Zöllner*, Anh. § 47 Rn. 74.

692 Lutter/Hommelhoff/*Bayer*, Anh § 47 Rn. 26; Ulmer/Habersack/Löbbe/*Raiser*, Anh. 47 Rn. 86; Baumbach/Hueck/*Fastrich/Haas/Noack/Zöllner*, Anh. § 47 Rn. 74.

693 Hüffer/*Koch*, AktG, § 242 Rn. 1; Michalski/*Römermann*, Anh. § 47 Rn. 240; MüKoGmbHG/*Wertenbruch*, Anh. § 47 Rn. 109.

694 Ulmer/Habersack/Löbbe/*Raiser*, Anh. 47 Rn. 87; Baumbach/Hueck/*Fastrich/Haas/Noack/Zöllner*, Anh. § 47 Rn. 75; Scholz/*Schmidt*, § 45 Rn. 89; Michalski/*Römermann*, Anh. § 47 Rn. 244.

ersetzen.[695] Dies ist jedoch wegen der dadurch einhergehenden Rechtsunsicherheit abzulehnen.[696]

Gemäß § 242 II 4 AktG kann die Nichtigkeit eines Beschlusses darüber hinaus dann nicht mehr geltend gemacht werden, wenn der unter Verstoß nach § 121 IV AktG nicht geladene Aktionär den Beschluss genehmigt. Entsprechendes gilt, sofern der betroffene Gesellschafter auf die Rüge der mangelhaften Einladung ausdrücklich verzichtet hat.[697] Auch diese Vorschrift ist auf die GmbH analog anzuwenden.[698]

Die Heilung des Jahresabschlusses richtet sich nach § 256 VI AktG. Danach kann die Nichtigkeit nach den Absätzen I – V nicht mehr geltend gemacht werden, wenn seit der Bekanntmachung in den Fällen des Absatzes I Nr. 3, 4, II , III Nr. 1, 2 sechs Monate, in den anderen Fällen drei Jahre verstrichen sind. Diese Bestimmung findet im Recht der GmbH entsprechende Anwendung.[699] Da die Fehlerhaftigkeit des Jahresabschlusses auch die Fehlerhaftigkeit des Verwendungsbeschlusses bedeutet, ist umgekehrt der Beschluss über die Ergebnisverwendung als geheilt anzusehen, sobald die Nichtigkeit der Feststellung des Jahresabschlusses nicht mehr geltend gemacht werden kann (§ 253 I 2 AktG analog).[700]

III. Zusammenfassung

Ebenso wie im Aktienrecht hat auch im GmbH-Recht eine Unterteilung von Beschlussmängeln in Anfechtungs- und Nichtigkeitsgründe zu erfolgen. Aber auch im Hinblick auf die einzelnen Fehlertatbestände ist eine Orientierung am Aktienrecht aufgrund vergleichbarer Interessenlage zweckmäßig; daher ist Raum für eine analoge Anwendung gegeben. Die einzelnen Bestimmungen des Aktienrechts zur Nichtigkeit von Beschlüssen sind daher heranzuziehen, soweit sie mit der Struktur der GmbH vereinbar sind.

In der GmbH können Verstöße gegen Einberufungsvorschriften in analoger Anwendung des § 241 Nr. 1 AktG zur Nichtigkeit eines Beschlusses führen, so etwa die Einberufung der Gesellschafterversammlung durch einen Unbefugten. Dies gilt aber nicht im Falle der Einberufung durch einen infolge fehlerhafter Bestellung nur

---

695 BGHZ 11, 231 (239).

696 Ulmer/Habersack/Löbbe/*Raiser*, Anh. 47 Rn. 87; Baumbach/Hueck/*Fastrich/Haas/Noack/Zöllner*, Anh. § 47 Rn. 75; Scholz/*Schmidt*, § 45 Rn. 89; Michalski/*Römermann*, Anh. § 47 Rn. 244.

697 Baumbach/Hueck/*Fastrich/Haas/Noack/Zöllner*, Anh. § 47 Rn. 77; Ulmer/Habersack/Löbbe/*Raiser*, Anh. 47 Rn. 85; Michalski/Römermann, Anh. § 47 Rn. 250.

698 Baumbach/Hueck/*Fastrich/Haas/Noack/Zöllner*, Anh. § 47 Rn. 77; Ulmer/Habersack/Löbbe/*Raiser*, Anh. 47 Rn. 85; Michalski/*Römermann*, Anh. § 47 Rn. 250; MüKoGmbHG/*Wertenbruch*, Anh. § 47 Rn. 108.

699 Ulmer/Habersack/Löbbe/*Raiser*, Anh. 47 Rn. 81; Michalski/*Römermann*, Anh. § 47 Rn. 212.

700 Ulmer/Habersack/Löbbe/*Raiser*, Anh. 47 Rn. 82; Michalski/*Römermann*, Anh. § 47 Rn. 218.

faktisch tätig werdenden Geschäftsführer; denn hier ist ein Rückgriff auf die Grundsätze der fehlerhaften Gesellschaft gestattet. Des Weiteren bewirkt eine fehlerhafte Einladung dann die Nichtigkeit eines Beschlusses, wenn sie einer Nichtladung eines Gesellschafters gleichkommt. Nichtigkeit wegen eines Verstoßes gegen Formvorschriften kommt in der GmbH nur bei dauerhaft die Satzung ändernden Beschlüssen in Betracht, da das GmbHG nur für diese Fälle zwingende Formvorschriften enthält.

Die Behandlung inhaltlicher Mängel eines GmbH-Beschlusses richtet sich dahingegen nach § 241 Nr. 3 AktG. Diese Vorschrift enthält drei Alternativen. Umstritten ist, inwieweit den einzelnen Tatbestandsalternativen, insbesondere der Alternative „Wesen der AG", eine eigenständige Bedeutung zuzumessen ist. Die Entwicklung der Rechtsprechung und der Wille des Gesetzgebers sprechen dafür, die Wesensalternative im Verhältnis zur Tatbestandsalternative „öffentliches Interesse" als Spezialregelung anzusehen. So ist auch in Bezug auf die GmbH ein Verstoß gegen die Wesensalternative im Falle der Verletzung von strukturprägenden Vorschriften wie etwa im Hinblick auf die Verteilung der Organkompetenzen oder die Entziehung von Mitgliedschaftsrechten zu bejahen. Gläubigerschützende Vorschriften i. S v. § 241 Nr. 3 Alt. 2 AktG sind vor allem in den Bestimmungen zur Erhaltung des Stammkapitals der GmbH zu sehen. Die Alternative „öffentliches Interesse" ist bei Verstößen gegen solche Bestimmungen einschlägig, die den Schutz der Allgemeinheit oder von außenstehenden Dritten bezwecken, wie etwa u. a. die Vorschriften des Mitbestimmungsgesetzes, des Strafrechts oder des Ordnungswidrigkeitengesetzes.

Auch inhaltliche Verstöße gegen die guten Sitten nach § 241 Nr. 4 AktG können zur Nichtigkeit von Beschlüssen auch in der GmbH führen. Bei einem Sittenverstoß im Sinne dieser Vorschrift soll es allein auf den Inhalt des Beschlusses und nicht auf die Beweggründe im Vorfeld oder bei der Beschlussfassung ankommen. Eine Ausnahme von diesem Grundsatz sollte auch nicht in den Fällen einer sog. „Firmenbestattung" gemacht werden, in denen eine Reihe von Beschlüssen von der Motivation getragen sind, die ursprünglichen Gesellschafter vor einer Bestrafung wegen Insolvenzverschleppung zu bewahren.

Die Nichtigkeit der Wahl von Aufsichtsratsmitgliedern richtet sich nach § 250 I AktG. Auch diese Vorschrift ist analog auf die GmbH anzuwenden, wenn in der GmbH ein Aufsichtsrat existiert. Bei der GmbH ist jedoch zwischen obligatorischem und fakultativem Aufsichtsrat zu unterscheiden. So sind nicht sämtliche Alternativen dieser Regelung auf den fakultativen Aufsichtsrat anwendbar. § 250 I Nr. 1 und Nr. 3 AktG gilt wegen der eingeschränkten Verweisungen in § 52 I GmbHG nicht für den fakultativen Aufsichtsrat und auch § 250 Nr. 2 und 5 AktG finden wegen der fehlenden Geltung des Montan-MitbestG für den fakultativen Aufsichtsrat keine Anwendung. Lediglich § 250 Nr. 4 AktG ist auch auf den fakultativen Aufsichtsrat anwendbar, da § 52 GmbHG einen Verweis auf § 100 AktG enthält. Diese Vorschrift regelt, welche persönlichen Voraussetzungen an ein Aufsichtsratsmitglied zu knüpfen sind. Auch Verstöße gegen die Inkompatibilitätsregelung des § 105 AktG sollten zur Nichtigkeit eines Wahlbeschlusses sowohl beim obligatorischen als auch beim fakultativen Aufsichtsrat führen. Zwar ist § 105 AktG nicht ausdrücklich in § 250 AktG genannt, jedoch enthält § 105 AktG keinen Hinweis auf eine mögliche

Rechtsfolge eines Verstoßes. Daher ist § 250 Nr. 4 AktG hinsichtlich der Nichtigkeitsfolge analog anzuwenden; denn schließlich ist ein Verstoß gegen § 105 AktG gravierender als ein Verstoß gegen § 100 AktG.

Ist ein Verstoß gegen eine die Nichtigkeit anordnende Bestimmung tatsächlich gegeben, so besteht die Möglichkeit, einen an einem solchen Mangel leidenden Beschluss entsprechend der §§ 242 I, II, 256 AktG zu heilen.

E. Anfechtbare Gesellschafterbeschlüsse

Grundlage für jede Anfechtung ist zunächst das Vorliegen eines Beschlusses. An einen solchen sind bestimmte Anforderungen zu stellen, damit eine Anfechtung desselbigen überhaupt durchführbar ist. Entscheidende Voraussetzung für eine wirksame Anfechtungsklage ist die Bestimmtheit des Klagegegenstandes.[701] Der Kläger hat also inhaltlich genau festzulegen, welche Entscheidung er begehrt, damit Klarheit darüber besteht, wogegen sich die Anfechtungsklage richtet.[702] Dies ist im Bereich des Beschlussmängelrechts nicht unproblematisch; denn es ist in der GmbH nicht ungewöhnlich, dass im Anschluss an eine erfolgte Abstimmung Streitigkeiten hinsichtlich des Beschlussergebnisses aufkommen.[703] Dies führt zu einer Art Schwebezustand, in welchem weder für die Gesellschafter selbst noch für Dritte ersichtlich ist, ob ein Beschluss mit einem bestimmten Inhalt zustande gekommen ist.[704] In einem solchen Fall fehlt es schlichtweg an der notwendigen Bestimmtheit des Anfechtungsgegenstandes; denn es bleibt völlig im Dunkeln, gegen welchen Inhalt sich die Anfechtungsklage richten soll.[705] Das verbindliche Zustandekommen von Beschlüssen ist demnach ausschlaggebendes Kriterium für die Erhebung einer Anfechtungsklage; denn nur so kann der tatsächliche Inhalt eines Beschlusses ermittelt werden.[706] Aber auch dann, wenn man die Ansicht vertritt, die Erhebung einer Anfechtungsklage zur Geltendmachung von Mängeln sei nicht erforderlich, sondern den Gesellschaftern stünden andere Wege der Geltendmachung offen, darf es an der Bestimmtheit des Anfechtungsgegenstandes nicht fehlen.[707] Die Begründung, dies sei zur Bestimmung des Anfechtungsgegenstandes bei der Anfechtungsklage erforderlich, kann sicherlich nicht herangezogen werden. Dennoch bedarf es auch bei einer anderen Art der Geltendmachung einer näheren Konkretisierung des streitigen Gegenstandes.[708] Auch hier ergeben sich Schwierigkeiten, soweit die Gesellschafter sich uneinig sind im Hinblick auf die Wirksamkeit eines Beschlusses und dessen Inhalt. Eine einfache Anfechtungserklärung würde ins Leere laufen, wenn nicht

---

701 Thomas/Putzo/*Reichhold*, § 253 ZPO Rn. 8.
702 Thomas/Putzo/*Reichhold*, § 253 ZPO Rn. 8.
703 Raiser, in: FS Heinsius, S. 645 (647).
704 Raiser, in: FS Heinsius, S. 645 (647).
705 Hoffmann/Köster, GmbHR 2003, S. 1327 (1328); Raiser, in: FS Heinsius, S. 645 (647).
706 Hoffmann/Köster, GmbHR 2003, S. 1327 (1328); Raiser, in: FS Heinsius, S. 645 (647).
707 Ulmer/Habersack/Löbbe/*Raiser*, Anh. 47 Rn. 96 ff.; Zöllner/Noack, S. 525 (526 f.).
708 Ulmer/Habersack/Löbbe/*Raiser*, Anh. 47 Rn. 96 ff.; Zöllner/Noack, S. 525 (526 f.).

feststünde, wogegen sie sich richtet.[709] Auch bei Verzicht auf das Klageerfordernis besteht also ein Bedürfnis nach Rechtsklarheit.[710] Insofern ist auch nach dieser Ansicht eine genaue Bestimmung des Anfechtungsgegenstandes unverzichtbar.[711] Im Folgenden soll herausgestellt werden, wann ein Beschluss Verbindlichkeitswirkung entfaltet und damit einen für eine Beschlussanfechtung hinreichend bestimmten Anfechtungsgegenstand darstellt.

I. Verbindlichkeit eines Beschlusses

Im Aktienrecht wird die Verbindlichkeit eines Beschlusses anhand dessen Feststellung durch den Versammlungsleiter hergestellt.[712] Die Rechtfertigung ist darin zu sehen, dass der Versammlungsleiter nicht nur zur bloßen Auszählung der Stimmen berufen ist, sondern gemäß § 130 II AktG auch dazu legitimiert ist, Entscheidungen hinsichtlich der Wirksamkeit einzelner Stimmabgaben zu treffen. Ein Beschluss ist mithin anfechtbar, soweit eine Feststellung durch den Versammlungsleiter stattgefunden hat.[713] Zu klären bleibt, inwieweit eine entsprechende Anwendung der aktienrechtlichen Regelung in der GmbH angemessen ist, welche Anforderungen an die Beschlussfeststellung in der GmbH zu stellen sind und zudem, ob die Beschlussfeststellung tatsächlich eine Voraussetzung für die Verbindlichkeit von GmbH-Beschlüssen ist. Um Unklarheiten in diesem Bereich Abhilfe zu schaffen, vertritt die h. M. in Rechtsprechung und Literatur die Auffassung, dass auch für die GmbH eine Abgrenzung von festgestellten und nicht festgestellten Beschlüssen erforderlich ist.[714]

1. Festgestellte Beschlüsse

Ein Beschluss entfaltet grundsätzlich eine Verbindlichkeitswirkung, sofern er festgestellt wurde.[715] Feststellung des Beschlusses bedeutet, „die Verkündung des Abstimmungsergebnisses und die Annahme oder Ablehnung des Antrages“[716] bzw. „die Bekräftigung des Abstimmungsergebnisses gegenüber den Gesellschaftern in einer Weise, die zum Ausdruck bringt, dass der Beschluss mit bestimmtem Inhalt zustande gekommen ist.“[717] Ein Beschluss gilt also als festgestellt, wenn sowohl das

709 Ulmer/Habersack/Löbbe/*Raiser*, Anh. 47 Rn. 96 ff.; Zöllner/Noack, S. 525 (526 f.).
710 Ulmer/Habersack/Löbbe/*Raiser*, Anh. 47 Rn. 96 ff.; Zöllner/Noack, S. 525 (526 f.).
711 Ulmer/Habersack/Löbbe/*Raiser*, Anh. 47 Rn. 96 ff.; Zöllner/Noack, S. 525 (526 f.).
712 BGH ZIP 2009, 2193 (2193 ff.); Henssler/Strohn/*Drescher*, § 241 AktG Rn. 9.
713 BGH ZIP 2009, 2193 (2193 ff.); Henssler/Strohn/*Drescher*, § 241 AktG Rn. 9.
714 BGHZ 14, 25 (36); K. Schmidt, NJW 1986, S. 2018 (2018).
715 BGH NZG 2008, S. 317 (318); Ulmer/Habersack/Löbbe/*Raiser*, Anh. 47 Rn. 96 ff.; MüKoGmbHG/*Wertenbruch*, Anh. § 47 Rn. 172.
716 Scholz/*Schmidt*, § 48 Rn. 53.
717 Ulmer/Habersack/Löbbe/*Raiser*, Anh. 47 Rn. 100.

Abstimmungsergebnis als auch der Beschlussinhalt erkennbar sind.[718] Umstritten sind im Einzelnen die Voraussetzungen für eine wirksame Feststellung.[719]

So ist zunächst streitig, ob in der GmbH ein Bedürfnis für eine Dokumentation von festgestellten Beschlüssen existiert. Nach früherer Ansicht des BGH sollte ausschließlich Beschlüssen, deren Ergebnis durch einen Abstimmungsleiter festgestellt wurde und die der notariellen Beurkundung bedurften, eine Maßgeblichkeitswirkung zukommen.[720] So bejahte man ein Bedürfnis in der GmbH für eine zusätzliche Dokumentation.[721] Nach heutiger Auffassung des BGH bedarf es keiner Beurkundung, um das Erfordernis einer Anfechtungsklage zu begründen.[722] So reiche die Feststellung des Versammlungsleiters aus, dass in der Gesellschafterversammlung ein Beschluss zustande gekommen sei, um die vorläufige Verbindlichkeit eines Beschlusses mit dem festgestellten Inhalt herbeizuführen.[723] Diese Entscheidung des BGH bedeutet die Anerkennung der Verbindlichkeit von Beschlüssen, deren Ergebnis lediglich festgestellt wurde, ohne notariell beurkundet worden zu sein. Nach abweichender Auffassung müssen Beschlussinhalt und Beschlussergebnis schriftlich festgehalten werden, um Verbindlichkeitswirkung entfalten zu können.[724] Eine notarielle Beurkundung des Beschlusses sei dabei zwar nicht zwingend erforderlich; als ausreichend könne bereits ein vom Versammlungsleiter zu unterzeichnendes Protokoll entsprechend § 130 I 3 AktG angesehen werden;[725] die Protokollierung sei aber unerlässlich für die Herstellung der Vergleichbarkeit mit dem Aktienrecht. Insofern könne ein nicht dokumentierter Beschluss keine Verbindlichkeitswirkung entfalten.[726] Dieser Ansicht kann entgegengehalten werden, dass die Dokumentation des Beschlusses im GmbH-Recht nicht vorgesehen ist, um die Wirksamkeit eines Beschlusses zu begründen.[727] Insofern kann die Verbindlichkeitswirkung nicht an ein Dokumentationserfordernis geknüpft werden. Die Beschlussfassung hat grundsätzlich formfrei zu erfolgen.[728] Das Dokumentationserfordernis ist damit nicht Voraussetzung für eine verbindliche Feststellung.[729]

---

718 Ulmer/Habersack/Löbbe/*Raiser*, Anh. 47 Rn. 100.

719 BGHZ 14, 25 (36); BGHZ 51, 209 (212); BGHZ 104, 66 (69); Hermann/Köster, GmbHR 2003, S. 1327 (1329); Werner, GmbHR 2006, S. 127 (131).

720 BGHZ 14, 25 (36); BGHZ 51, 209 (212).

721 BGHZ 14, 25 (36); BGHZ 51, 209 (212).

722 BGHZ 104, 66 (69).

723 BGHZ 104, 66 (69).

724 Hermann/Köster, GmbHR 2003, S. 1327 (1329).

725 Hermann/Köster, GmbHR 2003, S. 1327 (1329).

726 Hermann/Köster, GmbHR 2003, S. 1327 (1330).

727 Werner, GmbHR 2006, S. 127 (131).

728 Werner, GmbHR 2006, S. 127 (131).

729 Werner, GmbHR 2006, S. 127 (131).

Weitere Voraussetzung für eine verbindliche Beschlussfeststellung ist die Legitimation der Versammlungsleitung.[730] Das AktG regelt die Ausübung der Versammlungsleitung. So ist nach § 130 II AktG der Versammlungsleiter dazu legitimiert, eine verbindliche Beschlusslage herzustellen. Das Gesetz schreibt allerdings nicht die Person des Versammlungsleiters vor.[731] Diese kann nach § 129 I 1 AktG in der Satzung oder in der Geschäftsordnung der Hauptversammlung festgelegt werden. Existiert eine derartige Regelung nicht, so hat die Wahl des Versammlungsleiters durch die Aktionäre zu erfolgen.[732] Es ist zu ermitteln, unter welchen Voraussetzungen ein Versammlungsleiter in der GmbH als legitimiert anzusehen ist. Nach h. A. soll die Legitimation eines Abstimmungsleiters in jedem Fall dann gegeben sein, wenn die Ausübung der Versammlungsleitung und die Person des Leiters in der Satzung festgelegt sind.[733] Die Satzung kann eine Person namentlich benennen, es ist aber auch eine allgemeine Regelung denkbar, so z. B. eine Zuweisung an den Ältesten oder an denjenigen mit dem größten Anteil.[734] Es genügt aber auch die Bestellung des Leiters durch die Gesellschafter[735] oder bei tatsächlicher Übernahme auch schlicht die Duldung des Tätigwerdens.[736] Umstritten ist dahingegen die Möglichkeit der Bestellung des Versammlungsleiters durch Beschlussfassung mit lediglich einfacher Mehrheit, sofern die Ausübung der Versammlungsleitung keine grundlegende Regelung in der Satzung gefunden hat.[737] Einige vertreten die Auffassung, dass dieses Vorgehen grundsätzlich akzeptabel sei.[738] Von anderer Seite wird geltend gemacht, es sei nicht möglich, dass die Mehrheit ohne Satzungsgrundlage gegen den Willen der Minderheit einen Versammlungsleiter bestelle; denn dies bedeute eine unangemessene Ausnutzung der Machtposition der Mehrheit gegenüber der Minderheit.[739]

---

730 Hüffer/*Koch*, AktG, § 129 Rn. 18; MünchHdbGesR IV/*Semler*, § 36 Rn. 36; Hoffmann/Köster, GmbHR 2003, S. 1327 (1329).

731 Hüffer/*Koch*, AktG, § 129 Rn. 18; MünchHdbGesR IV/*Semler*, § 36 Rn. 36; Hoffmann/Köster, GmbHR 2003, S. 1327 (1329).

732 Hüffer/*Koch*, AktG, § 129 Rn. 18; MünchHdbGesR IV/*Semler*, § 36 Rn. 36; Hoffmann/Köster, GmbHR 2003, S. 1327 (1329).

733 Baumbach/Hueck/*Zöllner*, § 48 Rn. 8; Rowedder/Schmidt-Leithoff/*Koppensteiner*, § 48 Rn. 12; Zöllner/Noack, ZGR 1989, S. 525 (528); Rohleder, GmbHR 1989, S. 236 (239); Werner, GmbHR 2006, S. 127 (129); Böttcher/Greve, NZG 2002, S. 1086 (1088).

734 Werner, GmbHR 2006, S. 127 (129); Böttcher/Greve, NZG 2002, S. 1086 (1088).

735 Baumbach/Hueck/*Zöllner*, § 48 Rn. 8; Rowedder/Schmidt-Leithoff/*Koppensteiner*, § 48 Rn. 12.

736 Ulmer/Habersack/Löbbe/*Raiser*, Anh. 47 Rn. 102; Zöllner/Noack, ZGR 1989, S. 525 (528); Rohleder, GmbHR 1989, S. 236 (239).

737 Ulmer/Habersack/Löbbe/*Raiser*, Anh. 47 Rn. 102.

738 Scholz/*Schmidt*, § 48 Rn. 33; Ulmer/Habersack/Löbbe/*Hüffer/Schürnbrand*, § 47Rn. 29; Ulmer/Habersack/Löbbe/*Raiser*, Anh. 47 Rn. 102; Rohleder, GmbHR 1989, S. 236 (239); Böttcher/Grewe, NZG 2002, S. 1086 (1089); Werner, GmbHR 2006, S. 127 (129).

739 Baumbach/Hueck/*Zöllner*, § 48 Rn. 8; Michalski/*Römermann*, § 47 Rn. 589; Zöllner/Noack, ZGR 1989, S. 525 (528); Hermann/Köster, GmbHR 2003, S. 1327 (1329).

Gemäß § 47 I GmbHG dürfen Beschlüsse auch mit einfacher Mehrheit gefasst werden. Die gesetzliche Regelung ist also eindeutig.[740] Zudem ist auf das Bedürfnis nach Rechtssicherheit Rücksicht zu nehmen.[741] So wird insbesondere bei umstrittenen Beschlüssen, bei denen letztlich das Bedürfnis nach Rechtssicherheit am größten ist, eine einvernehmliche Bestellung unwahrscheinlich sein, so dass einer Bestellung des Versammlungsleiters auch mittels einfacher Mehrheit der Vorrang einzuräumen ist.[742] Dies bedeutet auch keine erhebliche Einschränkung der Rechtsposition der Minderheitsgesellschafter; denn durch die Beschlussfeststellung wird lediglich eine Grundlage für die Erhebung einer Anfechtungsklage geschaffen.[743]

Ferner ist die Reichweite der Befugnis des Versammlungsleiters in der GmbH zu ermitteln. Nach § 130 II AktG sind in der Niederschrift unter anderem Art und Ergebnis der Abstimmung sowie die Feststellung des Vorsitzenden über die Beschlussfassung anzugeben. Dieser Vorschrift kann entnommen werden, dass dem Versammlungsleiter in Bezug auf eine wirksame Beschlussfeststellung eine Einschätzungsprärogative zusteht.[744] Er kann also zunächst überprüfen, ob ein Gesellschafter zur Stimmabgabe berechtigt ist oder nicht. Ist er es nicht, so kann der Versammlungsleiter diese Stimme bei der Stimmenzählung außer Acht lassen.[745] Es wird vereinzelt angezweifelt, ob einer Übertragbarkeit dieser zentralen Rolle des Versammlungsleiters auf die GmbH zugestimmt werden kann.[746] Die Feststellung eines Beschlusses durch den Versammlungsleiter kann immerhin die vorläufige Verbindlichkeit eines Beschlusses mit der Folge bewirken, dass der Beschluss nur noch mittels Anfechtung zunichtegemacht werden kann.[747] Nach Ablauf einer gewissen Frist hat der einzelne Gesellschafter keine Möglichkeit mehr, den Beschluss zu beseitigen.[748] Somit käme dem Versammlungsleiter eine bedeutende Machtposition zu.[749] Bedeutsam ist dies vor allem für diejenigen Fälle der Feststellung, in denen eine Stimmrechtsausübung unwirksam ist und diese Stimme sich als ausschlaggebend für das Abstimmungsergebnis herausstellt.[750] Diese Unwirksamkeit kann sich z.B. bei Verstößen gegen § 47 IV GmbHG oder die gesellschafterliche Treuepflicht ergeben. So hat ein Gesellschafter, der entlastet oder von einer Verbindlichkeit befreit werden soll, nach § 47 IV GmbHG kein Stimmrecht. Der Wortlaut dieser Vorschrift spricht dafür, dem Versammlungsleiter ein entsprechendes Prüfungsrecht hinsichtlich der

---

740 Werner, GmbHR 2006, S. 127 (129).
741 Werner, GmbHR 2006, S. 127 (129).
742 Werner, GmbHR 2006, S. 127 (129).
743 Werner, GmbHR 2006, S. 127 (129).
744 Werner, GmbHR 2006, S. 127 (128).
745 Werner, GmbHR 2006, S. 127 (128).
746 Werner, GmbHR 2006, S. 127 (129).
747 Werner, GmbHR 2006, S. 127 (129).
748 Werner, GmbHR 2006, S. 127 (129).
749 Werner, GmbHR 2006, S. 127 (129).
750 Werner, GmbHR 2006, S. 127 (130).

Stimmberechtigung einzuräumen.[751] Gegen ein solches Recht wird angeführt, dass der Versammlungsleiter häufig nicht über die insoweit notwendigen Kompetenzen verfüge.[752] Der Versammlungsleiter sei daher lediglich zur Auszählung der Stimmen befugt.[753] Diese Argumentation lässt sich mit der Begründung entkräften, dass die Feststellung ja gerade in unklaren Fällen Rechtssicherheit herbeiführen soll. Ferner bewirkt die Feststellung lediglich vorläufige Verbindlichkeit. Es bleibt immer noch die Möglichkeit, den Beschluss mittels Anfechtung zu beseitigen.[754] Insofern sind offensichtlich nichtige Stimmen nicht mitzuzählen. Eine Kompetenzüberschreitung des Versammlungsleiters ist erst bei bewusster Falschfeststellung zu bejahen.[755]

2. Einer förmlichen Feststellung gleichstehende Maßnahmen

Des Weiteren stellt sich die Frage, wie ein Beschlussergebnis zu behandeln ist, das nicht von einem Versammlungsleiter festgestellt wurde, aber von den Gesellschaftern übereinstimmend akzeptiert wird. Nach Ansicht der Rechtsprechung und eines Teils der Literatur sollen nur diejenigen Beschlüsse verbindlich sein, die der Abstimmungsleiter durch Verkündung des Beschlussergebnisses festgestellt hat.[756] Es bedürfe zwar grundsätzlich zur Wirksamkeit von GmbH-Beschlüssen keiner förmlichen Feststellung, aber dennoch könne nur bei festgestellten Beschlüssen von einer vorläufigen Wirksamkeit ausgegangen werden.[757] Denkbar ist aber, dass auch ein nicht ausdrücklich von einem Versammlungsleiter festgestellter Beschluss Verbindlichkeitswirkung entfalten kann, sofern die unter den Gesellschaftern herrschende Einstimmigkeit unter den Begriff der Feststellung subsumierbar ist. So wird die Ansicht vertreten, dass dem Fall einer verbindlichen Beschlussfeststellung durch den Versammlungsleiter ein nicht förmlich festgestellter Beschluss, über dessen Beschlussergebnis jedoch Einigkeit herrscht, gleichzustellen sei;[758] denn die

---

751 Werner, GmbHR 2006, S. 127 (130).

752 K. Schmidt, GmbHR 1992, S. 9 (13); Oelrichs, GmbHR 1995, S. 863 (868); Koppensteiner, ZIP 1994, S. 1325 (1329).

753 K. Schmidt, GmbHR 1992, S. 9 (13); Oelrichs, GmbHR 1995, S. 863 (868); Koppensteiner, ZIP 1994, S. 1325 (1329).

754 Baumbach/Hueck/*Fastrich/Haas/Noack/Zöllner*, Anh. § 47 Rn. 65; Werner, GmbHR 2006, S. 127 (130).

755 Baumbach/Hueck/*Fastrich/Haas/Noack/Zöllner*, Anh. § 47 Rn. 65; Werner, GmbHR 2006, S. 127 (130).

756 OLG Hamburg, ZIP 1991, S. 1434; OLG Köln, GmbHR 2002, S. 914; Hoffmann/Köster, GmbHR 2003, S. 1327 (1327 ff).; Lutter/Hommelhoff/*Bayer*, Anh. § 47 Rn. 42.

757 BGHZ 104, 69; OLG Dresden, NZG 2001, S. 809; OLG Köln, GmbHR 2002, S. 913; Lutter/Hommelhoff/*Bayer*, Anh. § 47 Rn. 42; Scholz/*Schmidt*, § 48 Rn. 53, § 45 Rn. 21.

758 OLG Celle, GmbHR 1997, S. 174; Lutter/Hommelhoff/*Bayer*, Anh. § 47 Rn. 38; Baumbach/Hueck/*Fastrich/Haas/Noack/Zöllner*, Anh. § 47 Rn. 120; MüKoGmbHG/*Wertenbruch*, Anh. § 47 Rn. 177; Zöllner /Noack, ZGR 1989, S. 525 (528 f.); Raiser, in: FS Heinsius, S. 645 (648).

Gesellschafter gingen hier auch ohne förmliche Feststellung von einem bestimmten Beschlussergebnis aus.[759] Knüpft man an die Definition der verbindlichen Feststellung an, so ist die Annahme oder Ablehnung eines Antrages bei einstimmiger Beschlussfassung gegeben.[760] Eine gesonderte Bekräftigung des Abstimmungsergebnisses gegenüber den Gesellschaftern entpuppt sich in einem solchen Fall als bloße Förmelei; denn schließlich gehen die Gesellschafter bereits von einem bestimmten Beschlussergebnis aus.[761] Sowohl das Abstimmungsergebnis als auch der Beschlussinhalt sind also für die Gesellschafter erkennbar, so dass ein Beschluss, über dessen Ergebnis man sich einig ist, als festgestellt gelten muss.[762] Somit kann auch für diesen Fall die vorläufige Verbindlichkeit des Beschlusses angenommen werden.[763] Dies kann zusätzlich mit dem Verbot des „venire contra factum proprium" begründet werden. Wurde bei Beschlussfassung nicht alsbald Widerspruch erhoben, so muss der Gesellschafter die vorläufige Verbindlichkeit des Beschlusses akzeptieren.[764]

3. Nicht festgestellte Beschlüsse

Dagegen kann ein nicht festgestellter Beschluss, über dessen Ergebnis die Gesellschafter bereits in der Gesellschafterversammlung streiten, keine vorläufige Verbindlichkeitswirkung entfalten und daher nicht mittels Anfechtungsklage angegriffen werden; denn es ist völlig unklar, mit welchem Inhalt der Beschluss zustande gekommen sein soll.[765] Es mangelt also an der Bestimmtheit des Klagegegenstandes.[766] Für den Fall, dass sich die Gesellschafter hinsichtlich des Beschlussergebnisses nicht einig werden können, steht die Beschlussfeststellungsklage nach § 256 I ZPO zur Verfügung. Diese dient der Beseitigung eines solchen unklaren Zustandes.[767]

---

759 Zöllner/Noack, ZGR 1989, 525 (528 f.); Ulmer/Habersack/Löbbe/Raiser, Anh. 47 Rn. 104.

760 Zöllner, in: FS Lutter, S. 821 (828).

761 Zöllner, in: FS Lutter, S. 821 (828).

762 Zöllner, in: FS Lutter, S. 821 (828).

763 Zöllner, in: FS Lutter, S. 821 (828).

764 Ulmer/Habersack/Löbbe/*Raiser*, Anh. 47 Rn. 104, 106; Rohleder, GmbHR 1989, S. 236 (239); Zöllner/Noack, ZGR 1989, S. 525 (528).

765 BGH GmbHR 1999, S. 477 (478); BGH ZIP 2003, S. 435 (435); Lutter/Hommelhoff/*Bayer*, Anh. § 47 Rn. 42.

766 BGH GmbHR 1999, S. 477 (478); BGH ZIP 2003, S. 435 (435); Lutter/Hommelhoff/*Bayer*, Anh. § 47 Rn. 42.

767 OLG Köln GmbHR 2002, S. 913 (914); Lutter/Hommelhoff/*Bayer*, Anh. § 47 Rn. 42; MüKoGmbHG/*Wertenbruch*, Anh. § 47 Rn. 290.

II. Anfechtungsgründe

Die überwiegende Anzahl der Mängel, die im Rahmen der Beschlussfassung auftreten, begründen die Anfechtbarkeit eines Beschlusses.[768] Ein derart zur Anfechtbarkeit führender Mangel hat zwar keine sofortige Rechtsunwirksamkeit zur Folge; die Mangelhaftigkeit des Beschlusses macht diesen jedoch vernichtbar.[769] Wie bereits erörtert bereitet die Abgrenzung von zur Nichtigkeit führenden Mängeln erhebliche Schwierigkeiten. Prinzipiell gilt, dass nur besonders gravierende Verstöße die Nichtigkeit eines Beschlusses zur Folge haben, alle sonstigen Verstöße sollen einen Beschluss lediglich anfechtbar machen.[770] Im Aktienrecht ist § 243 AktG die entscheidende Vorschrift zur Beurteilung der Anfechtbarkeit eines Beschlusses. Danach kann ein Beschluss der Hauptversammlung wegen Verletzung des Gesetzes oder der Satzung angefochten werden. Die h. M. bejaht eine entsprechende Anwendung des § 243 I AktG auf die GmbH.[771] Sofern man es ablehnt, die Anfechtbarkeit eines Beschlusses auf eine Analogie zu § 243 AktG zu stützen, sondern diese aus einem allgemeinen Prinzip des Verfassungsrechts oder aus einem sonstigen Grundsatz herleitet, ändert dies nichts an einer Heranziehung der aktienrechtlichen Anfechtungsgründe, soweit dies möglich ist; denn diese sind auf die Bedürfnisse einer Kapitalgesellschaft zugeschnitten und können insofern auch den Bedürfnissen in der GmbH am ehesten gerecht werden.[772] Folglich bedarf es einer genauen Betrachtung des § 243 AktG. Der Beschlussbegriff in § 243 I AktG ist mehrdeutig; denn es ist nicht nur der Beschluss als inhaltliche Entscheidung gemeint, sondern auch der Vorgang der Beschlussfassung selbst, so dass die Anfechtbarkeit eines Beschlusses auch bei Verstößen im Bereich des Beschlussvorgangs ausgelöst wird.[773] Verstöße gegen Gesetz oder Satzung sind gegeben, soweit der infrage stehende Beschlussinhalt zur jeweiligen Regelung in Widerspruch steht.[774] Allgemein können die Anfechtungsgründe in formelle und materielle aufgeteilt werden.[775]

---

768 Baumbach/Hueck/*Zöllner*, § 47 Rn. 18; Ulmer/Habersack/Löbbe/*Raiser*, Anh. 47 Rn. 22.

769 Ulmer/Habersack/Löbbe/*Raiser*, Anh. 47 Rn. 22.

770 Lutter/Hommelhoff/*Bayer*, Anh § 47 Rn. 43; Wicke, Anh. § 47 Rn. 13; Hueck, in: FS Molitor, S. 413.

771 RGZ 166, 129 (131); RGZ 172, 76 (77); BGHZ 18, 334 (338); Ulmer/Habersack/Löbbe/*Raiser*, Anh. 47 Rn. 108; Baumbach/Hueck/*Fastrich/Haas/Noack/Zöllner*, Anh. § 47 Rn. 83; Schröder, GmbHR 1994, S. 532 (532 ff.).

772 Scholz/*Schmidt*, § 45 Rn. 93 ff.

773 Baumbach/Hueck/*Fastrich/Haas/Noack/Zöllner*, Anh. § 47 Rn. 112.

774 Michalski/*Römermann*, Anh, § 47 Rn. 257 ff.; Baumbach/Hueck/*Fastrich/Haas/Noack/Zöllner*, Anh. § 47 Rn. 112; Lutter/Hommelhoff/*Bayer*, § 47 Rn. 118 ff.

775 Michalski/*Römermann*, Anh, § 47 Rn. 257 ff.; Baumbach/Hueck/*Fastrich/Haas/Noack/Zöllner*, Anh. § 47 Rn. 112; Lutter/Hommelhoff/*Bayer*, § 47 Rn. 119 ff.

1. Formelle Anfechtungsgründe

Die Anfechtbarkeit eines Beschlusses kann nicht nur durch Verletzung von Vorschriften, die den Inhalt betreffen, sondern auch durch Verletzung von Verfahrensvorschriften begründet werden.[776] Verfahrensfehler führen aber nur dann zur Anfechtbarkeit, sofern der Beschluss nicht nach § 241 I AktG nichtig ist.[777] So ist eine Nichtigkeit beispielsweise bei einer Einberufung durch Unbefugte oder im Falle einer nicht ordnungsgemäßen Ladung aller Gesellschafter gegeben.[778] Bloße Verfahrensverstöße sind in der Regel nicht derart schwerwiegend, dass sie von sich aus bereits die Anfechtbarkeit eines Beschlusses begründen. So bedarf es des Hinzutretens weiterer Umstände, um zur Vernichtbarkeit eines Beschlusses zu gelangen.[779] Früher wurde die Anfechtbarkeit eines Beschlusses verneint, wenn der Verstoß mit absoluter Sicherheit nicht kausal für das Beschlussergebnis war.[780] Dies machte eine Kausalitätsprüfung erforderlich. Es musste festgestellt werden, ob derselbe Beschluss auch ohne Mangel zustande gekommen wäre. War dies nicht der Fall, so sollte Anfechtbarkeit gegeben sein.[781] Inzwischen wird dies von der Rechtsprechung anders gesehen; denn durch das Kausalitätserfordernis wird die Rechtsstellung der einzelnen Gesellschafter außer Acht gelassen.[782] Verstöße können derart schwer in die Rechtsstellung der Gesellschafter eingreifen, dass eine Anfechtung möglich sein muss, und zwar unabhängig von der Kausalität.[783] Es kann mithin der früheren Ansicht nicht mehr gefolgt werden. Nach heute allgemeiner Auffassung ist für die Anfechtbarkeit des Beschlusses nicht mehr die Kausalität Mindestvoraussetzung, sondern vielmehr die Relevanz des Fehlers.[784] Die Relevanz orientiert sich am Schutzzweck der Verfahrensnormen. Entscheidend

776 Ulmer/Habersack/Löbbe/*Raiser*, Anh. 47 Rn. 108; Michalski/*Römermann*, Anh, § 47 Rn. 257 ff.; Baumbach/Hueck/*Fastrich/Haas/Noack/Zöllner*, Anh. § 47 Rn. 112 ff.; Lutter/Hommelhoff/*Bayer*, § 47 Rn. 119 ff.; MükoGmbHG/*Wertenbruch*, Anh. § 47 Rn. 121 ff.

777 Ulmer/Habersack/Löbbe/*Raiser*, Anh. 47 Rn. 108; Michalski/*Römermann*, Anh, § 47 Rn. 257 ff.; Baumbach/Hueck/*Fastrich/Haas/Noack/Zöllner*, Anh. § 47 Rn. 112 ff.; Lutter/Hommelhoff/*Bayer*, § 47 Rn. 119 ff.; MükoGmbHG/*Wertenbruch*, Anh. § 47 Rn. 121 ff.

778 Michalski/*Römermann*, Anh, § 47 Rn. 70 ff.; Baumbach/Hueck/*Fastrich/Haas/Noack/Zöllner*, Anh. § 47 Rn. 44 ff.; MükoGmbHG/*Wertenbruch*, Anh. § 47 Rn. 121 ff.

779 Lutter/Hommelhoff/*Bayer*, Anh. § 47 Rn. 51; Ulmer/Habersack/Löbbe/*Raiser*, Anh. 47 Rn. 111; KölnKommAktG/*Zöllner*, § 243 Rn. 95.

780 BGH GmbHR 1998, S. 136 (137); Lutter/Hommelhoff/Bayer, Anh. § 47 Rn. 50.

781 BGH GmbHR 1998, S. 136 (137); Lutter/Hommelhoff/Bayer, Anh. § 47 Rn. 50.

782 BGHZ 149, 158 (164 f.); BGH NZG 2005, S. 77 (79); BGH BB 2007 S. 1977 (1979); BGH NJW 2008, S. 69 (73).

783 BGHZ 149, 158 (164 f.); BGH NZG 2005, S. 77 (79); BGH BB 2007 S. 1977 (1979); BGH NJW 2008, S. 69 (73).

784 BGHZ 149, 158 (164 f.); BGH NZG 2005, S: 77 (79); BGH BB 2007 S. 1977 (1979); BGH NJW 2008, S. 69 (73); Lutter/Hommelhoff/*Bayer*, Anh. § 47 Rn. 50; Ulmer/Habersack/Löbbe/*Raiser*, Anh. 47 Rn. 111; KölnKommAktG/*Zöllner*, § 243 Rn. 81 ff.;

ist, ob Informations- und Partizipationsinteressen der berechtigten Gesellschafter, sich an dem Willensbildungsprozess der Gesellschaft zu beteiligen, berührt werden.[785] Ist dies der Fall, so ist die Relevanz des Fehlers zu bejahen.[786] Im Umkehrschluss ergibt sich, dass die Anfechtbarkeit zu verneinen ist, sofern keine unmittelbare Beeinträchtigung der genannten Interessen bejaht werden kann. Letztlich können relevante Verfahrensfehler in sämtlichen Stadien des Beschlussvorgangs auftreten.[787] In der nachstehenden Untersuchung hat zwecks besseren Verständnisses eine Unterteilung in die verschiedenen Stadien – Fehler bei der Vorbereitung, bei der Durchführung und Feststellung eines Beschlusses und im Hinblick auf die Auskunftserteilung zu erfolgen.

a) Fehler bei der Vorbereitung der Gesellschafterversammlung

Als mögliche Verfahrensfehler ist zunächst an Einberufungs- und Ladungsmängel zu denken. Soweit diese keine Nichtigkeit nach sich ziehen, können sie einen die Anfechtbarkeit begründenden Beschlussmangel darstellen.[788] Als solche sollen beispielhaft genannt sein die Festsetzung eines unüblichen, unzumutbaren Versammlungsortes oder Zeitpunktes,[789] die Nichteinhaltung der Ladungsfrist von einer Woche nach § 51 I 2 GmbHG oder die Beschlussfassung über einen Tagesordnungspunkt, der nicht korrekt angekündigt wurde.[790] Schwierigkeiten bereitet die Behandlung von Einladungsmängeln. Die Einladung der Gesellschafter zur Gesellschafterversammlung hat gemäß § 51 I 1 GmbHG in der Regel mittels eingeschriebenen Briefs zu erfolgen. Eine Verletzung dieser Formvorschrift ist im Falle einer Einladung mittels einfachen Briefs oder bei nur mündlicher Einladung zu bejahen.[791] Unklarheiten bestehen hinsichtlich der Rechtsfolgen, die ein solcher Formmangel auslösen kann. Sofern alle Gesellschafter den Brief erhalten haben und auch der diesbezügliche Nachweis gelingt, führt dies nach allgemeiner Ansicht zur

---

MüKoGmbHG/*Wertenbruch*, Anh. § 47 Rn. 133; Zeilinger, GmbHR 2001, S. 541 (550).

785 Lutter/Hommelhoff/*Bayer*, Anh. § 47 Rn. 51; Ulmer/Habersack/Löbbe/*Raiser*, Anh. 47 Rn. 111; KölnKommAktG/*Zöllner*, § 243 Rn. 95.

786 Lutter/Hommelhoff/*Bayer*, Anh. § 47 Rn. 51; Ulmer/Habersack/Löbbe/*Raiser*, Anh. 47 Rn. 111; KölnKommAktG/*Zöllner*, § 243 Rn. 95.

787 Lutter/Hommelhoff/*Bayer*, Anh. § 47 Rn. 51; Ulmer/Habersack/Löbbe/*Raiser*, Anh. 47 Rn. 111; KölnKommAktG/*Zöllner*, § 243 Rn. 95.

788 Ulmer/Habersack/Löbbe/*Raiser*, Anh. 47 Rn. 108; Michalski/*Römermann*, Anh, § 47 Rn. 257 ff.; Baumbach/Hueck/*Fastrich/Haas/Noack/Zöllner*, Anh. § 47 Rn. 112 ff.; Lutter/Hommelhoff/*Bayer*, § 47 Rn. 119 ff.

789 BGH GmbHR 1985, S. 256 (257); OLG Düsseldorf GmbHR 2003, S. 1006 (1006); Lutter/Hommelhoff/*Bayer*, Anh. § 47 Rn. 49; Baumbach/Hueck/*Fastrich/Haas/Noack/Zöllner*, Anh. § 47 Rn. 114; Wicke, Anh. § 47 Rn. 14.

790 BGH WM 1960, S. 859 (860); OLG Karlsruhe, GmbHR 1989, S. 206 (207); Lutter/Hommelhoff/Bayer, Anh. § 47 Rn. 46; Wicke, Anh. 47 Rn. 14; Zeilinger, GmbHR 2001, S. 541 (549).

791 Roth/Altmeppen/Roth, § 51 Rn. 17 f.; Scholz/Schmidt, § 51 Rn. 27 ff.

Anfechtbarkeit des Beschlusses und nicht zur Nichtigkeit.[792] Ein Ursachenzusammenhang von Beschlussergebnis und Verfahrensmangel wird in der Regel kaum gegeben sein.[793] Die Rüge eines solchen Verfahrensfehlers kann aber erfolgreich sein, sofern der Nachweis der Relevanz gelingt.[794] Da die Gesellschafterversammlung diejenige Veranstaltung ist, bei der die Gesellschafter ihr Hauptmitgliedschaftsrecht, nämlich das Stimmrecht, ausüben, kann grundsätzlich davon ausgegangen werden, dass Mitgliedschafts- und Partizipationsinteressen bei Fehlern der Einladung oder Einberufung berührt sind und somit die Relevanz solcher Fehler zumeist bejaht werden kann.[795] Wurde aber die Gesellschafterversammlung mit Einvernehmen aller abgehalten oder war die Teilnahme aller an der Gesellschafterversammlung gegeben, so entfällt die Relevanz ebenso wie bei einer nachträglichen Genehmigung oder einem Rügeverzicht mit der Konsequenz, dass der dem Beschluss anhaftende Mangel nicht geltend gemacht werden kann.[796]

b) Fehler bei der Durchführung der Gesellschafterversammlung

Es können auch Fehler bei der Durchführung der Gesellschafterversammlung auftreten. Als solche sollen beispielhaft genannt sein das Auftreten von Unklarheiten über den Beschlussgegenstand,[797] das Abweichen von Tagesordnungspunkten,[798] eine ungenügende Aussprache und eine ungerechtfertigte Beschränkung der Redezeit,[799] das Tätigwerden eines nicht legitimierten Abstimmungsleiters und die Abstimmung trotz bestehender Beschlussunfähigkeit[800] oder die Wahl eines falschen Abstimmungsverfahrens.[801] Ein häufig auftretender Fehler ist in diesem Zusammenhang der unberechtigte Ausschluss eines Gesellschafters von der Teilnahme an der Gesellschafterversammlung.[802] Auch an dieser Stelle wird der Kausalitätsnachweis

792 Roth/Altmeppen/Roth, § 51 Rn. 17 f.; Scholz/Schmidt, § 51 Rn. 27 ff.; Bork/Schäfer/Casper, § 47 Rn. 68.
793 Roth/Altmeppen/Roth, § 51 Rn. 17 f.; Scholz/Schmidt, § 51 Rn. 27 ff.
794 Scholz/Schmidt, § 45 Rn. 102 f; Baumbach/Hueck/Fastrich/Haas/Noack/Zöllner, Anh. § 47 Rn. 125 ff.
795 Scholz/Schmidt, § 45 Rn. 102 f; Baumbach/Hueck/Fastrich/Haas/Noack/Zöllner, Anh. § 47 Rn. 125 ff.
796 BGHZ 100, 264 (269 ff.).
797 Baumbach/Hueck/Fastrich/Haas/Noack/Zöllner, Anh. § 47 Rn. 114; Ulmer/Habersack/Löbbe/Raiser, Anh. 47 Rn. 112.
798 Scholz/*Schmidt*, § 45 Rn. 96; Wicke, Anh. § 47 Rn. 14; Bork/Schäfer/*Casper*, § 47 Rn. 68.
799 RGZ 36, 24 (26); Baumbach/Hueck/*Fastrich/Haas/Noack/Zöllner*, Anh. § 47 Rn. 114; Wicke, Anh. § 47 Rn. 14.
800 Scholz/*Schmidt*, § 45 Rn. 96; Baumbach/Hueck/*Fastrich/Haas/Noack/Zöllner*, Anh. § 47 Rn. 115; Bork/Schäfer/*Casper*, § 47 Rn. 68.
801 Scholz/*Schmidt*, § 45 Rn. 97.
802 Scholz/*Schmidt*, § 45 Rn. 103; KölnKommAktG/*Zöllner*, § 243 Rn. 118; Ulmer/Habersack/Löbbe/*Raiser*, Anh. 47 Rn. 114.

regelmäßig nicht gelingen, so dass hier ebenfalls auf die Relevanz des Fehlers als Mindestvoraussetzung der Anfechtbarkeit abzustellen ist.[803] Der unberechtigte Ausschluss eines Gesellschafters von der Versammlung stellt einen schweren Eingriff in die Rechte des Gesellschafters auf Teilnahme dar. Somit kann für dieses Beispiel die Relevanz des Fehlers bejaht werden.[804]

c) *Mangelhafte Auskunft*

Fehler können ferner im Rahmen der Auskunftserteilungspflicht der Geschäftsführer gegenüber den Gesellschaftern nach § 51 a I GmbHG auftreten. In der GmbH ist dem Recht auf Auskunftserteilung ein noch höherer Stellenwert einzuräumen als in der AG.[805] Dies hängt mit der personalistischen Struktur dieser Gesellschaftsform zusammen. Die einzelnen Gesellschafter sind stärker in den Willensbildungsprozess der Gesellschaft eingebunden als in der AG (vgl. 2. Kapitel A. I. 2., S. 9). Entscheidungen können nur auf Basis einer angemessenen Information getroffen werden. Insoweit stellt die mangelhafte Information einen bedeutsamen Sonderfall im Zusammenhang mit der Durchführung einer Gesellschafterversammlung dar.[806] Gemäß § 51 a II GmbHG ist eine Auskunftsverweigerung jedoch mit Zustimmung der Gesellschaftermehrheit möglich. Dem auf Auskunftserteilung beharrenden Gesellschafter bleibt in einem solchen Fall das Informationserzwingungsverfahren (§§ 51 b GmbHG i. V. m. § 132 AktG). Dieses schließt nach allgemeiner Auffassung die Anfechtbarkeit eines Beschlusses nicht aus, der mit unzureichender Information der Gesellschafter gefasst wurde. Die Anfechtbarkeit des Beschlusses bleibt vielmehr bestehen.[807] Eine selbständige Erhebung der Anfechtungsklage durch den betroffenen Gesellschafter kann aber mangels Rechtsschutzinteresses ausgeschlossen sein.[808] Die Anfechtbarkeit eines Beschlusses ist jedoch nicht bei jedweder Verweigerung der Auskunftserteilung zu bejahen. So entschied der BGH, dass zwar der Nachweis eines tatsächlichen Ursachenzusammenhangs zwischen Auskunftsverweigerung und Beschlussfassung bei Verstößen gegen die Auskunftspflicht nicht erforderlich sei. Es sei nicht darauf abzustellen, ob ein vernünftig urteilender Gesellschafter bei Auskunftserteilung tatsächlich anders abgestimmt hätte. Entscheidend sei aber, ob ein vernünftig urteilender Aktionär die Informationen für die Meinungsbildung als

803 Scholz/*Schmidt,* § 45 Rn. 103; KölnKommAktG/*Zöllner,* § 243 Rn. 118; Ulmer/Habersack/Löbbe/*Raiser*, Anh. 47 Rn. 114.

804 Scholz/*Schmidt,* § 45 Rn. 103; KölnKommAktG/*Zöllner,* § 243 Rn. 118; Ulmer/Habersack/Löbbe/*Raiser*, Anh. 47 Rn. 114.

805 Michalski/*Römermann*, §§ 51 a Rn 1 ff.; Baumbach/Hueck/*Zöllner*, § 51 a Rn. 1 ff.

806 Michalski/*Römermann*, §§ 51 a Rn 1 ff.; Baumbach/Hueck/*Zöllner*, § 51 a Rn. 1 ff.

807 BGHZ 86, 1 (3); Scholz/*Schmidt/Seibt*, § 51 b Rn. 9; Baumbach/Hueck/*Fastrich/Haas/Noack/Zöllner*, Anh. § 47 Rn. 127; Ulmer/Habersack/Löbbe/*Raiser*, Anh. 47 Rn. 116 ff.

808 BGH NJW 1988, S. 1090 (1091), Scholz/*Schmidt,* § 45 Rn. 136; a. M. noch OLG Hamburg, GmbHR 1987, S. 480 (481).

erforderlich ansehen würde.[809] Dieser Rechtsprechung entspricht die Neufassung des § 243 IV 1 AktG, wonach für die Anfechtbarkeit eines Beschlusses maßgebend ist, ob ein objektiv urteilender Aktionär die Erteilung der Information als wesentliche Voraussetzung für die sachgerechte Wahrnehmung seiner Teilnahme- und Mitgliedschaftsrechte angesehen hätte. Diese Vorschrift ist analog auf die GmbH anzuwenden.[810] Dem einzelnen Gesellschafter muss es zugestanden werden, sich umfassend über Beschlussgegenstände zu informieren. Diesem Informationsbedarf ist durch die Fassung des § 243 IV 1 AktG auch keine Grenze gesetzt.[811] Gleichzeitig bedarf es aber auch der Vermeidung eines möglichen Rechtsmissbrauchs; denn Informationsrügen können leicht grundlos erhoben werden.[812] Auch die Erreichung dieses Zwecks ist durch eine analoge Anwendung der aktienrechtlichen Vorschrift gewährleistet.[813]

d) Fehler bei Feststellung des Abstimmungsergebnisses

Verfahrensfehler können schließlich auch bei der Feststellung des Abstimmungsergebnisses auftreten. So kann der Fall eintreten, dass Stimmen falsch ausgezählt werden, ein falsches Mehrheitserfordernis zugrunde gelegt wird,[814] Stimmen ausgeschlossener Gesellschafter mitgezählt werden oder relevante Stimmen wegen Annahme eines Stimmrechtsausschlusses nicht berücksichtigt werden.[815] Die Relevanz des Fehlers ist jedoch in all diesen Fällen zu verneinen, wenn sich die mitgezählte Stimme nicht auf das Beschlussergebnis auswirkt, da in einem solchen Fall keine unmittelbare Beeinträchtigung des Partizipationsinteresses gegeben ist.[816] Insbesondere diskutiert werden die Konsequenzen des versehentlichen Mitzählens einer nichtigen Stimmabgabe.[817] Nichtige Einzelstimmen sollten, wie bereits erörtert, bei

809 BGHZ 107, 296 (307); BGHZ 149, 158 (164).

810 BGH NZG 2005, S. 77 (79); Ulmer/Habersack/Löbbe/*Raiser*, Anh. 47 Rn. 119; Lutter/Hommelhoff/*Bayer*, Anh. § 47 Rn. 52; MüKoGmbHG/*Wertenbruch*, Anh. § 47 Rn. 131.

811 BGH NZG 2005, S. 77 (79); Ulmer/Habersack/Löbbe/*Raiser*, Anh. 47 Rn. 119; Lutter/Hommelhoff/*Bayer*, Anh. § 47 Rn. 52; MüKoGmbHG/*Wertenbruch*, Anh. § 47 Rn. 131.

812 Ulmer/Habersack/Löbbe/*Raiser*, Anh. 47 Rn. 121.

813 Ulmer/Habersack/Löbbe/*Raiser*, Anh. 47 Rn. 121.

814 Baumbach/Hueck/*Fastrich/Haas/Noack/Zöllner*, Anh. § 47 Rn. 116; Lutter/Hommelhoff/*Bayer*, Anh. § 47 Rn. 49; Ulmer/Habersack/Löbbe/*Raiser*, Anh. 47 Rn. 122; Bork/Schäfer/*Casper*, § 47 Rn. 75; MüKoGmbHG/*Wertenbruch*, Anh. § 47 Rn. 128.

815 Ulmer/Habersack/Löbbe/*Raiser*, Anh. 47 Rn. 122; Wicke, Anh. § 47 Rn. 14.

816 BGHZ 14, 267 f.; Lutter/Hommelhoff/*Bayer*, Anh. § 47 Rn. 51; Baumbach/Hueck/*Fastrich/Haas/Noack/Zöllner*, Anh. § 47 Rn. 130.

817 OLG Frankfurt GmbhR 2005, S. 550 (555 ff.); Wicke, Anh. § 47 Rn. 14; Lutter/Hommelhoff/*Bayer*, Anh. § 47 Rn. 49; Ulmer/Habersack/Löbbe/*Raiser*, Anh. 47 Rn 122; Scholz/*Schmidt*, § 47 Rn. 32.

der Ermittlung des Abstimmungsergebnisses nicht mitgezählt werden.[818] Dennoch kann es geschehen, dass eine nichtige Einzelstimme vom Versammlungsleiter nicht bemerkt wurde.[819] Nach allgemeiner Ansicht soll der Beschluss mit der Feststellung des Ergebnisses durch den Abstimmungsleiter dennoch wirksam sein. Der Beschluss solle dann aber wegen Fehlerhaftigkeit anfechtbar sein.[820] Dies gilt allerdings nur insoweit, als die nichtige Stimme Einfluss auf das Abstimmungsergebnis hat.[821]

2. Materielle Anfechtungsgründe

Materielle Anfechtungsgründe liegen vor, soweit Vorschriften verletzt werden, die sich auf die inhaltliche Gestaltung des Beschlusses beziehen.[822] Ein Beschluss ist also anfechtbar, wenn er dem Inhalt nach gegen Gesetz oder Satzung verstößt. Es kann jedoch nicht jedes Gesetz, gegen das verstoßen wird, die Mangelhaftigkeit eines Beschlusses hervorrufen. In Betracht kommen nur solche Gesetze, die eine Verbotsnorm darstellen; bloße Ordnungsvorschriften genügen dahingegen nicht.[823] Es sollen nun ausschließlich Verstöße gegen diejenigen Gesetze oder Satzungsregelungen betrachtet werden, die auf den Inhalt eines Beschlusses Bezug nehmen.

a) Verstöße gegen Vorschriften der Satzung

Die Anfechtbarkeit eines Beschlusses ist dann gegeben, wenn dieser inhaltlich nicht mit Regelungen der Satzung vereinbar ist.[824] Zur näheren Bestimmung, wann nun genau Verstöße gegen die Satzung zur Anfechtbarkeit führen, hat zunächst eine rechtliche Einordnung der Satzung zu erfolgen. Die Satzung ist Bestandteil des Gesellschaftsvertrages.[825] Ein wichtiger Bestandteil des Gesellschaftsvertrages bezieht sich auf die Einigung über die Errichtung der GmbH. Die Satzung enthält als weiteren Bestandteil die schriftliche Niederlegung der Grundordnung des rechtlichen

---

818 2. Kap. B. I. 2.

819 BGHZ 8, 348 (355); BGHZ 76, 352 (357); Scholz/*Schmidt*, § 47 Rn. 32; § 45 Rn. 98; Lutter/Hommelhoff/*Bayer*, Anh. § 47 Rn. 49; Ulmer/Habersack/Löbbe/*Raiser*, Anh. 47 Rn 122; Roth/Altmeppen/*Roth*, § 47 Rn. 131.

820 BGHZ 8, 348 (355); BGHZ 76, 352 (357); Scholz/*Schmidt*, § 47 Rn. 32; § 45 Rn. 98; Lutter/Hommelhoff/*Bayer*, Anh. § 47 Rn. 49; Ulmer/Habersack/Löbbe/*Raiser*, Anh. 47 Rn 122; Roth/Altmeppen/*Roth*, § 47 Rn. 131; Bork/Schäfer/*Casper*, § 47 Rn. 74.

821 BGH WM 1977, S. 361 (363); Lutter/Hommelhoff/*Bayer*, Anh § 47 Rn. 49; Scholz/*Schmidt*, § 47 Rn. 32; Ulmer/Habersack/Löbbe/*Raiser*, Anh. 47 Rn. 19, 122; Bork/Schäfer/*Casper*, § 7 Rn. 74.

822 Roth/Altmeppen/*Roth*, § 47 Rn. 118; Henssler/Strohn/*Drescher*, § 243 AktG Rn. 19.

823 Henssler/Strohn/*Drescher*, § 243 AktG Rn. 19; Michalski/*Römermann*, Anh. § 47 Rn. 299 f.

824 Scholz/*Schmidt*, § 45 Rn. 114; Baumbach/Hueck/*Fastrich/Haas/Noack/Zöllner*, Anh. § 47 Rn. 110; Ulmer/Habersack/Löbbe/*Raiser*, Anh. 47 Rn. 146; Vogel, S. 211.

825 Baumbach/Hueck/*Fastrich*, § 2 Rn. 3; Roth/Altmeppen/*Roth*, § 2 Rn. 10.

Zusammenschlusses.[826] Darin sind enthalten die Verfassung und Organisation der GmbH sowie die mitgliedschaftlichen Rechte und Pflichten der Gesellschafter.[827] In § 3 I GmbHG ist der zwingend notwendige Inhalt der Satzung festgelegt, wohingegen § 3 II GmbH den fakultativen Inhalt der Satzung umfasst.[828] Ferner kann die Satzung Regelungen enthalten, die auch außerhalb dieser hätten getroffen werden können, so genannte formelle Satzungsbestandteile (vgl. 2. Kapitel A. I. 5. a), S. 14 f.)). Diese Satzungskomponenten, sowohl echte als auch unechte, sind von nicht zur Satzung gehörenden Gründungsabreden abzugrenzen, die lediglich schuldrechtlich geprägt sind.[829] Die einzelnen Satzungsregelungen haben nicht den Charakter einer staatlichen Rechtsnorm, sie entfalten aber Bindungskraft für alle Mitglieder der Gesellschaft.[830] So kann eine Satzungsverletzung bejaht werden im Falle einer Satzungsdurchbrechung. Dies bedeutet nämlich das Abweichen vom materiellen Inhalt der Satzung durch Handlungen der Gesellschafter, insbesondere durch Gesellschafterbeschlüsse, ohne dabei die Voraussetzungen für eine Satzungsänderung zu erfüllen.[831] Handelt es sich bei der Satzungsdurchbrechung um eine dauerhafte, so ist der Beschluss bei Nichteinhaltung der Formvoraussetzungen nach §§ 53, 54 GmbHG gemäß § 241 Nr. 2 AktG analog nichtig.[832] Bei einer nicht dauerhaften Satzungsdurchbrechung kommt (nur) eine Anfechtbarkeit des Beschlusses in Betracht,[833] sofern dem Gesellschaftsvertrag nicht für die Zukunft generell ein anderer Inhalt oder eine andere Form gegeben werden soll und daher keine wirkliche Satzungsänderung vorliegt.[834] Des Weiteren ist eine Satzungswidrigkeit bei Verstößen gegen bloße Ordnungsvorschriften zu verneinen.[835] Satzungsverstöße spielen im GmbH-Recht eine ausgesprochen große Rolle, da in der GmbH grundsätzlich weitgehend Satzungsfreiheit gilt. Das bedeutet, es existieren zahlreiche

826 Lutter/Hommelhoff/*Bayer*, Anh. § 47 Rn. 1; Baumbach/Hueck/*Zöllner*, § 53 Rn. 2; Münch.Hdb GesR III/*Riemenschneider/Freitag*, § 5 Rn. 3.

827 Lutter/Hommelhoff/*Bayer*, Anh. § 47 Rn. 1; Baumbach/Hueck/*Zöllner*, § 53 Rn. 2; Münch.Hdb GesR III/*Riemenschneider/Freitag*, § 5 Rn. 3.

828 Baumbach/Hueck/*Fastrich*, § 3 Rn. 24; Roth/Altmeppen/*Roth*, § 3 Rn. 20.

829 MünchHdbGesR III/Riemenschneider/Freitag, § 5 Rn. 3; Baumbach/Hueck/Hueck/Fastrich, § 2 Rn. 5.

830 Ulmer/Habersack/Löbbe/*Raiser*, Anh. 47 Rn. 147; MünchHdbGesR III/*Marquardt*, § 22 Rn. 3.

831 Ulmer/Habersack/Löbbe/*Raiser*, Anh. 47 Rn. 147; MünchHdbGesR III/*Marquardt*, § 22 Rn. 3.

832 Ulmer/Habersack/Löbbe/*Raiser*, Anh, § 47 Rn. 147; Habersack, ZGR 1994, S. 34; Lawall, DStR 1996, S. 1169.

833 BGHZ 123, 15 (19); Ulmer/Habersack/Löbbe/*Raiser*, Anh. § 47 Rn. 147; Habersack, ZGR 1994, S. 34; Lawall, DStR 1996, S. 1169 (1169 ff.).

834 BGH WM 1981, S. 1218; Scholz/*Schmidt*, § 45 Rn. 114; Scholz/*Priester/Veil*, § 53 Rn. 27; Ulmer/Habersack/Löbbe/*Raiser*, Anh. 47 Rn. 147.

835 OLG Hamm, ZIP 1985, S. 741 (741); Baumbach/Hueck/*Fastrich/Haas/Noack/Zöllner*, Anh. § 47 Rn. 110; Scholz/*Schmidt*, § 45 Rn. 114; Lutter/Hommelhoff/*Bayer*, Anh. § 47 Rn. 43; Rowedder/Schmidt-Leithoff/*Koppensteiner*, § 47 Rn. 116.

vom Gesetz abweichende bzw. ergänzende Regelungen.[836] Im Folgenden sollen die wichtigsten Satzungsverstöße dargestellt werden.

aa) Verstoß gegen den Gesellschaftszweck

Die GmbH kann grundsätzlich zu jedem gesetzlich zulässigen Zweck errichtet werden.[837] Dieser Zweck ist vom Unternehmensgegenstand zu unterscheiden (vgl. nachfolgend bb)). Meist besteht der Gesellschaftszweck in einer erwerbswirtschaftlichen Betätigung der GmbH, also dem Streben nach Gewinn.[838] Mit der Festlegung auf einen bestimmten Gesellschaftszweck wird die Zielrichtung des Unternehmens vorgegeben.[839] Der Zweck ist also vor allem für das Verhältnis der Gesellschafter untereinander bedeutsam und weniger für das Verhältnis zu Dritten. Insofern bedarf es nicht zwingend einer schriftlichen Fixierung der Zielrichtung im Gesellschaftsvertrag.[840] Eine Änderung der Zielausrichtung, z. B. hin zu religiöser oder gemeinnütziger Tätigkeit, verlangt eine Einstimmigkeit der Gesellschafter.[841] Besteht keine Einstimmigkeit im Hinblick auf die Änderung des Gesellschaftszwecks, so liegt ein Verstoß gegen diesen Zweck vor, der regelmäßig die Unwirksamkeit des Beschlusses zur Folge hat.[842] Dahingegen kann nicht angenommen werden, dass eine abweichende Zielrichtung eines einzelnen Beschlusses die Änderung der Zielrichtung des gesamten Unternehmens bewirkt und somit die Unwirksamkeit des Beschlusses zur Folge hat. Vielmehr sind Beschlüsse über einzelne Maßnahmen, deren Inhalt zwar gegen den Gesellschaftszweck verstößt, die aber nicht die Änderung des Zweckes verfolgen, rechtswidrig und anfechtbar.[843] Ist ein Beschluss entgegen dem Gesellschaftszweck nicht gewinnorientiert, führt dies jedoch nur in Extremfällen zur Anfechtbarkeit.[844] Beispielhaft können Spenden oder auch Schenkungen angeführt werden. Ein Verstoß kann hier grundsätzlich erst dann angenommen werden, wenn die Spende unüblich ist und nicht einmal mittelbar dem

---

836 Ulmer/Habersack/Löbbe/*Raiser*, Anh. 47 Rn. 146; Baumbach/Hueck/*Fastrich/Haas/Noack/Zöllner*, Anh. § 47 Rn. 110.

837 Baumbach/Hueck/*Fastrich*, § 1 Rn. 6; Michalski/*Michalski*, § 1 Rn. 4.

838 Ulmer/Habersack/Löbbe/*Raiser*, Anh. 47 Rn. 148; MünchHdbGesR III/*Riemenschneider/Freitag*, § 4 Rn. 1, § 38 Rn. 80; Baumbach/Hueck/*Hueck/Fastrich*, § 13 Rn. 27.

839 MünchHdb.GesR III/*Riemenschneider/Freitag*, § 4 Rn. 1; Scholz/*Emmerich*, § 1 Rn. 3; Baumbach/Hueck/*Hueck/Fastrich*, § 1 Rn. 5.

840 MünchHdb.GesR III/*Riemenschneider/Freitag*, § 4 Rn. 1; Scholz/*Emmerich*, § 1 Rn. 3; Baumbach/Hueck/*Hueck/Fastrich*, § 1 Rn. 5.

841 Scholz/*Schmidt*, § 45 Rn. 115; Münch.HdbGesR III/*Marquardt*, § 22 Rn. 35; Lutter/Hommelhoff/*Bayer*, § 53 Rn. 23.

842 Scholz/*Schmidt*, § 45 Rn. 115.

843 Scholz/*Schmidt*, § 45 Rn. 115; Ulmer/Habersack/Löbbe/*Raiser*, Anh. 47 Rn. 148.

844 Ulmer/Habersack/Löbbe/*Raiser*, Anh. 47 Rn. 150; MünchHdbGesR III/*Wolff*, § 38 Rn. 80; Scholz/*Schmidt*, § 45 Rn. 115.

Unternehmen dienen kann.[845] Beschlüsse, die Entscheidungen über Spenden oder Schenkungen beinhalten, verfolgen auf den ersten Blick einen gemeinnützigen Zweck und sind weniger gewinnorientiert. Eine beschlossene Spende kann dem Unternehmen jedoch auch zu Werbezwecken dienen und dies ist letztlich indirekt auf das Erzielen von Gewinnen ausgerichtet.[846] Eine zumindest mittelbar dem Erwerbszweck des Unternehmens zukommende Wirkung wird man also zumeist nicht ablehnen können. Folglich müssen diesbezügliche Entscheidungen der Gesellschafterversammlung ungewöhnliche Ausmaße annehmen, um einen Verstoß des Beschlusses gegen den Gesellschaftszweck bejahen zu können.[847] In der Regel wird man die Anfechtbarkeit eines Beschlusses aufgrund eines Verstoßes gegen den Gesellschaftszweck also verneinen müssen.

bb) Verstoß gegen den Unternehmensgegenstand

Unternehmenszweck i. S. v. § 1 GmbHG und Unternehmensgegenstand i. S. v. § 3 I Nr. 2 GmbHG sind voneinander zu unterscheiden. So ist der Unternehmensgegenstand der engere Begriff, dessen Funktion in der Erreichung des Gesellschaftszweckes zu sehen ist.[848] Der Unternehmensgegenstand umschreibt in der Regel einen Bereich, in dem die Gesellschaft tätig werden soll.[849] Die genaue Umschreibung des Tätigkeitsbereiches dient verschiedenen Zwecken. Gemäß § 37 I GmbH soll der Gegenstand im Innenverhältnis eine Beschränkung der Geschäftsführertätigkeit bewirken und nach außen über den genauen Tätigkeitsbereich der GmbH Aufschluss geben. Zudem soll er dem Registergericht als Prüfungsgrundlage für den Zweck der Gesellschaft dienen.[850] Änderungen des Unternehmensgegenstandes bedürfen einer förmlichen Satzungsänderung (§§ 53, 54 GmbHG). Satzungswidrig und damit anfechtbar sind folglich Beschlüsse, die eine fortwährende oder sich ständig wiederholende Tätigkeit außerhalb des Unternehmensgegenstandes bezwecken.[851] Dadurch wird der Schutz des einzelnen Mitglieds insofern gewährleistet, als eine Beteiligung an nicht gewollten Geschäften unterbunden wird.[852] Beispielhaft soll genannt sein das regelmäßige Betreiben von Spekulationsgeschäften, obwohl

---

845 MünchHdbGesR III/*Wolff*, § 38 Rn. 80; Ulmer/Habersack/Löbbe/*Raiser*, Anh. 47 Rn. 149 f.

846 MünchHdbGesR III/*Wolff*, § 38 Rn. 80; Ulmer/Habersack/Löbbe/*Raiser*, Anh. 47 Rn. 149 f.; Rowedder/Schmidt-Leithoff/*Koppensteiner*, § 47 Rn. 123; weitgehender Scholz/*Schmidt*, § 45 Rn. 115.

847 MünchHdbGesR III/*Wolff*, § 38 Rn. 80; Ulmer/Habersack/Löbbe/*Raiser*, Anh. 47 Rn. 149 f.

848 Baumbach/Hueck/*Hueck/Fastrich*, § Rn. 7; Michalski/*Michalski*, § 1 Rn. 5.

849 Baumbach/Hueck/*Hueck/Fastrich*, § Rn. 7; Michalski/*Michalski*, § 1 Rn. 5.

850 BGH DB 1981, S. 466 (466); MünchHdbGesR III/*Heinrich/Heidinger*, § 19 Rn. 86; Baumbach/Hueck/*Hueck/Fastrich*, § 3 Rn. 7.

851 Scholz/*Schmidt*, § 45 Rn. 115; Ulmer/Habersack/Löbbe/*Raiser*, Anh. 47 Rn. 148; Zöllner, S. 330.

852 Zöllner, S. 330.

Gegenstand des Unternehmens die Verwaltung von Grundstücken ist.[853] Zulässig soll dies nur sein, wenn ein sachlicher Zusammenhang mit der gewöhnlichen Geschäftstätigkeit gegeben ist. Dies ist bei einzelnen Geschäften außerhalb des angegebenen Tätigkeitsbereichs häufig der Fall, so dass eine Anfechtung in solchen Fällen tatsächlich nur selten in Betracht kommt.[854]

cc) Verstoß gegen Verschmelzungs- und Unternehmensverträge

Die Mangelhaftigkeit eines Beschlusses kann des Weiteren durch Verstöße gegen Verschmelzungs- oder Unternehmensverträge hervorgerufen werden. Derartigen Verträgen kommt aus Sicht des abhängigen Unternehmens eine erhebliche Bedeutung im Hinblick auf die Veränderung von Organisation und Struktur eines Unternehmens zu.[855] So ist u. a. Konsequenz eines Beherrschungsvertrags eine erhebliche Einschränkung der Mitverwaltungsrechte der Gesellschafter (§ 29 GmbHG) sowie eine Zweckänderung in Richtung der Interessen des herrschenden Unternehmens.[856] Mittels derartiger strukturändernder Verträge werden bestehende Satzungsbestimmungen außer Kraft gesetzt.[857] Insofern bedarf es zu deren Wirksamkeit gemäß § 53 GmbHG einer Satzungsänderung. Solchen Verträgen ist demnach Satzungsqualität zuzusprechen.[858] Mithin sind Beschlüsse, deren Inhalt gegen Verschmelzungs- oder Unternehmensverträge verstößt, rechtwidrig und damit anfechtbar.[859]

dd) Weitere Satzungsverstöße

In der GmbH sind eine Reihe weiterer Satzungsverstöße denkbar. So kann z.B. die Nichteinhaltung von Vorschriften im Rahmen der Wahl eines Geschäftsführers die Anfechtbarkeit des Wahlbeschlusses verursachen, etwa wenn der Gewählte den in der Satzung festgelegten Anforderungen nicht genügt.[860] Überdies kann die Nichtbeachtung von Satzungsbestimmungen, soweit es die Zusammensetzung des Aufsichtsrates oder die Bestellung von Aufsichtsratsmitgliedern oder die Aufgaben des Aufsichtsrates betrifft, einen Verstoß bedeuten.[861] Auch hier handelt es sich nicht um reine Ordnungsvorschriften; denn diese Regelungen betreffen die Organisation

853 Ulmer/Habersack/Löbbe/*Raiser*, Anh. 47 Rn. 149.

854 Ulmer/Habersack/Löbbe/*Raiser*, Anh. 47 Rn. 149; Baumbach/Hueck/*Fastrich/Haas/Noack/Zöllner*, Anh. § 47 Rn. 93 f.

855 Emmerich/*Habersack*, § 32 Rn. 11.

856 Emmerich/*Habersack*, § 32 Rn. 11.

857 BGHZ 105, 324 (324); MünchHdbGesR III/*Decher*, § 70 Rn. 5.

858 BGHZ 105, 324 (324); Baumbach/Hueck/*Zöllner*, SchlAnhKonzernR Rn. 53.; Emmerich/*Habersack*, § 32 Rn. 11; MünchHdb GesR III/*Decher*, § 70 Rn. 2.

859 BGHZ 105, 324 (324); MünchHdb GesR III/*Decher*, § 70 Rn. 2.

860 Ulmer/Habersack/Löbbe/*Raiser*, Anh. 47 Rn. 146; MüKoAktG/*Hüffer*, § 243 Rn. 20; Geßler/Hefermehl/Eckardt/Kropff/ *Hüffer*, § 243 Rn. 19.

861 Ulmer/Habersack/Löbbe/*Raiser*, Anh. 47 Rn. 146.

und Struktur des Unternehmens und sie bezwecken den Schutz von Gesellschaftern und Gesellschaft.[862]

b) Verstöße gegen Bestimmungen des Gesetzes

Ferner kann die Anfechtbarkeit eines Beschlusses dadurch hervorgerufen werden, dass dessen Inhalt gegen zwingende gesetzliche Vorschriften verstößt, soweit diese Verstöße nicht bereits der Nichtigkeit unterfallen. Das gesamte materielle Recht ist bei der Beurteilung der Mangelhaftigkeit eines Beschlusses heranzuziehen. Davon umfasst sind nicht nur Gesetze im formellen Sinn, sondern u. a. auch Rechtsverordnungen und öffentlich-rechtliche Satzungen.[863] Demgegenüber bewirken Verstöße gegen reine Ordnungsvorschriften nicht die Anfechtbarkeit eines Beschlusses. Dies liegt darin begründet, dass solche Vorschriften nicht dem Schutz berechtigter Interessen dienen und daher die Rechte der Gesellschafter durch derartige Verstöße keine erheblichen Einschränkungen erfahren.[864] Ferner können Gesetzesverstöße i. S. v. § 243 I AktG auch bei Verletzung allgemeiner Rechtsgrundsätze und gesellschaftsrechtlicher Generalklauseln zu bejahen sein, so u. a. bei einer Verletzung des Gleichbehandlungsgrundsatzes oder der gesellschafterlichen Treuepflicht.[865] Die bedeutsamsten Gesetzesverstöße sollen im Folgenden betrachtet werden.

aa) Verletzung des Grundsatzes der Gleichbehandlung

Besondere Relevanz kommt im Rahmen der Anfechtungsgründe dem Grundsatz der Gleichbehandlung als allgemeinem Rechtsprinzip zu.[866] Dieser Grundsatz besagt, dass die Gesellschafter im Rahmen des Gesellschaftsverhältnisses unter gleichen Voraussetzungen gleich zu behandeln sind.[867] Ein Verstoß gegen den Gleichheitsgrundsatz macht nach h. M. den Beschluss nach § 243 I AktG analog anfechtbar.[868] Soweit von diesem Grundsatz abweichende Regelungen in der Satzung getroffen wurden, gelten diese vorrangig.[869] Nach h. M. ist bei der Bestimmung, ob ein Verstoß

---

862 Ulmer/Habersack/Löbbe/*Raiser*, Anh. 47 Rn. 146.

863 Scholz/*Schmidt*, § 45 Rn. 104; Baumbach/Hueck/*Fastrich/Haas/Noack/Zöllner*, Anh. § 47 Rn. 44; Ulmer/Habersack/Löbbe/*Raiser*, Anh. 47 Rn. 124; Roth/Altmeppen/*Roth*, § 47 Rn. 109.

864 Ulmer/Habersack/Löbbe/*Raiser*, Anh. 47 Rn. 109; Scholz/*Schmidt*, § 45 Rn. 99; Baumbach/Hueck/*Fastrich/Haas/Noack/Zöllner*, Anh. § 47 Rn. 44; Rowedder/Schmidt-Leithoff/*Koppensteiner*, § 47 Rn. 116.

865 Ulmer/Habersack/Löbbe/*Raiser*, Anh. 47 Rn. 124; Hüffer/*Koch*, AktG, § 243 Rn. 5, 21.

866 Ulmer/Habersack/Löbbe/*Raiser*, Anh. 47 Rn. 129.

867 MünchHdbGesR III/*Schiessl*, § 31 Rn. 15.

868 Ulmer/Habersack/Löbbe /*Raiser*, § 14 Rn. 120; Meyer-Landrut/Miller/Niehus/*Meyer-Landrut*, § 14 Rn. 22; Scholz/*Winter/Seibt*, § 14 Rn. 47; Baumbach/Hueck/*Fastrich/Haas/Noack/Zöllner*, Anh. § 47 Rn. 48; MüKoGmbHG/*Wertenbruch*, Anh. § 47 Rn. 137; a. A. Fischer, JZ 1956, S. 363.

869 Scholz/*Winter/Seibt*, § 14 Rn. 42.

gegeben ist, ein objektiver Maßstab anzulegen, so dass persönliche Faktoren, die außerhalb des Geschäftsverhältnisses liegen, unberücksichtigt bleiben müssen.[870] Bei unverzichtbaren Mitgliedschaftsrechten gilt in der Regel eine absolute Gleichheit nach Personen.[871] Dies bedeutet nicht, dass eine verschiedenartige Behandlung der Gesellschafter in bestimmten Bereichen nicht möglich wäre. Dies darf jedoch nicht willkürlich geschehen.[872] In der Regel richtet sich der Gleichbehandlungsmaßstab nach der Höhe der Kapitalbeteiligung, so z.B., wenn Nachschüsse zu leisten sind, Einlagen eingefordert werden oder die Verteilung des Gewinns ansteht.[873] Eine willkürliche Entscheidung ist nur dann gegeben, wenn die Ungleichbehandlung nicht sachlich gerechtfertigt ist. Sie ist gerechtfertigt, wenn der Beschluss sachlich den Interessen der Gesellschaft und des Unternehmens entspricht und angemessen ist.[874] Dabei steigen die Anforderungen an eine Begründung, je schwerer in die Mitgliedschaftsrechte eines Gesellschafters durch Beschluss eingegriffen wird.[875] Eine Verletzung des Gleichbehandlungsgebotes ist gemessen an den oben erörterten Voraussetzungen u. a. bei einer unzulässigen verdeckten Gewinnausschüttung an einzelne Gesellschafter[876] oder bei einem ungerechtfertigten Bezugsrechtsausschluss Einzelner bei Kapitalerhöhungen zu bejahen.[877] Auch das Versprechen, einzelnen Gesellschaftern Vorteile zu verschaffen, um sie zu Zahlungen an die Gesellschaft zu bewegen, hinsichtlich derer keine Verpflichtung besteht, oder die Androhung von Nachteilen bei Verweigerung derartiger Zahlungen, bedeutet eine Missachtung.[878] Ein Verstoß ist aber zu verneinen, wenn eine Gewinnausschüttung zulässig war und entsprechend der Höhe der Kapitalbeteiligung ausgeschüttet wurde.[879] Auch ein Bezugsrechtsausschluss bei Kapitalerhöhung zugunsten einzelner Gesellschafter kann rechtmäßig sein.[880] Ferner ist in einer nachträglichen Einführung eines

870 MünchHdb.GesR III/*Schiessl*, § 31 Rn. 16; Ulmer/Habersack/Löbbe /*Raiser*, § 14 Rn. 117; Scholz/*Winter/Seibt*, § 14 Rn. 45; Hueck, S. 190 f.

871 Scholz/*Winter/Seibt*, § 14 Rn. 45.

872 BGHZ 116, 359 (373); BGHZ 120, 141 (150 f.); MünchHdbGesR III/*Schiessl*, § 31 Rn. 16; Lutter/Hommelhoff/*Bayer*, § 14 Rn. 33; Scholz/*Winter/Seibt*, § 14 Rn. 45.

873 Lutter/Hommelhoff/*Bayer*, § 14 Rn. 33; MünchHdbGesR III/*Schiessl*, § 31 Rn. 16.

874 Lutter/Hommelhoff/*Bayer*, § 14 Rn. 33; Meyer-Landrut/Miller/Niehus/*Meyer-Landrut*, § 14 Rn. 20.

875 Ulmer/Habersack/Löbbe/*Raiser*, Anh. 47 Rn. 130; Schockenhoff, S. 65.

876 BGH GmbHR 1990, S. 344, 345; Baumbach/Hueck/*Fastrich/Haas/Noack/Zöllner*, Anh. § 47 Rn. 92; MüKoGmbHG/*Wertenbruch*, Anh. § 47 Rn. 139; Winter ZHR 148, S. 579 597 ff.); Schulze-Osterloh, in: FS Stimpel, S. 487 (500 f.).

877 BGHZ 21, 354 (357); Lutter/Hommelhoff/*Bayer*, Anh § 47 Rn. 55; Ulmer/Habersack/Löbbe/*Raiser*, § 14 Rn. 120; MüKoGmbHG/*Wertenbruch*, Anh. § 47 Rn. 139; Schockenhoff, S. 55 ff.; Hirte, ZHR 154 S. 374 (374 ff.).

878 RGZ 41, S. 97 (99); RGZ 52, 287 (293 f.); Scholz/*Schmidt*, § 45 Rn. 106.

879 Ulmer/Habersack/Löbbe/*Raiser*, Anh. 47 Rn. 131.

880 BGHZ 21, 354 (357); BGH NJW 1961, S. 26 (26); Rowedder/Schmidt-Leithoff/*Zimmermann*, § 55 Rn. 31; Ulmer/Habersack/Löbbe/*Raiser*, Anh. 47 Rn. 131; Schockenhoff, S. 55 ff.; Hirte, ZHR 154, S. 374.

Höchststimmrechts durch Satzungsänderung keine Missachtung des Gleichbehandlungsgrundsatzes zu sehen; denn das Höchststimmrecht wirkt sich gleichmäßig zu Lasten aller Aktionäre bzw. Gesellschafter insofern aus, als keiner von ihnen durch eine Überschreitung der Höchstquote seinen Stimmeinfluss noch erhöhen kann.[881]

bb) Verletzung der Treuepflicht

Auch eine Verletzung der Treuepflicht kann die Rechtswidrigkeit eines Beschlusses begründen. Die Treuepflicht dient einem harmonischen Zusammenwirken aller beteiligten Gesellschafter, ohne welche ein reibungsloser Ablauf der Vorgänge in der Gesellschaft nicht gewährleistet wäre.[882] Das Bedürfnis für eine solche Verpflichtung zur Treue ergibt sich aus dem Umstand, dass es nicht möglich wäre, den verschiedenartigen, nicht immer vorhersehbaren Situationen in einer GmbH allein anhand einzelner starrer gesetzlicher Regelungen gerecht zu werden.[883] Fraglich ist, woraus diese Verpflichtung abzuleiten ist, da es an einer ausdrücklichen gesetzlichen Regelung mangelt. Nach h. A. handelt es sich bei der Treuepflicht um eine Generalklausel bzw. um ein allgemeines, das Gesellschaftsrecht beherrschende Prinzip, welches durch richterliche Rechtsfortbildung ausgeformt wird.[884] Das Verhalten der Gesellschafter ist vor allem an § 242 BGB zu messen. Eine Zusammenfassung gesellschaftsrechtlicher Teilelemente und Einzelentscheidungen zu einem eigenständigen Rechtsinstitut kann dem innerhalb der Gesellschaft bestehenden Regelungsbedürfnis am ehesten gerecht werden.[885] In Anerkennung der Treuepflicht als Generalklausel führt ein Verstoß gegen diese entsprechend § 243 I AktG zur Anfechtbarkeit des Beschlusses; denn Generalklauseln genügen dem darin enthaltenen Gesetzesbegriff.[886] Weiterhin bedarf es der Bestimmung des Umfangs der Treuepflicht. Inhaltlich verlangt die Treuepflicht bei der Abstimmung von den Gesellschaftern Rücksichtnahme sowohl auf die Interessen der Gesellschaft als auch auf die Interessen der anderen Gesellschafter.[887] Im Folgenden ist näher zu erläutern, welches Verhalten im Einzelnen gegen die Treuepflicht verstößt und damit als rechtswidrig einzustufen ist.

---

881 BGHZ 70, 117 (120 ff.); Scholz/*Schmidt*, § 47 Rn. 11; Rowedder/Schmidt-Leithoff/*Koppensteiner*, § 47 Rn. 124; a. A. Baumbach/Hueck/*Fastrich/Haas/Noack/Zöllner*, Anh. § 47 Rn. 92; MüKoGmbHG/ *Wertenbruch*, Anh. § 47 Rn. 139.

882 Dreher, DStR 1993, S. 1632 (1632).

883 Ulmer/Habersack/Löbbe /*Raiser*, § 14 Rn. 76.

884 K. Schmidt, GesR, § 20 IV; Raiser/Veil, KapgesR, § 28 Rn. 36 f.; Ulmer/Habersack/Löbbe/*Raiser*, § 14 Rn. 68.

885 Henze, RWS Forum 8, GesR, S. 1 (7).

886 BGHZ 76, 352 (354 ff.); Ulmer/Habersack/Löbbe/*Raiser*, Anh. 47 Rn. 132; Michalski/*Römermann*, Anh. § 47 Rn. 331 ff.; Winter, S. 296.

887 BGHZ 65, S. 15 (18); BGHZ 80, 346 (349); Scholz/ *Winter/Seibt*, § 14 Rn.52; MüKoGmbHG/ *Wertenbruch*, Anh. § 47 Rn. 140 ff.; Winter, S. 85 ff., 95 ff.; Dreher, DStR 1993, S. 1632 (1633); Lutter, AcP 180, S. 84 (120); Roth/Altmeppen/*Altmeppen*, § 13 Rn. 29.

Soweit es um die Verpflichtung zur Rücksichtnahme auf die Belange von Mitgesellschaftern geht, ist zunächst an Verstöße gegen mitgliedschaftliche Interessen zu denken; denn die Gesellschafter stehen zueinander in einem Sonderverhältnis.[888] So sind jedem Gesellschafter aus der Mitgliedstellung hervorgehende Rechte gegeben, auf die es Rücksicht zu nehmen gilt.[889] Keine Rücksicht muss hingegen auf die privaten Interessen einzelner Gesellschafter genommen werden.[890] Eingriffe in die mitgliedschaftliche Position eines anderen Gesellschafters werden häufig kaum zu vermeiden sein, so dass nicht jedwedes Verfolgen eigener Interessen als Treuepflichtverstoß gewertet werden kann.[891] Folglich ist es nicht immer zwingend erforderlich, dass ein Gesellschafter seine Interessen hinter diejenigen der anderen Gesellschafter zurückstellt, sondern der einzelne Gesellschafter kann durchaus auch eigennützige Rechte und Interessen verfolgen.[892] Zur Beurteilung der Frage, ob das Verfolgen eigener Interessen einen Treuepflichtverstoß darstellt, hat eine Interessenabwägung unter Berücksichtigung des Prinzips der Verhältnismäßigkeit stattzufinden. Ein Eingriff in die Rechte anderer Gesellschafter ist mithin nur zulässig, wenn das Mittel zur Zweckerreichung geeignet sowie erforderlich ist (mildestes Mittel) und der Eingriff in einem angemessenen Verhältnis zur Zweckerreichung steht.[893]

Ferner kann ein Verstoß gegen Treuepflichten gegenüber der Gesellschaft vorliegen. Regelmäßig kann hier eine enge Verknüpfung mit Bindungen an den Gesellschaftszweck festgestellt werden.[894] Auch im Rahmen der Rücksichtnahme auf Gesellschaftsinteressen ist das Verfolgen eigener Interessen nicht gänzlich ausgeschlossen.[895] Anders gestaltet sich die Sachlage, soweit es um Beschlüsse geht, deren Inhalte Geschäftsführungsangelegenheiten betreffen. In diesem Bereich ist den Interessen der Gesellschaft absoluter Vorrang einzuräumen.[896] Der zur Treue verpflichtete Gesellschafter hat dann seine Interessen stets hinter die der Gesellschaft zu stellen.[897] Ein Verstoß kann nach ganz h. M. jedoch nicht bejaht werden, sofern eine Entscheidung, wie z. B. der Entzug von Gesellschaftsvermögen, das zur Deckung des

888 Baumbach/Hueck/*Zölllner*, Anh. § 47 Rn. 101; Dreher, DStR 1993, S. 1632 (1632).

889 Baumbach/Hueck/*Zölllner*, Anh. § 47 Rn. 101; Dreher, DStR 1993, S. 1632 (1632).

890 Lutter, AcP 180 S. 84 (129).

891 BGHZ 14, 25 (38); Dreher, DStR 1993, S. 1632 (1634).

892 BGHZ 14, 25 (38); Dreher, DStR 1993, S. 1632 (1634).

893 Baumbach/Hueck/*Fastrich/Haas/Noack/Zöllner*, Anh. § 47 Rn. 102; MüKoAktG/*Hüffer*, § 243 Rn. 57; Dreher, DStR 1993, S. 1632 (1634).

894 Baumbach/Hueck/*Fastrich/Haas/Noack/Zöllner*, Anh. § 47 Rn. 99; MüKoGmbHG/*Wertenbruch*, Anh. § 47 Rn. 140.

895 BGHZ 14, 25 (38); BGHZ 98, 276 (280 f.); Scholz/*Winter/Seibt*, § 14 Rn. 55; Roth/Altmeppen/*Altmeppen*, § 13 Rn. 31.

896 BGHZ 65, 15 (19 f.); OLG Düsseldorf, ZIP 1996, S. 1083 (1087); Scholz/*Winter/Seibt*, § 14 Rn. 56; MünchHdbGesR III/*Schiessl*, § 32 Rn. 17; Winter, S. 95 ff., 121 ff.

897 BGHZ 65, 15 (19 f.); OLG Düsseldorf, ZIP 1996, S. 1083 (1087); Scholz/*Winter/Seibt*, § 14 Rn. 56; MünchHdbGesR III/*Schiessl*, § 32 Rn. 17; Winter, S. 95 ff., 121 ff.

Stammkapitals nicht benötigt wird, mit Zustimmung aller Gesellschafter getroffen wurde.[898]

Zu nennen sind in diesem Zusammenhang beispielhaft Fallkonstellationen, in denen ein Beschluss entsprechend den oben genannten Kriterien für rechtswidrig zu erklären ist. Ein zur Anfechtbarkeit des Beschlusses führender Verstoß gegen die Treuepflicht ist in Fällen gegeben, in denen Gesellschafter ihren Einfluss zur Durchsetzung einer verdeckten Gewinnausschüttung missbrauchen;[899] denn ein solcher Beschluss richtet sich sowohl gegen die Interessen der Minderheitsgesellschafter als auch gegen jene der Gesellschaft. Ferner kann ein Auflösungsbeschluss unter bestimmten Voraussetzungen einen Verstoß gegen diesen Grundsatz darstellen, so z. B. dann, wenn die Mehrheitsgesellschafter bereits vor der Auflösung der Gesellschaft die Weichen für diesen Prozess gestellt haben und insoweit die Auflösung der Gesellschaft planmäßig betreiben, um die Minderheitsgesellschafter zu verdrängen und dadurch schließlich die alleinige Kontrolle über die Gesellschaft zu erlangen.[900] Dem Auflösungsbeschluss selbst haftet dann ein möglicher Unrechtsgehalt der Vorbereitungshandlungen an.[901] Des Weiteren ist die Befreiung von einem Wettbewerbsverbot dann treuwidrig, wenn diese Befreiung nicht den Interessen der Gesellschaft dient.[902] Die Gesellschafter sind darüber hinaus zur Wahrung von Geschäftschancen der GmbH verpflichtet, da in jedem Wettbewerbsverbot eine „passive Förderpflicht" gegenüber der Gesellschaft zu sehen ist.[903] Die Wahrnehmung geschäftlicher Chancen, die in den üblichen oder potentiellen Tätigkeitsbereich der Gesellschaft fallen, bedeutet daher eine Verletzung der Treuepflicht.[904] Den aufgeführten Beispielen ist gemein, dass ein Beschluss aufgrund seines jeweiligen Inhalts nicht per se rechtswidrig sein kann; vielmehr bedarf es einer Würdigung der im Einzelfall bestehenden Interessenlagen, um das Vorliegen eines Treuepflichtverstoßes annehmen zu können.

---

898 BGH BB 1999, S. 1569 (1569 f.); Baumbach/Hueck/*Fastrich/Haas/Noack/Zöllner*, Anh. § 47 Rn. 100; Burgard, ZIP 2002, S. 827 (827 ff.).

899 BGHZ 80, 69 (74); BGH GmbHR 1990, S. 344 (345); Baumbach/Hueck/*Hueck/Fastrich*, § 29 Rn. 74.; Dreher, DStR 1993, S. 1632 (1635).

900 BGHZ 76, 352 (355 f.); Ulmer/Habersack/Löbbe/*Raiser*, Anh. 47 Rn. 133; MüKoGmbHG/*Wertenbruch*, Anh. § 47 Rn. 141; Lutter, ZHR 153, S. 446 (446 ff.).

901 BGHZ 76, 352 (355 f.); Ulmer/Habersack/Löbbe/*Raiser*, Anh. 47 Rn. 133; MüKoGmbHG/*Wertenbruch*, Anh. § 47 Rn. 141; Lutter, ZHR 153, S. 446 (446 ff.).

902 BGH NJW 1981, S. 1512 (1513 ff.); Baumbach/Hueck/*Fastrich/Haas/Noack/Zöllner*, Anh. § 47 Rn. 99.

903 BGH NJW 1981, S. 1512 (1513 ff.); Baumbach/Hueck/*Fastrich/Haas/Noack/Zöllner*, Anh. § 47 Rn. 99.

904 BGHZ 80, 69 (74 f.); Ulmer/Habersack/Löbbe/*Raiser*, Anh. 47 Rn. 133; Baumbach/Hueck/*Fastrich/Haas/Noack/Zöllner*, Anh. § 47 Rn. 99; MüKoGmbHG/*Wertenbruch*, Anh. § 47 Rn. 142; Timm, GmbHR 1981, S. 177 (177 ff.).

cc) Verstoß gegen die guten Sitten

Sofern nicht bereits § 241 Nr. 4 AktG die Nichtigkeit des Beschlusses anordnet, führen Verstöße gegen die guten Sitten i. S. d. § 138 BGB zur Anfechtbarkeit des Beschlusses nach § 243 I AktG. Anfechtbar soll der Beschluss jedoch nur dann sein, wenn sich die Sittenwidrigkeit vor allem aus Beweggrund, Zweck oder Art des Zustandekommens ergibt und nicht aus dem Inhalt des Beschlusses.[905] Die frühere Rechtsprechung bejahte dies im Fall des sittenwidrigen Machtmissbrauchs im Abstimmungsverfahren sowie bei Vorliegen einer Einschüchterung durch einen Gesellschafter oder durch einen Dritten.[906] Davon abweichend nimmt die neuere Rechtsprechung an, teilweise unterstützt von der Literatur, dass die Fälle des Machtmissbrauchs und der Einschüchterung vielmehr dem Bereich der Treuepflichtverletzung zuzuordnen sind.[907] Dies sei im Endeffekt zweckmäßig aufgrund der Unsicherheiten, die im Zusammenhang mit der mangelnden Bestimmtheit des Begriffes Sittenwidrigkeit einhergehen.[908] Diese neue Sichtweise führt dazu, dass die Sittenwidrigkeit nach § 138 BGB im Rahmen der Anfechtung praktisch keine Rolle spielt.[909] Relevant dürfte diese Vorschrift aber für diejenigen Fälle sein, in denen Beschlüsse über die Abberufung bzw. Berufung von Geschäftsführern im Rahmen einer Firmenbestattung gefasst werden. Dem Beschluss liegt hier ein sittenwidriger Zweck zugrunde, so dass für diese Fälle die Anfechtbarkeit der Beschlüsse gegeben sein dürfte.[910]

dd) Erstreben von Sondervorteilen, § 243 II AktG

Nach § 243 II AktG ist die Anfechtbarkeit eines Beschlusses zu bejahen, sofern ein Gesellschafter bei der Stimmrechtsausübung für sich oder einen Dritten Sondervorteile zum Schaden der Gesellschaft oder der anderen Gesellschafter zu erlangen sucht und der Beschluss geeignet ist, diesem Zweck zu dienen. Dies soll nur dann nicht gelten, wenn der Beschluss den anderen Aktionären einen angemessenen Ausgleich für ihren Schaden gewährt (§ 243 II 2 AktG). Nach allgemeiner Ansicht ist § 243 II AktG auf die GmbH übertragbar.[911] Die Übertragbarkeit dieses Anfechtungsgrundes wurde jedoch bislang von der Rechtsprechung zumeist aufgrund der

---

905 BGHZ 8, 348 (355); Ulmer/Habersack/Löbbe/*Raiser*, Anh. 47 Rn. 125.

906 RGZ 119, 243 (246); RGZ 166, 129 (132); BGHZ 8, 348 (355).

907 BGHZ 76, 352 (357); Scholz/*Schmidt*, § 45 Rn. 104; Ulmer/Habersack/Löbbe/*Raiser*, Anh. 47 Rn. 125.

908 BGHZ 76, 352 (357); Scholz/*Schmidt*, § 45 Rn. 104; Ulmer/Habersack/Löbbe/*Raiser*, Anh. 47 Rn. 125.

909 MüKoAktG/*Hüffer*, § 243 Rn. 46; Michalski /*Römermann*, Anh. § 47 Rn. 304: Ulmer/Habersack/Löbbe/*Raiser*, Anh. 47 Rn. 125; Scholz/*Schmidt*, § 45 Rn. 104; Baumbach/Hueck/*Zöllner*, Anh § 47 Rn. 86.

910 MüKoGmbHG/*Wertenbruch*, Anh. § 47 Rn. 63; Wertenbruch, OLG Karlsruhe EWiR § 46 GmbHG 1/13, S. 721 (722).

911 BGHZ 76, 352 (357); Ulmer/Habersack/Löbbe/*Raiser*, Anh. 47 Rn. 126.

hohen Anspruchsvoraussetzungen verneint.[912] Insofern ließe sich auch hier daran denken, Verstöße aus diesem Bereich eher dem Gleichbehandlungsgrundsatz, der Treuepflicht oder dem Stimmrechtsmissbrauch zuzuordnen. So handhabt es jedenfalls die jüngere Rechtsprechung, wodurch man es sich ersparen möchte, den Nachweis der Tatbestandsmerkmale des § 243 II AktG erbringen zu müssen.[913] Diese neue Rechtsprechung stößt in der Literatur zum Teil auf Zustimmung.[914] Ein Rückgriff auf die allgemeinen Vorschriften sei angesichts der misslungenen Sondervorschrift angebracht und habe die Funktionslosigkeit des § 243 II AktG zur Folge.[915] Einem Rückgriff auf § 243 I AktG könnte aber eine eventuelle Sperrwirkung des § 243 II 1, 2 AktG als Spezialvorschrift entgegenstehen. Eine solche Sperrwirkung existiert jedoch nach vorherrschender Ansicht nicht,[916] so dass gegen eine Anwendung allgemeiner Generalklauseln insoweit nichts einzuwenden ist. Konsequenz dessen wird sein, dass § 243 II AktG als Sondervorschrift an Bedeutung verlieren wird.

ee) Fehler bei der Wahl von Aufsichtsratsmitgliedern

Die Anfechtung von Beschlüssen, welche die Wahl eines Aufsichtsrates zum Inhalt haben, ist in der Sondervorschrfit des § 251 AktG geregelt. Danach kann die Wahl eines Aufsichtsratsmitglieds durch die Hauptversammlung wegen Verletzung des Gesetzes oder der Satzung durch Klage angefochten werden. Anders als in der AG ist die Bildung eines Aufsichtsrates in der GmbH gesetzlich erst ab einer bestimmten Größe zwingend vorgesehen. In den meisten Gesellschaften m. b. H. ist die Bildung eines Aufsichtsrates also fakultativ.[917] Eine entsprechende Regelung kann in die Satzung aufgenommen werden.[918] Die Anfechtung eines Aufsichtsratswahlbeschlusses in der GmbH spielt keine so bedeutende Rolle wie in einer AG. Eine ausdrückliche Regelung im GmbHG gibt es in Bezug auf die Anfechtung auch insoweit nicht. Die Übertragbarkeit der aktienrechtlichen Vorschrift auf die GmbH ist sowohl hinsichtlich eines obligatorischen als auch eines fakultativen Aufsichtsrats zu bejahen.[919] Überdies ist die Vorschrift des § 251 II 2 AktG analog anzuwenden.[920] Danach kann

912 BGHZ 138, 71 (80); Köln NZG 2002, S. 966 (966); KG NZG 2004, S. 664 (665).

913 BGHZ 76, 352 (354 ff.); BGH WM 1976, S. 1226 (1227); BGH GmbHR 1977, S. 129 (131).

914 Ulmer/Habersack/Löbbe/*Raiser*, Anh. 47 Rn. 127; Hüffer /*Koch*, AktG, § 243 Rn. 31.

915 Ulmer/Habersack/Löbbe/*Raiser*, Anh. 47 Rn. 127; Hüffer/*Koch*, AktG, § 243 Rn. 31.

916 Hüffer/*Koch*, AktG, § 243 Rn. 31.

917 Roth/Altmeppen/*Roth*, § 52 Rn. 1; Baumbach/Hueck/*Zöllner*, § 52 Rn. 1; Michalski/*Giedinghagen*, § 52 Rn. 1.

918 Roth/Altmeppen/*Roth*, § 52 Rn. 1; Baumbach/Hueck/*Zöllner*, § 52 Rn. 1; Michalski/*Giedinghagen*, § 52 Rn. 1.

919 Lutter/Hommelhoff/*Bayer*, Anh. § 47 Rn. 59; Ulmer/Habersack/Löbbe/*Raiser*, Anh. 47 Rn. 141; MüKoGmbHG/*Wertenbruch*, Anh. § 47 Rn. 144; a. A Michalski/*Römermann*, Anh, § 47 Rn. 341.

920 Baumbach/Hueck/*Fastrich/Haas/Noack/Zöllner*, Anh. § 47 Rn. 109 a; Ulmer/Habersack/Löbbe/*Raiser*, Anh. 47 Rn. 141; MüKoGmbHG/*Wertenbruch*, Anh. § 47 Rn. 146.

die Wahl eines Aufsichtsratsmitglieds, das nach dem Montan-Mitbestimmungsgesetz auf Vorschlag der Betriebsräte gewählt worden ist, auch von jedem Betriebsrat eines Betriebs der Gesellschaft, jeder in den Betrieben der Gesellschaft vertretenen Gewerkschaft oder deren Spitzenorganisation angefochten werden. Diese Bestimmung bildet somit eine Ausnahme zu dem Grundsatz, dass anfechtungsberechtigt ausschließlich die Gesellschafter sind.[921]

ff) Fehler bei der Feststellung des Jahresabschlusses

Verstößt ein Beschluss der Gesellschafterversammlung, der die Feststellung des Jahresabschlusses zum Inhalt hat, gegen Gesetz oder Satzung, so wäre dieser grundsätzlich in Anlehnung an § 243 I AktG anfechtbar, sofern man dem Verweis in § 257 I 1 AktG folgt. Es stellt sich jedoch die Frage, ob hinsichtlich der Anfechtbarkeit eine Beschränkung nach § 257 I 2 AktG besteht, wonach die Anfechtung nicht darauf gestützt werden kann, dass der Inhalt des Jahresabschlusses gegen Gesetz oder Satzung verstößt. Die h. M. hält eine entsprechende Anwendung dieser Regelung nicht für angemessen;[922] denn es handele sich dabei um eine ausschließlich aktienrechtliche Beschränkung, die keine Geltung für die GmbH haben könne. Begründet wird dies damit, dass die Feststellung des Jahresabschlusses in der AG i. d. R. durch den Vorstand oder den Aufsichtsrat erfolgt und dem einzelnen Aktionär diesbezüglich ein Sonderprüfrecht zugestanden wird (§§ 258 ff. AktG). Diese Vorschriften seien aber nicht auf die GmbH übertragbar; es existiere in der GmbH kein derartiges Sonderprüfrecht.[923] Insofern sei eine Beschränkung nicht auf die GmbH übertragbar.[924] Dem ist zuzustimmen. Es besteht mithin ein vollumfängliches Anfechtungsrecht im Hinblick auf diesen Beschlussgegenstand.[925]

gg) Fehler bei der Beschlussfassung über die Gewinnverwendung

Die Anfechtung eines Beschlusses über die Gewinnverwendung ist im Aktienrecht in § 254 AktG geregelt. Diese Vorschrift besagt, dass der Beschluss über die Verwendung des Bilanzgewinns außer nach § 243 AktG auch angefochten werden kann, wenn die Gewinnthesaurierung hinsichtlich solcher Beträge stattfindet, die nicht nach Gesetz oder Satzung von der Verteilung unter die Aktionäre ausgeschlossen sind, obwohl die Einstellung oder der Gewinnvortrag bei vernünftiger

921 Baumbach/Hueck/*Fastrich/Haas/Noack/Zöllner*, Anh. § 47 Rn. 109 a; Ulmer/Habersack/Löbbe/*Raiser*, Anh. 47 Rn. 141.

922 Scholz/*Schmidt*, § 46 Rn. 38; Baumbach/Hueck/*Haas*, § 42 a Rn. 33; MüKoGmbHG/*Wertenbruch*, Anh. § 47 Rn. 150.

923 Baumbach/Hueck/*Haas*, § 42 a Rn. 24; MüKoGmbHG/*Wertenbruch*, Anh. § 47 Rn. 150.

924 Scholz/*Schmidt*, § 46 Rn. 38; Baumbach/Hueck/*Haas*, § 42 a Rn. 24; MüKoGmbHG/*Wertenbruch*, Anh. § 47 Rn. 150.

925 Baumbach/Hueck/*Haas*, § 42 a Rn. 23; Scholz/*Schmidt*, § 46 Rn. 38; Lutter/Hommelhoff/*Bayer*, Anh. § 47 Rn. 53.

kaufmännischer Beurteilung nicht notwendig ist und dadurch der unter den Aktionären zu verteilende Gewinn auf unter vier Prozent herabsinkt. Einig ist man sich insoweit, dass seit der Änderung des BiRiLiG auch in der GmbH ein Schutz der Minderheitsgesellschafter vor einer ungerechtfertigten Thesaurierung vonnöten ist.[926] Da das neue BiRiLiG auch der GmbH die Bildung und Aufrechterhaltung stiller Reserven verbietet, wurde das Vollausschüttungsgebot im deutschen Recht in § 29 GmbHG dahingehend geändert, dass die Gesellschafter mit einfacher Mehrheit über die Verwendung der Jahresergebnisse entscheiden können.[927] Umstritten ist allerdings, nach welchen Vorschriften sich der Schutz der Minderheit zu richten hat. Es wird vertreten, § 254 AktG sei analog auf die GmbH anzuwenden.[928] § 254 AktG besagt, dass der Beschluss über die Gewinnverwendung auch angefochten werden kann, wenn die Hauptversammlung aus dem Bilanzgewinn Beträge in Gewinnrücklagen einstellt oder als Gewinn vorträgt, obwohl die Einstellung oder der Gewinnvortrag nach vernünftiger kaufmännischer Beurteilung nicht notwendig ist. Andere verneinen das Bedürfnis für eine Analogie.[929] Die Bestimmung des § 254 AktG sei kaum effektiv. Vielmehr ergebe sich die Anfechtbarkeit des Beschlusses insbesondere aus der Treuepflicht.[930] So könne die Anfechtbarkeit des Beschlusses bereits bejaht werden, wenn das Interesse der Gesellschafter an einer angemessenen Rendite höher wiege als das Interesse der Gesellschaft an einer risikolosen Selbstfinanzierung.[931] Da eine für die Lebensfähigkeit der GmbH nicht notwendige Thesaurierung als Verstoß gegen die Treuepflicht anzusehen ist,[932] ist der Ansicht zuzustimmen, es fehle an der Notwendigkeit einer Analogiebildung. Der Grundsatz der Treuepflicht bietet den Gesellschaftern hinreichenden Schutz, so dass es keiner Festsetzung einer Mindestdividende von 4 % bedarf.[933] Es ist im Einzelnen eine Interessenabwägung vorzunehmen.[934]

---

926 Ulmer/Habersack/Löbbe/*Raiser*, Anh. 47 Rn. 144.

927 Hommelhoff, ZGR 1986, S. 418 (423 ff.).

928 Baumbach/Hueck/*Fastrich/Haas/Noack/Zöllner*, Anh. § 47 Rn. 107.

929 Ulmer/Habersack/Löbbe/*Raiser*, Anh. 47 Rn. 144; Roth/Altmeppen/*Roth*, § 42 a Rn. 35; MüKoGmbHG/*Wertenbruch*, Anh. § 47 Rn. 158; Liebs, DB 1986, S. 2421 (2421 f.); Hommelhoff, ZGR 1989, S. 418 (423 ff.).

930 Ulmer/Habersack/Löbbe/*Raiser*, Anh. 47 Rn. 144; Lutter/Hommelhoff, § 29 Rn. 22 ff.; MüKoGmbHG/*Wertenbruch*, Anh. § 47 Rn. 158.

931 Ulmer/Habersack/Löbbe/*Raiser*, Anh. 47 Rn. 144; a. A. Baumbach/Hueck/*Fastrich/Haas/Noack/Zöllner*, Anh. § 47 Rn. 55.

932 MükoGmbHG/*Wertenbruch*, Anh. § 47 Rn. 158.

933 MükoGmbHG/*Wertenbruch*, Anh. § 47 Rn. 158; a. A. Ulmer/Habersack/Löbbe/*Raiser*, Anh. 47 Rn. 144.

934 Hommelhoff, ZGR 1986, S. 418 (423 ff.); Liebs, DB 1986, S. 2421 (2421 ff.); Renkl, DB 1986, S. 1108; Winter, S. 290 ff.; Hueck, in: FS Steindorff, S. 45 (51 ff.).

hh) Anfechtung einer Kapitalerhöhung, § 255 II AktG

Nach § 255 II AktG kann die Anfechtung, wenn das Bezugsrecht der Aktionäre ganz oder zum Teil ausgeschlossen worden ist, auch darauf gestützt werden, dass der sich aus dem Erhöhungsbeschluss ergebende Ausgabebetrag oder Mindestbetrag, unter dem die neuen Aktien nicht ausgegeben werden sollen, unangemessen niedrig ist. Die Anwendbarkeit dieser aktienrechtlichen Vorschrift auf die GmbH kann bejaht werden, sofern man bei einer Kapitalerhöhung von einem allgemeinen Bezugsrecht der GmbH-Gesellschafter ausgeht. Nach überwiegender Ansicht findet das allgemeine Bezugsrecht seine Grundlage in einer analogen Anwendung des § 186 I AktG.[935] Für die Einräumung eines Bezugsrechts in der GmbH spreche, dass auch in der GmbH das Bedürfnis nach einem Schutz vor Aushöhlung der Rechte der Gesellschafter bestehe. Auch hier verminderten sich bei einer Kapitalerhöhung die Möglichkeiten der Einflussnahme der bisherigen Gesellschafter.[936] Von anderer Seite wird das Vorliegen der Analogievoraussetzungen mangels Regelungslücke bestritten, da die Regelung des § 55 GmbHG existiere, welche einen Zulassungsbeschluss hinsichtlich der Übernahme neuer Anteile vorsehe.[937] Allerdings wichen die beiden Auffassungen im Ergebnis nicht wesentlich voneinander ab, sofern es den Bezugsrechtsausschluss betreffe. Nach beiden Ansätzen könnten die Gesellschafter einen Bezugsrechtsausschluss beschließen.[938] Daher braucht die Streitfrage, ob ein Bezugsrecht auf § 186 I AktG analog zu stützen ist und das Bezugsrecht nach § 186 II AktG analog ausgeschlossen werden kann oder ob der Bezugsrechtsausschluss auf einem Zulassungsbeschluss nach § 55 II GmbHG beruht, hier nicht entschieden zu werden. Folglich steht einer entsprechenden Anwendung des § 255 II AktG nichts entgegen, sodass die Anfechtung auch darauf gestützt werden kann, dass der sich aus dem Erhöhungsbeschluss ergebende Ausgabebetrag oder Mindestbetrag, unter dem die neuen Aktien nicht ausgegeben werden sollen, unangemessen niedrig ist.[939]

3. *Materielle Inhaltskontrolle*

Die Rechtsprechung ist zum Teil dazu übergegangen, bestimmte Beschlüsse dahingehend zu überprüfen, ob sie „sachlich berechtigt" sind und nicht „den Charakter

---

935 Scholz/*Priester*, § 55 Rn. 41 ff.; Baumbach/Hueck/*Zöllner*, § 55 Rn. 20; Lutter/Hommelhoff/*Lutter*, § 55 Rn. 17 ff.; Michalski/*Hermanns*, § 55 Rn. 39; K. Schmidt, GesR, § 37 V 1 a) ee), S. 1174 ff.; Heitsch, S. 73 ff.; Ehlke, GmbHR 1985, S. 284 (288f.); Rottnauer, ZGR 2007, S. 401 (409).

936 Scholz/*Priester*, § 55 Rn. 41 ff.; Baumbach/Hueck/*Zöllner*, § 55 Rn. 20; Lutter/Hommelhoff/*Lutter*, § 55 Rn. 17 ff.; Michalski/*Hermanns*, § 55 Rn. 39; K. Schmidt, GesR, § 37 V 1 a) ee), S. 1174 ff.; Heitsch, S. 73 ff.; Ehlke, GmbHR 1985, S. 284 (288f.); Rottnauer, ZGR 2007, S. 401 (409).

937 Ulmer/Habersack/*Ulmer*, § 55 Rn. 45 ff.

938 Ulmer/Habersack/*Ulmer*, § 55 Rn. 45 ff.

939 Ulmer/Habersack/*Ulmer*, § 55 Rn. 45 ff.

der Willkür" tragen.[940] An einen Beschluss seien „desto strengere Anforderungen zu stellen, je schwerer der Eingriff in die mitglieds- und vermögensrechtliche Stellung" wiege.[941] Die Rechtsprechung sieht als Rechtsgrundlage für eine derart verschärfte Kontrolle in der GmbH die Treuepflicht.[942] Diese Handhabe finde seine Rechtfertigung in einem verstärkten Schutzbedürfnis der Minderheitsgesellschafter gegenüber Mehrheitsentscheidungen; denn solche Mehrheitsentscheidungen könnten eine Verschlechterung der mitgliedschaftlichen Stellung des Einzelnen in der Gesellschaft sowie eine Verschlechterung der Möglichkeiten der Einflussnahme auf Geschäftsführungsmaßnahmen bewirken.[943] Die Voraussetzungen für einen solchen Anfechtungsgrund sollen erfüllt sein, wenn die Gesellschaft keinen sachlichen Grund für ihr Vorgehen benennen kann. Der einzelne Minderheitsgesellschafter soll hinsichtlich des Nichtvorhandenseins eines sachlichen Grundes nicht beweispflichtig sein; eine konkrete Verletzung des Gleichbehandlungsgebotes oder der Treuepflicht wird also nicht gefordert.[944] Diese Rechtsprechung findet in der Literatur weitestgehend Zustimmung.[945] Fraglich ist jedoch, welche Art von Beschlüssen einer derartigen zusätzlichen Inhaltskontrolle unterliegt. Einigkeit besteht insofern, als zumindest die regulären Geschäftsführungsmaßnahmen nicht davon erfasst sein sollen.[946] Begründet wird dies damit, dass ein solches Vorgehen zum einen das in der GmbH herrschende Mehrheitsprinzip aushebeln würde und zum anderen eine massive Einschränkung der unternehmerischen Flexibilität zur Folge hätte, welche ein erfolgreiches Bestehen des Unternehmens am Markt erheblich gefährden würde.[947] In Betracht kommen für eine materielle Inhaltskontrolle somit ausschließlich Grundlagenentscheidungen, also solche, die sich strukturverändernd auswirken.[948] Dies können Beschlüsse sein, mittels derer Entscheidungen u. a. hinsichtlich einer Verschmelzung oder Umwandlung getroffen werden; darunter können aber auch langfristig wirkende Beschlüsse fallen, so z. B der Ausschluss von einem Wettbewerbsverbot oder die dauerhafte Bestellung eines Geschäftsführers.[949] Streitig ist, welche weiteren Kriterien ein strukturverändernder Beschluss erfüllen muss, damit

940 BGHZ, 71, 40 (44); BGHZ 33, 175 (186); BGHZ 80, 69 (74); BGHZ 83, 319 (321).
941 BGHZ, 71, 40 (44); BGHZ 33, 175 (186); BGHZ 83, 319 (321).
942 BGHZ 80, 69 (74); Ulmer/Habersack/Löbbe/*Raiser*, Anh. 47 Rn. 135.
943 BGHZ 80, 69 (74).
944 BGHZ, 71, 40 (44); BGHZ 33, 175 (186); BGHZ 83, 319 (321).
945 Geßler/Hefermehl/Eckardt/Kropff/*Hüffer*, § 243 Rn. 45 ff.; Zöllner, S. 350 ff.; Raiser, ZHR 151, S. 422 (429 ff.); Lutter, ZGR 1979, S. 401 (411 f.); Wiedemann, ZGR 1980, S. 147 (155); Timm, ZGR 1987, S. 403 (408).
946 Geßler/Hefermehl/Eckardt/Kropff/*Hüffer*, § 243 Rn. 45 ff.; Zöllner, S. 350 ff.; Raiser, ZHR 151, S. 422 (429 ff.); Lutter, ZGR 1979, S. 401 (411 f.); Wiedemann, ZGR 1980, S. 147 (155); Timm, ZGR 1987, S. 403 (408).
947 Ulmer/Habersack/Löbbe/*Raiser*, Anh. 47 Rn. 136.
948 Ulmer/Habersack/Löbbe/*Raiser*, Anh. 47 Rn. 136.
949 Ulmer/Habersack/Löbbe/*Raiser*, Anh. 47 Rn. 136.

dieser einer verschärften Kontrolle unterfällt.[950] Nach Ansicht *Zöllners* soll entscheidendes Kriterium sein, ob der Beschluss auf die Entziehung von Mitgliedschaftsrechten gerichtet ist.[951] Dahingegen hält *Wiedemann*[952] die Einbeziehung sämtlicher grundlegender Mehrheitsbeschlüsse zum Schutz der Minderheit für erforderlich. *Martens*[953] schlägt eine mit der Auffassung von *Wiedemann* vergleichbare Richtung ein; jedoch erachtet er es als notwendig, Abstufungen nach Intensität des Eingriffs in Minderheitsrechte vorzunehmen. Davon abweichend sieht *Hirte*[954] die Lösung in einer Unterscheidung zwischen Eingriffen in die Herrschaftsrechte einerseits und in die Vermögensrechte andererseits. Eine Inhaltskontrolle komme nur bei Eingriffen in die Herrschaftsrechte in Betracht. *Lutter* und *Timm*[955] halten eine Auslegung der entscheidenden Gesetzesvorschriften für erforderlich. Sofern innerhalb der Vorschrift bereits eine Abwägung zuungunsten der Minderheit stattgefunden habe, sei eine Inhaltskontrolle nicht mehr vorzunehmen. *Timm* spezifiziert noch dahingehend, dass eine Inhaltskontrolle dann zum Zuge komme, wenn durch den in Frage stehenden Beschluss ein Abhängigkeitsverhältnis zwischen der Gesellschaft und einem anderem Unternehmen entstehe.[956] *Raiser* knüpft an die Ausführungen von *Timm* an; jedoch spricht er sich für eine erweiterte Anwendung der Inhaltskontrolle aus. So ist er der Ansicht, dass sämtliche strukturändernden Beschlüsse, die dazu geeignet sind, die Einflussmöglichkeiten der Minderheit zu verringern, erfasst werden müssten. Es komme darauf an, „ob der Beschluss generell dazu geeignet ist, die im Gesellschaftsvertrag begründete Balance zwischen den Gesellschaftern zu verschieben."[957] Er begründet dies damit, dass über die Konzerngefahr hinausgehende Beschlüsse gefasst werden könnten, die es ebenso ermöglichten, die Rechte der Minderheitsgesellschafter auszuhebeln, so z. B. die nachträgliche Vinkulierung von Geschäftsanteilen oder die Begründung von Sonderrechten einzelner Gesellschafter.

Keine der dargestellten Auffassungen konnte bislang eine dominierende Stellung einnehmen.[958] Allein der Schutz der Minderheit kann für das Auslösen der Inhaltskontrolle nicht ausreichend sein. Insbesondere die Interessen der Gesellschaft dürfen bei der Beurteilung dieser Frage nicht außer Acht gelassen werden.[959] In diese Richtung tendieren jedoch die Ansichten *Zöllners, Martens, Wiedemanns* und *Hirtes.* Für die Ansicht von *Timm* ist anzuführen, dass die herausgearbeiteten Kriterien

950 Baumbach/Hueck/*Fastrich/Haas/Noack/Zöllner*, Anh. § 47 Rn.101; Zöllner, S. 350 f.; Wiedemann, ZGR 1980, S. 147 (156 f.); Wiedemann, JZ 1989, S. 447 (448 f.), Martens, GmbHR 1984, S. 265 (270), Hirte, S. 138 ff., S. 153.

951 Zöllner, S. 350 f.; Baumbach/Hueck/*Fastrich/Haas/Noack/Zöllner*, Anh. § 47 Rn.101.

952 Wiedemann, ZGR 1980, S. 147 (156 f.); Wiedemann, JZ 1989, S. 447 (448 f.).

953 Martens, GmbHR 1984, S. 265 (270).

954 Hirte, 138 ff., 153.

955 Lutter, ZGR 1981, S. 171 (175); Timm, ZGR 1987, S. 403 (421 ff.; 441 f.); Timm, S. 83.

956 Timm, ZGR 1987, S. 403 (421 ff.; 441 f.).

957 Ulmer/Habersack/Löbbe/*Raiser*, Anh. 47 Rn. 140.

958 Ulmer/Habersack/Löbbe/*Raiser*, Anh. 47 Rn. 140.

959 Lutter/Timm, NJW 1982, S. 409 (415); Raiser, in: FS Stimpel, S. 855.

Klarheit schaffen und nicht zu einer willkürlichen Handhabung führen. Ferner bezieht sich diese Ansicht auf die vom BGH in seinen Entscheidungen herausgestellte Konzerngefahr, wonach es nicht fernliegend ist, dass nicht mehr nur die Interessen der Gesellschaft, sondern ausschließlich Konzerninteressen verfolgt werden. Dementsprechend wäre unter Inhaltskontrolle eine „Konzerneingangskontrolle" zu verstehen.[960] Diese Auffassung kann hier überzeugen. Der von *Raiser* geforderten Erweiterung kann nicht gefolgt werden, da eine solche wiederum die Schwierigkeit einer allgemeinen Zuordnung mit sich bringen würde. Zudem ist diese lediglich auf den Schutz der Minderheitsgesellschafter und nicht auf die Berücksichtigung der Gesellschaftsinteressen gerichtet.

4. *Auswirkungen eines Verstoßes gegen Gesellschaftervereinbarungen*

Gesellschaftervereinbarungen entsprechen einer in der Praxis der GmbH häufig verbreiteten Vorgehensmethode, mit Hilfe derer sowohl die Personal- als auch die Unternehmenspolitik gesteuert werden kann.[961] Die Durchsetzung derartiger Vereinbarungen erfolgt regelmäßig mittels Stimmbindung. Das bedeutet, die Gesellschafter werden verpflichtet, in einer bestimmten Weise abzustimmen.[962] Gesellschaftervereinbarungen existieren somit regelmäßig in der Form von Stimmbindungsverträgen.[963] Umstritten sind die Auswirkungen der Nichteinhaltung von Stimmbindungen seitens einzelner Gesellschafter.[964] Der nun folgende Abschnitt soll Klarheit darüber verschaffen, inwieweit Verstöße gegen Gesellschaftervereinbarungen einen Anfechtungsgrund in Bezug auf Beschlüsse bilden können. Entscheidend ist in diesem Zusammenhang die Bestimmung der Rechtsnatur solcher Vereinbarungen. Wie bereits erörtert (vgl. 2. Kapitel A. I. 5. a), S. 14 f.), können Gesellschaftervereinbarungen Bestandteil der Satzung sein, soweit sie als materieller Bestandteil in die Satzung aufgenommen wurden. Ist dies geschehen, so führen Verletzungen dieser Vereinbarung als Bestandteil der Satzung zwangsläufig zur Anfechtbarkeit des Beschlusses (vgl. 2. Kapitel A. I. 5. a), S. 14 f.). Ist die Vereinbarung jedoch lediglich formeller Bestandteil der Satzung geworden oder sogar überhaupt nicht innerhalb der Satzung verankert, so kommt eine Anfechtung des Beschlusses wegen Verstoßes gegen die Satzung nicht in Betracht (vgl. 2. Kapitel A. I. 5. a), S. 14 f.). Auffällig ist, dass die meisten Gesellschaftervereinbarungen außerhalb der Satzung zu finden sind. Die Gesellschafter entscheiden sich bewusst für eine Vereinbarung außerhalb

---

960 Ulmer/Habersack/Löbbe/*Raiser*, Anh. 47 Rn. 139; Lutter/Timm, NJW 1982, S. 409 (415); Raiser, in: FS Stimpel, S. 855.

961 Zöllner, RWS Forum 8, S. 89 (92); Noack, Gesvereinbarungen bei Kap., S. 18 ff.

962 Hoffmann-Becking, ZGR 1994, S. 442 (450).

963 Hoffmann-Becking, ZGR 1994, S. 442 (450).

964 Ulmer/Habersack/Löbbe/*Hüffer/Schürnbrand*, § 47Rn. 86 f.; Goette, § 7 Rn. 102; ders., RWS–Forum 8, GesR, S. 113 (120 ff.); Dürr BB 1995, S. 1365 (1366 ff.); Hoffmann-Becking, ZGR 1994, S. 442 (450); Vomhof, GmbHR 1984, S. 181 (181 f.); Ulmer, in: FS Röhricht, S. 633 (633 ff.).

der Satzung, da zum einen auf diese Weise die Registerpublizität umgangen werden kann, sodass keine Einsicht über das Handelsregister für die Öffentlichkeit möglich ist; zum anderen wird über Gesellschaftervereinbarungen ein höheres Maß an Flexibilität erreicht, insbesondere mangels besonderer Formerfordernisse.[965] Durch die bewusste Entscheidung der Gesellschafter, die Vereinbarung nicht in die Satzung aufzunehmen, wird auf die satzungsmäßige Schutzwirkung verzichtet.[966] Somit handelt es sich bei solchen Vereinbarungen außerhalb der Satzung um schuldrechtliche Nebenabreden.[967] Die Rechtswidrigkeit des Beschlusses und mithin dessen Anfechtbarkeit wegen eines Verstoßes gegen die Satzung scheidet also aus.[968] Denkbar ist jedoch, dass das Hinzutreten besonderer Umstände eine andere Beurteilung der Sachlage rechtfertigen kann. Möglicherweise lässt sich unter bestimmten Voraussetzungen die Anfechtbarkeit eines Beschlusses aufgrund eines Verstoßes gegen eine schuldrechtliche Nebenabrede stützen. Dazu werden verschiedene Ansichten vertreten.

a) Meinungsstand

Der BGH hat in einigen Entscheidungen Stellung zu der Frage bezogen, ob Verstöße gegen Gesellschaftervereinbarungen die Anfechtbarkeit eines Beschlusses begründen können.[969] Zunächst deutete man anhand erster Urteile den Weg des BGH in die Richtung, dass der BGH eine Bejahung der Frage anstrebe.[970] Möglicherweise hat der BGH aber inzwischen einen Richtungswechsel vollzogen. Um dies herauszufinden, bedarf es einer Analyse der BGH-Rechtsprechung zu dieser Problematik. Erstmalig positionierte sich der BGH dazu in seiner Entscheidung vom 20.01.1983.[971] Inhaltlich ging es um eine mehrheitlich beschlossene Beteiligung an einem Konkurrenzunternehmen. Der BGH entschied, dass sich die Anfechtbarkeit des Beschlusses nicht auf eine Verletzung der Satzung oder der Treuepflicht stützen lasse. Sie ergebe sich aber aus einem bei der Gründung der GmbH geschlossenen Vertrag, welcher zum Inhalt hatte, dass jedweder Anteilserwerb zu unterlassen sei. Diese Rechtsprechung fand seine Festigung durch eine weitere Entscheidung. In diesem Fall[972] war zu klären, ob ein Beschluss anfechtbar sein kann, der die Abberufung eines Minderheitsgesellschafters von der Geschäftsführung mittels Mehrheitsentscheid zum

965 Wälzholz, S. 1022.
966 Ulmer/Habersack/Löbbe/*Hüffer/Schürnbrand*, § 47Rn. 91; Ulmer/Habersack/Löbbe/*Ulmer/Löbbe*, § 3 Rn. 40 ff.
967 Ulmer/Habersack/Löbbe/*Hüffer/Schürnbrand*, § 47Rn. 68 ff.; Scholz/*Schmidt*, § 47 Rn. 38.
968 Ulmer/Habersack/Löbbe/*Hüffer/Schürnbrand*, § 47Rn. 68 ff.
969 BGH NJW 1983, S. 1910 (1910); BGH GmbHR 1987, 94 (94); BGH NJW 1983, S. 1910 (1910 f.); BGHZ 123, 15 (15 ff.).
970 Michalski/*Römermann*, § 47 Rn. 532 ff.; Happ, ZGR 1984, S. 169 (177).
971 BGH NJW 1983, S. 1910 (1910).
972 BGH GmbHR 1987, 94 (94).

Inhalt hatte, obwohl zuvor außerhalb der Satzung vertraglich vereinbart worden war, dass eine Abberufung dieses Geschäftsführers nur mit dessen Zustimmung erfolgen dürfe. Der BGH entschied sich für die Anfechtbarkeit des Beschlusses, obgleich die Abberufungsentscheidung an sich von der Satzung gedeckt war.[973] Beiden Entscheidungen ist gemein, dass die Anfechtbarkeit des Beschlusses bejaht wurde, auch wenn die im Beschluss enthaltene Entscheidung von der Satzung gedeckt war, die Gesellschafter sich aber zuvor gemeinschaftlich zu einem bestimmten Abstimmungsverhalten verpflichtet hatten und von dieser Vereinbarung abgewichen wurde.[974] Das vom BGH angeführte Hauptargument für das Zulassen dieses Anfechtungsgrundes ist die Prozessökonomie.[975] Der Vertragspartner könne aufgrund schuldrechtlicher Verpflichtung Klage auf Erfüllung, also Wiederaufhebung des Beschlusses, erheben und dadurch letztlich seine Forderungen durchsetzen. Dieser Weg könne nun mittels Anfechtung abgekürzt werden.[976] Ein Urteil des BGH aus dem Jahre 1993[977] wurde von Seiten der Literatur zumindest in Teilen als Distanzierung von der bisherigen Rechtsprechung verstanden.[978] Die Entscheidung hatte eine von der Satzung abweichende Beschlussfassung in Bezug auf die Amtszeit des Aufsichtsrates zum Gegenstand, bei welcher die für eine Satzungsänderung erforderlichen Formvorschriften nicht eingehalten wurden. Im Einzelnen beinhaltete der Beschluss eine automatische Verlängerung der Amtszeit des Aufsichtsrates, sofern die Gesellschafterversammlung keine Abberufung beschließt, wohingegen in der Satzung die Amtszeit auf drei Jahre begrenzt war. Das Gericht entschied, der von der Satzung abweichende Beschluss bedeute eine dauerhafte Satzungsdurchbrechung und sei insofern als nichtig einzustufen.[979] Weiterhin wurde darauf hingewiesen, dass, selbst wenn man den Beschluss als Abrede außerhalb der Satzung umdeute, dadurch keine Veränderung der organschaftlichen Struktur bewirkt werden könne.[980] Der BGH sprach sich nicht grundsätzlich gegen die Möglichkeit einer Anfechtung wegen eines Verstoßes gegen eine schuldrechtliche Nebenabrede aus, der alle Gesellschafter zugestimmt haben. Begrenzt wurde aber die Möglichkeit der Satzungsergänzung durch schuldrechtliche Vereinbarung in Bezug auf die organschaftliche Struktur der GmbH.[981] Insoweit bedeuten die Ausführungen des BGH, soweit sie die schuldrechtliche Nebenabrede betreffen, eine teilweise Abweichung. Von einer völligen Abkehr von der bisherigen Rechtsprechung kann aber wohl

973 BGH GmbHR 1987, 94 (94).
974 BGH NJW 1983, S. 1910 (1910); BGH GmbHR 1987, 94 (94); Michalski/*Römermann*, § 47 Rn. 533.
975 BGH NJW 1983, S. 1910 (1910 f.).
976 BGH NJW 1983, S. 1910 (1910 f.); zustimmend Happ, ZGR 1984, S. 169 (177).
977 BGHZ 123, 15 (15 ff.).
978 Wälzholz, S. 1021 (1023); Goette, RWS – Forum 8, GesR, S. 120.
979 BGHZ 123, 15 (15 ff.).
980 BGHZ 123, 15 (15 ff.).
981 Goette, RWS – Forum 8, GesR, S. 113 (120).

nicht die Rede sein.[982] Der BGH hat in diesem Fall lediglich eine Einschränkung dahingehend festgelegt, dass eine Abrede nicht bewirken kann, dass eine „bestimmte organisationsrechtliche Regelung der Satzung" geändert wird.[983] Dies bedeutet zugleich eine Beschränkung der in den Entscheidungen des BGH aus den Jahren 1983 und 1987 eröffneten Möglichkeit, einen Beschluss gestützt auf die Nebenabrede anzufechten.[984] Dahingegen wendete sich das OLG Stuttgart mit seinem Urteil aus dem Jahre 2001 tatsächlich von den Entscheidungen des BGH aus den Jahren 1983 und 1987 ab.[985] Das OLG hielt darin an der verschiedenartigen Rechtsnatur von Satzungsbestimmungen und schuldrechtlichen Nebenvereinbarungen fest. Ein Verstoß gegen eine solche Nebenvereinbarung stelle keine Verletzung gegen Gesetz oder Satzung i. S. v. § 243 AktG dar, so dass es an den Voraussetzungen für eine Anfechtung fehle. In seiner Entscheidung erkannte das Gericht also die Möglichkeit der Anfechtbarkeit eines gesetzeskonformen, aber gegen eine außerhalb der Satzung stehende Vereinbarung verstoßenden Beschlusses, nicht an. Es sei lediglich die Geltendmachung von vertraglichen Ansprüchen, insbesondere Schadensersatzansprüchen und Unterlassungsansprüchen denkbar. Der schuldrechtliche Charakter der Vereinbarung bleibe auch in dem Fall der Unterzeichnung durch sämtliche Gesellschafter bestehen.[986] Zur Begründung seines Urteils führt das OLG an, dass ansonsten die Gefahr einer Konterkarierung der Satzung und ferner einer Umgehung der Registerpublizität drohe.[987] Bislang hat sich der BGH der Rechtsprechung des OLG nicht angeschlossen. Es kann den vorliegenden Entscheidungen zumindest entnommen werden, dass es sich bei den Urteilen aus den Jahren 1983 und 1987 nicht um eine gefestigte Rechtsprechung handelt.[988] Das BGH Urteil aus dem Jahr 1993 enthält jedenfalls richtungsändernde Tendenzen.[989]

Im Schrifttum wird die Anfechtbarkeit eines Beschlusses wegen eines Verstoßes gegen eine schuldrechtliche Nebenabrede überwiegend abgelehnt.[990] Eine Stimmabgabe sei gültig, auch wenn die Abgabe in Widerspruch zu einem Stimmbindungsvertrag erfolge. Grund dafür sei, dass ein lediglich schuldrechtlicher Vertrag keinen Beschlussmangel bewirken könne.[991] Es sei strikt an der Trennung von Satzung und Nebenabrede festzuhalten; denn ansonsten seien die Grenzen zwischen

---

982 Goette, RWS – Forum 8, GesR, S. 113 (120).
983 Goette, RWS – Forum 8, GesR, S. 113 (120).
984 Goette, RWS – Forum 8, GesR, S. 113 (120).
985 OLG Stuttgart, DB 2001, S. 854 (854 ff.).
986 OLG Stuttgart, DB 2001, S. 854 (854 ff.).
987 OLG Stuttgart, DB 2001, S. 854 (854 ff.).
988 Goette, RWS – Forum 8, GesR, S. 113 (129).
989 Goette, RWS – Forum 8, GesR, S. 113 (129).
990 Ulmer/Habersack/Löbbe/*Hüffer/Schürnbrand*, § 47Rn. 91 f.; MüKoGmbHG/*Wertenbruch*, Anh. § 47 Rn. 162; Goette, § 7 Rn. 102; ders., RWS – Forum 8, GesR, S. 113 (120 ff.); Dürr BB 1995, S. 1365 (1366 ff.); Hoffmann-Becking, ZGR 1994, S. 442 (450); Vomhof, GmbHR 1984, S. 181 (181 f.); Ulmer, in: FS Röhricht, S. 633 (633 ff.).
991 Baumbach/Hueck/*Zöllner*, § 47 Rn. 117.

Gesellschafterbeschlüssen und Nebenvereinbarungen nicht mehr klar erkennbar.[992] Die Vereinbarung sei auf schuldrechtlicher Ebene entstanden und auf dieser Ebene müssten Streitigkeiten im Hinblick auf die Abrede auch gelöst werden.[993] Es sei schließlich nicht einzusehen, warum die Gesellschafter, die sich bewusst gegen eine Regelung in der Satzung entschieden hätten, sich nun auf einen Satzungsverstoß berufen könnten.[994]

Einige Vertreter dieser Trennungstheorie sind der Ansicht, dass zumindest in Ausnahmefällen etwas anderes gelten müsse.[995] Eine solche Ausnahmesituation sei in durchgriffsähnlichen Situationen gegeben, nämlich soweit sich die beklagte GmbH gegenüber dem Kläger in missbräuchlicher Weise auf den schuldrechtlichen Charakter der Nebenvereinbarung berufe.[996] Die Gesellschaft habe einen Verstoß gegen eine Vereinbarung als Anfechtungsgrund hinzunehmen. Sie müsse sich also Tatbestände zurechnen lassen, welche die Gesellschafter unter sich geschaffen hätten.[997] Nicht geklärt ist damit, wie eine solche Zurechnung im konkreten Fall zu erfolgen hat und wann eine solche Zurechnung eingreifen soll. Auch diesbezüglich werden unterschiedliche Auffassungen vertreten.[998] *Ulmer* zieht zur Abgrenzung den Missbrauchsgedanken heran.[999] Ein Ausnahmefall sei gegeben, soweit eine offensichtlich rechtsmissbräuchliche Verletzung der schuldrechtlichen Nebenabrede gegeben sei oder es darum gehe, untragbare Ergebnisse zu vermeiden. In diesen Fällen sei eine richterliche Korrektur geboten.[1000] *Winter* schließt sich der Ansicht *Ulmers* weitestgehend an.[1001] Er schränkt das Eingreifen des von *Ulmer* herausgearbeiteten Ausnahmefalls insoweit ein, als die Anfechtbarkeit nur möglich sein solle, soweit sich die Wirkung der Nebenabrede, der alle Gesellschafter zugestimmt haben, in einem Einzelfall erschöpfe und Drittinteressen nicht unmittelbar beeinträchtigt würden. Es dürfe keine Konterkarierung von Sinn und Zweck der Handelsregisterpublizität stattfinden.[1002]

---

992 Baumbach/Hueck/*Zöllner,* § 47 Rn. 117.

993 Baumbach/Hueck/*Zöllner,* § 47 Rn. 117.

994 Ulmer/Habersack/Löbbe/*Hüffer/Schürnbrand,* § 47Rn. 91 f.; Gotte, RWS – Forum 8, GesR, S. 113 (127).

995 Ulmer/Habersack/Löbbe/*Hüffer/Schürnbrand,* § 47Rn. 91 f.; Ulmer, NJW 1987, S. 1849 (1849 ff.); Winter, ZHR 154, S. 259 (268 ff.).

996 Ulmer/Habersack/Löbbe/*Hüffer/Schürnbrand,* § 47Rn. 91 f.; Ulmer, NJW 1987, S. 1849 (1849 ff.); Winter, ZHR 154, S. 259 (268 ff.).

997 Ulmer/Habersack/Löbbe/*Hüffer/Schürnbrand,* § 47Rn. 91; Ulmer, NJW 1987, S. 1849 (1849 ff.); Winter, ZHR 154, S. 259 (268 ff.).

998 Baumbach/Hueck/*Zöllner,* § 47 Rn. 118; Zöllner, RWS Forum 8, S. 89 S. (97 ff.); Noack, Gesvereinbarungen bei Kap., S. 199 ff ; Ulmer, NJW 1987, S. 1849 (1855); Winter, ZHR 154, S. 259 (277 f.); Westermann, S. 39.

999 Ulmer, NJW 1987, S. 1849 (1855).

1000 Ulmer, NJW 1987, S. 1849 (1855).

1001 Winter, ZHR 154, S. 259 (277 f.).

1002 Winter, ZHR 154, S. 259 (278).

Noack und *Zöllner*[1003] lehnen eine ausnahmslose strikte Trennung der Ebenen ab. Dies sei unzweckmäßig. Zur Auslegung einer schuldrechtlichen Nebenabrede müsse grundsätzlich die Satzung herangezogen werden und umgekehrt.[1004] So meint *Noack*, sofern Satzungsregelung und Gesellschaftervereinbarung aufeinander Bezug nähmen, seien strittige Punkte im Wege einer Auslegung mithilfe der jeweils anderen Regelung auszuräumen.[1005] Sofern aber nicht alle Gesellschafter der Vereinbarung zugestimmt hätten, solle es bei einer strikten Trennung der Ebenen verbleiben. Auch *Westermann* erkennt eine Relativierung des Trennungsprinzips an.[1006] Dementsprechend will auch er bei Vorliegen einer omnilateralen Gesellschaftervereinbarung dieser satzungsähnliche Wirkung zusprechen. Ebenfalls in Anlehnung an *Noack* vertritt *Zöllner* die Ansicht, dass es Sonderfälle geben könne, welche eine andere Würdigung der Sachlage erforderten.[1007] So berücksichtige unter anderem die strikte Trennung von Satzung und Nebenvereinbarung nicht, dass die Gesellschafter diese zumeist als Einheit auffassen würden. Es bedürfe daher einer Begrenzung des Trennungsprinzips. Ausgehend von einer Einheitsbetrachtung seien die einzelnen Gesellschaftervereinbarungen zur Auslegung der Satzung heranzuziehen, so dass sich der Beschlussmangel letztlich aus dem Satzungsverstoß ergebe.[1008] Die Heranziehung der Abrede zur Auslegung der Satzung könne darauf gestützt werden, dass die Stimmbindung eine Treuepflicht zwischen den Gesellschaftern begründe. Eine Auslegung habe sowohl in objektiver als auch in subjektiver Hinsicht, wonach das Gewollte gilt, zu erfolgen. Dies hätte eine korporative Wirkung der Stimmbindung zur Konsequenz und damit auch die Unbeachtlichkeit der abgegebenen Stimme aufgrund eines Stimmrechtsmissbrauchs.[1009] Indes komme keine subjektive Auslegung in Betracht, soweit gläubigerrelevante Regelungen betroffen seien und diese sich als ungünstig für Gläubiger erweisen würden.[1010]

Die Gegner dieser Ansicht sehen in dem Ruf nach einer Einheitsbetrachtung einen „nicht haltbaren Kunstgriff".[1011] Eine Satzung sei nur nach objektiven Kriterien auszulegen.[1012] Gegen eine subjektive Auslegung sprächen mehrere Gründe. Es sei

---

1003 Baumbach/Hueck/*Zöllner*, § 47 Rn. 118; Zöllner, RWS Forum 8, S. 89 S. (97 ff.); Noack, Gesvereinbarungen bei Kap., S. 199 ff.

1004 Noack, Gesvereinbarungen bei Kap., S. 199 ff.

1005 Noack, Gesvereinbarungen bei Kap., S. 87.

1006 Westermann, S. 39.

1007 Zöllner, RWS – Forum 8, S. 89 (89 ff.).

1008 Baumbach/Hueck/*Zöllner*, § 47 Rn. 49; Zöllner, RWS – Forum 8, S. 89 (7, 105).; so auch Noack, Gesvereinbarungen bei Kap., S. 161.

1009 Baumbach/Hueck/*Zöllner*, § 47 Rn. 49; Zöllner, RWS – Forum 8, S. 89 (7, 105).; so auch Noack, Gesvereinbarungen bei Kap., S. 161.

1010 Zöllner, RWS – Forum 8, GesR, S. 89 (106).

1011 Ulmer, NJW 1987, S. 1849 (1851 f.); Vomhof, GmbHR 1984, S. 181 (181 f.); Winter, ZHR 154, S. 259 (270); Goette, RWS – Forum 8, GesR, S. 113 (125).

1012 Ulmer, NJW 1987, S. 1849 (1851 f.); Vomhof, GmbHR 1984, S. 181 (181 f.); Winter, ZHR 154, S. 259 (270); Goette, RWS – Forum 8, GesR, S. 113 (125).

nicht nachvollziehbar, dass die Satzungsbestimmung, ziehe man die Vereinbarung zur Auslegung heran, zu verschiedenen Zeitpunkten eine differierende Bedeutung haben solle.[1013] Zwar solle der Inhalt der Satzung bei Eintritt eines neuen Gesellschafters nach objektiven Merkmalen zu bestimmen sein, da für den Eintretenden das individuelle Verständnis nicht zugänglich sei. Trete dieser wieder aus, so müsse wieder die subjektive Auslegung maßgebend sein. Dies sei sehr fragwürdig.[1014] Im Endeffekt mache ein derartiges Vorgehen die Satzungsvorschrift quasi überflüssig.[1015] Angesichts der notariellen Beurkundungspflicht für Satzungsregelungen könne dies nicht vom Gesetzgeber gewollt sein. Dies widerspreche auch der Rechtssicherheit und dem Gläubigerschutz.[1016] Im Übrigen könne eine Gleichstellung der außerhalb der Satzung getroffenen Vereinbarung mit den Satzungsbestimmungen nicht auf die Anfechtbarkeit beschränkt werden. Diese würde höchstwahrscheinlich zu einer weiterreichenden Geltung führen.[1017] Folglich würde eine solche Gleichstellung im Einzelnen nicht absehbare Folgen mit sich bringen.[1018] Ferner sei fraglich, ob die Gesellschafter Satzung und Vereinbarung tatsächlich als Einheit begreifen würden. Dagegen spreche, dass die Gesellschafter die bewusste Entscheidung getroffen hätten, die Vereinbarung aus Gründen der Form und des Ausschlusses der Öffentlichkeit gerade nicht in die Satzung aufzunehmen. Ihnen sei also durchaus klar, dass nicht derselbe Stellenwert gegeben sei.[1019] Einer außerhalb der Satzung stehenden Vereinbarung könne folglich nicht ohne Weiteres eine satzungsgleiche Qualität zugestanden werden. Insoweit hätten die Gesellschafter, soweit sie eine lediglich schuldrechtliche Nebenabrede als ausreichend angesehen hätten, einen in der Regel schwächeren Rechtsschutz zu akzeptieren.[1020] Im Übrigen könne durch die Anerkennung von Satzungsähnlichkeit ohne Weiteres die Beurkundungspflicht für Satzungsregelungen umgangen werden. Dies sei nicht mit den Zwecken der Registerpublizität, also weder mit dem Gläubigerschutz noch mit der Rechtssicherheit zu vereinbaren.[1021] Im Endeffekt bestehe also kein Anlass für eine Rechtsfortbildung dieser Art.[1022]

1013 Goette, RWS – Forum 8, GesR, S. 113 (125).
1014 Goette, RWS – Forum 8, GesR, S. 113 (125).
1015 Goette, RWS – Forum 8, GesR, S. 113 (125).
1016 Goette, RWS – Forum 8, GesR, S. 113 (125).
1017 Ulmer/Habersack/Löbbe/Raiser, Anh. 47 Rn. 154.
1018 Ulmer/Habersack/Löbbe/*Raiser*, Anh. 47 Rn. 154.
1019 Ulmer/Habersack/Löbbe/*Raiser*, Anh. 47 Rn. 156; Ulmer, NJW 1987, S. 1849 (1855).
1020 Ulmer/Habersack/Löbbe/*Raiser*, Anh. 47 Rn. 156; Ulmer, NJW 1987, S. 1849 (1855).
1021 Ulmer/Habersack/Löbbe/*Raiser*, Anh. 47 Rn. 156; Ulmer, NJW 1987, S. 1849 (1855).
1022 Ulmer/Habersack/Löbbe/*Raiser*, Anh. 47 Rn. 156; Ulmer, NJW 1987, S. 1849 (1855); Winter, ZHR 154, S. 259 (268 ff).

b) Stellungnahme

Die Argumentation gegen eine subjektive Auslegung der Satzung ist überzeugend. Es ist nicht möglich, dass eine Satzungsregelung zu verschiedenen Zeitpunkten einen unterschiedlichen Bedeutungsinhalt haben soll. Dies widerspricht unter anderem dem von der Satzung auch intendierten Gläubigerschutz und der Rechtssicherheit.[1023] Der Satzungsinhalt soll für Dritte zugänglich und erkennbar sein. Dies wird durch das Erfordernis der Registerpublizität gewährleistet. Ließe man einer subjektiven Auslegung freien Lauf, würde dies die Konterkarierung der Satzungszwecke bedeuten.[1024] Die Gesellschafter haben sich bewusst gegen eine Aufnahme der Abrede in die Satzung entschieden, so dass nicht angenommen werden kann, die Gesellschafter gingen von einer Einheit aus.[1025] Insofern wird hier die Ablehnung einer subjektiven Satzungsauslegung für zutreffend erachtet. Der satzungsähnliche Charakter der Gesellschaftervereinbarung ist damit zu verneinen. Erst recht nicht überzeugen kann die Annahme einer generellen Anfechtbarkeit bei Verstoß gegen Gesellschafterabreden, wie sie der BGH in seinen Entscheidungen aus den Jahren 1983 und 1987 angenommen hat. Widersprüchlich erscheint es nach zutreffender Ansicht, dass der BGH die Anfechtbarkeit des Beschlusses bei Verletzung einer schuldrechtlichen Nebenabrede zwar bejaht, eine subjektive Auslegung der Satzung anhand der Nebenabrede und damit deren satzungsähnliche Qualität aber verneint.[1026] Auch das Hauptargument des BGH, die Prozessökonomie, kann die mangelnde dogmatische Begründung nicht ersetzen. In jedem Fall ist die Prozessökonomie als einziges Argument nicht ausreichend.[1027] Mithin kann nur die Trennungstheorie hier überzeugen mit der Folge der Ablehnung einer generellen Anfechtbarkeit bei Verstößen gegen Gesellschafterabreden.

Fraglich ist, ob eine Ausnahme zuzulassen ist, wenn eine offensichtlich rechtsmissbräuchliche Verletzung der schuldrechtlichen Nebenabrede im Raum steht. Aber auch dagegen ist einzuwenden, dass nach § 243 AktG ausschließlich Verstöße gegen Gesetz und Satzung die Anfechtbarkeit eines Beschlusses herbeiführen können. Da es aber an der Satzungsähnlichkeit der Nebenabrede fehlt, ist von der Zulassung einer Ausnahme Abstand zu nehmen. Den Gesellschaftern ist diese mit der Nebenabrede verbundene Unsicherheit ja schließlich auch bewusst, so dass man die Gesellschafter im Falle eines Verstoßes gegen diese Abrede auf die schuldrechtlichen Rechtsfolgen verweisen kann.[1028]

1023 Ulmer/Habersack/Löbbe/*Raiser*, Anh. 47 Rn. 156.; Ulmer, NJW 1987, S. 1849 (1855).
1024 OLG Stuttgart, DB 2001, S. 854 (854 ff.); Winter, ZHR 154, S. 259 (278).
1025 Ulmer/Habersack/Löbbe/*Raiser*, Anh. 47 Rn. 156; Ulmer, NJW 1987, S. 1849 (1855).
1026 Goette, RWS – Forum 8, GesR, S. 113 (126); Winter, ZHR 154, S. 259 (270).
1027 Goette, RWS – Forum 8, GesR, S. 113 (126 ff.).
1028 Ulmer/Habersack/Löbbe/*Raiser*, Anh. 47 Rn. 156; Ulmer, NJW 1987, S. 1849 (1855).

5. Beseitigung von Mängeln

Als Maßnahmen für eine Beseitigung von Mängeln, die die Anfechtbarkeit des Beschlusses begründen, kommen die Zustimmung der betroffenen Gesellschafter, das Abhalten einer Vollversammlung und die Bestätigung durch Beschluss in Betracht.[1029]

Zunächst ist eine Beseitigung anfechtbarkeitsbegründender Mängel durch Zustimmung der vom Mangel betroffenen Gesellschafter in Erwägung zu ziehen. Dies wird zumindest von einem Teil der Literatur vertreten.[1030] Voraussetzung sei allerdings, dass die Mängel zur Disposition der einzelnen Gesellschafter stünden.[1031] Dies sei der Fall, sofern sich „der Beschlussmangel in der Verletzung individueller Rechte erschöpfe".[1032] Solche zur Disposition stehenden Mängel könnten z. B. die Verletzung von Informations- oder Teilnahmerechten oder eine unterschiedliche Behandlung von Gesellschaftern sein. Die Zustimmung bewirke dann tatsächlich die Beseitigung des Mangels und damit auch die Aufhebung der Rechtswidrigkeit des Beschlusses.[1033] Dieser Auffassung der Mängelbeseitigung durch Zustimmung ist entgegenzuhalten, dass die Zustimmung lediglich den Wegfall der Anfechtungsbefugnis bewirkt, so dass eine solche nicht zu einer Beseitigung des Mangels führen kann.[1034] Ferner kann vor allem die Heilung inhaltlicher Mängel aufgrund von Rechtssicherheitsaspekten nicht hingenommen werden.[1035] Zudem ist keine gesetzliche Grundlage für die Beseitigung des Mangels durch Zustimmung ersichtlich.[1036]

Ein Beschlussmangel kann durch das Abhalten einer Vollversammlung nach § 51 III GmbHG beseitigt werden. Möglich ist jedoch nach dieser Vorschrift ausschließlich die Beseitigung von Verfahrensfehlern. Ein im Rahmen der Versammlung auftretender Mangel kann nicht angefochten werden, sofern keine Rüge während der Versammlung erfolgt ist und sämtliche Gesellschafter anwesend sind.[1037]

Des Weiteren besteht die Möglichkeit der Bestätigung eines mangelhaften Beschlusses durch einen neuen Beschluss. Nach allgemeiner Auffassung ist § 244 S. 1 AktG auf die GmbH entsprechend anwendbar.[1038] Dieser Vorschrift zufolge kann die

---

1029 Scholz/*Schmidt*, § 45 Rn. 119; § 51 Rn. 32; Lutter/Hommelhoff/*Bayer*, Anh. § 47 Rn. 60 f.; Baumbach/Hueck/*Fastrich/Haas/Noack/Zöllner*, Anh. § 47 Rn. 131; Ulmer/Habersack/Löbbe/*Raiser*, Anh. 47 Rn. 160; Roth/Altmeppen/*Roth*, § 47 Rn. 135.

1030 Scholz/*Schmidt*, § 45 Rn. 119; Lutter/Hommelhoff/*Bayer*, Anh. § 47 Rn. 60.

1031 Scholz/*Schmidt*, § 45 Rn. 119; Lutter/Hommelhoff/*Bayer*, Anh. § 47 Rn. 60.

1032 Scholz/*Schmidt*, § 45 Rn. 119.

1033 Scholz/*Schmidt*, § 45 Rn. 119.

1034 Baumbach/Hueck/*Fastrich/Haas/Noack/Zöllner*, Anh. § 47 Rn. 137; Lutter/Hommelhoff/*Bayer*, Anh. § 47 Rn. 57.

1035 Baumbach/Hueck/*Fastrich/Haas/Noack/Zöllner*, Anh. § 47 Rn. 137; Lutter/Hommelhoff/*Bayer*, Anh. § 47 Rn. 57.

1036 Baumbach/Hueck/*Fastrich/Haas/Noack/Zöllner*, Anh. § 47 Rn. 137; Lutter/Hommelhoff/*Bayer*, Anh. § 47 Rn. 57.

1037 Scholz/*Schmidt/Seibt*, § 51 Rn. 32.

1038 OLG Düsseldorf, GmbHR 2003, S. 1006 (1009); Scholz/*Schmidt*, § 45 Rn. 121; Baumbach/Hueck/*Fastrich/Haas/Noack/Zöllner*, Anh. § 47 Rn. 131; Ulmer/Habersack/

Anfechtung nicht mehr geltend gemacht werden, wenn der anfechtbare Beschluss durch einen neuen Beschluss bestätigt wurde und dieser Beschluss innerhalb der Anfechtungsfrist nicht angefochten oder die Anfechtung rechtskräftig zurückgewiesen worden ist. Voraussetzung ist also, dass der zweite Beschluss denselben Inhalt hat wie der erste und dieser nicht nichtig ist oder wirksam angefochten wurde.[1039] Ferner darf der ursprüngliche Beschluss nicht an einem inhaltlichen Mangel leiden. Ist dies der Fall, so ist keine Bestätigung möglich.[1040] Insoweit soll es lediglich möglich sein, formelle Unklarheiten zu beseitigen.[1041] Entspricht der zweite Beschluss inhaltlich nicht dem Ersten, wird also der Beschlussinhalt verändert, liegt ein neuer Beschluss vor.[1042] Eine Bestätigung ist also nicht erfolgt und folglich konnte auch keine Aufhebung der Rechtwidrigkeit des Beschlusses bewirkt werden.[1043] Der Anwendungsbereich des § 244 AktG umfasst demnach ausschließlich Verfahrensmängel.[1044] Nach h. A. führt die Bestätigung lediglich zu einer Beseitigung des Mangels ex nunc; denn beseitigt wird nur „die Rechtswidrigkeit der beschlossenen Regelung". Dies lasse sich § 244 S. 2 AktG entnehmen.[1045] Diese Regelung besagt, dass für die Zeit bis zum Bestätigungsbeschluss der Beschluss noch wirksam angefochten werden kann, vorausgesetzt es gelingt die Darlegung eines rechtlichen Interesses. Im Übrigen kann ein Mangel nicht beseitigt werden, soweit der bestätigende Beschluss selbst nichtig ist.[1046]

III. Zusammenfassung

Voraussetzung für die Anfechtbarkeit eines Beschlusses ist zunächst dessen verbindliche Feststellung durch einen Versammlungsleiter; denn es muss hinreichend bestimmt sein, gegen welchen Inhalt sich eine eventuelle spätere Anfechtung richtet.

Löbbe/*Raiser*, Anh. 47 Rn. 160; Lutter/Hommelhoff/*Bayer*, Anh. § 47 Rn. 61; Roth/Altmeppen/*Roth*, § 47 Rn. 135; Rowedder/Schmidt-Leithoff/*Koppensteiner*, § 47 Rn. 137; Bork/Schäfer/*Casper*, § 47 Rn. 77; MüKoGmbHG/*Wertenbruch*, Anh. § 47 Rn. 163.

1039 OLG Stuttgart, NZG 2005, S. 432 (437); Ulmer/Habersack/Löbbe/*Raiser*, Anh. 47 Rn. 161.

1040 Ulmer/Habersack/Löbbe/*Raiser*, Anh. 47 Rn. 160 ff.

1041 Ulmer/Habersack/Löbbe/*Raiser*, Anh. 47 Rn. 160 ff.

1042 OLG Nürnberg, NZG 2000, S. 700 (700); Ulmer/Habersack/Löbbe/*Raiser*, Anh. 47 Rn. 162; Zeilinger, GmbHR 2001, S. 541 (550).

1043 OLG Nürnberg, NZG 2000, S. 700 (700); Ulmer/Habersack/Löbbe/*Raiser*, Anh. 47 Rn. 162; Zeilinger, GmbHR 2001, S. 541 (550).

1044 Baumbach/Hueck/*Fastrich/Haas/Noack/Zöllner*, Anh. § 47 Rn. 131.

1045 BGH NZG 2004, S. 235; Scholz/*Schmidt*, § 45 Rn. 121; Ulmer/Habersack/Löbbe/*Raiser*, Anh. 47 Rn. 165; Baumbach/Hueck/*Fastrich/Haas/Noack/Zöllner*, Anh. § 47 Rn. 131; MüKoGmbhG/*Wertenbruch*, Anh. § 47 Rn. 163; Schmidt, JZ 1977, S. 769 (774 f.).

1046 Ulmer/Habersack/Löbbe/*Raiser*, Anh. 47 Rn. 165; Baumbach/Hueck/*Fastrich/Haas/Noack/Zöllner*, Anh. § 47 Rn. 131; MüKoGmbhG/*Wertenbruch*, Anh. § 47 Rn. 163.

Der Rolle des Versammlungsleiters ist dabei eine recht hohe Bedeutung zuzumessen. So kann dieser bei der Feststellung des Abstimmungsergebnisses Stimmen außer Acht lassen, wenn der Gesellschafter seiner Einschätzung nach nicht zur Stimmabgabe berechtigt war. Eine entsprechende Kompetenz sollte dem Versammlungsleiter auch für die Fälle einer nichtigen Stimmabgabe zukommen, zumindest wenn die Nichtigkeit der abgegebenen Stimme eindeutig ist. Fehlt es an einer förmlichen Feststellung des Beschlussergebnisses, so ist der Beschluss dennoch verbindlich, wenn sich die Gesellschafter über den Inhalt des Beschlusses einig sind.

Die Anfechtbarkeit eines Beschlusses richtet sich ebenfalls nach den aktienrechtlichen Vorschriften. § 243 AktG ist insoweit analog auf die GmbH anzuwenden. Es kann bei den Anfechtungsgründen zwischen formellen und materiellen Anfechtungsgründen unterschieden werden. So kommen als formelle Anfechtungsgründe Fehler bei der Durchführung und bei der Feststellung eines Beschlusses in Betracht, wenn diese Fehler eine gewisse Relevanz aufweisen. Auch das rechtswidrige Nichtmitzählen einer abgegebenen Stimme durch den Versammlungsleiter kann zur Anfechtbarkeit eines Beschlusses führen, wenn eine Auswirkung dieser Stimme auf das Beschlussergebnis festzustellen ist.

Materielle Anfechtungsgründe können sich aus Verstößen gegen Vorschriften der Satzung oder des Gesetzes ergeben. Verstöße gegen die Satzung sind zu bejahen, wenn ein Beschluss nicht im Einklang mit dem Gesellschaftszweck oder dem Unternehmensgegenstand steht. Ein Gesetzesverstoß ist insbesondere auch bei Verstößen gegen die allgemeinen Rechtsprinzipien anzunehmen. Als ein solches Rechtsprinzip ist der Grundsatz der Gleichbehandlung zu nennen. Ein Verstoß gegen den Gleichbehandlungsgrundsatz ist zu bejahen, wenn es an einer Rechtfertigung für eine Ungleichbehandlung der Gesellschafter fehlt. Ein Weiteres allgemeines Rechtsprinzip ist in der gesellschafterlichen Treuepflicht zu sehen. Dieses Prinzip verlangt von den einzelnen Gesellschaftern, auf die Interessen der Gesellschaft sowie der Mitgesellschafter Rücksicht zu nehmen.

Die Rechtsprechung ist inzwischen dazu übergegangen, Beschlüsse dahingehend zu überprüfen, ob sie sachlich gerechtfertigt sind und nicht willkürlich gefasst wurden. Die Grundlage für diese Inhaltskontrolle bilden die allgemeinen Rechtsprinzipien. Ein konkreter Verstoß gegen den Gleichbehandlungsgrundsatz oder die Treuepflicht muss von dem einzelnen Gesellschafter jedoch nicht nachgewiesen werden. Es sollen jedoch nur Grundlagenentscheidungen von einer solchen Kontrolle erfasst werden, und nach der hier vertretenen Ansicht auch nur solche Beschlüsse, die auf die Schaffung eines Abhängigkeitsverhältnisses im Hinblick auf ein anderes Unternehmen gerichtet sind.

Ist eine Gesellschaftervereinbarung als materieller Bestandteil in die Satzung aufgenommen worden, so führt ein Verstoß gegen diese Vereinbarung zur Anfechtbarkeit eines Beschlusses. Umstritten ist, inwieweit der Verstoß gegen eine bloß schuldrechtliche Nebenvereinbarung die Anfechtbarkeit eines Beschlusses bewirken kann. Der BGH hatte dies in zwei Entscheidungen aus den Jahren 1983 und 1987 zugelassen. Eine von dieser Rechtsprechung abweichende Tendenz ist jedoch erkennbar. In der Literatur wird zum Teil die Auffassung vertreten, dass der Satzungsinhalt anhand einer solchen Abrede der Gesellschafter untereinander subjektiv auszulegen sei. Nach der hier vertretenen Ansicht ist von einer solchen subjektiven Auslegung Abstand zu nehmen, da dies den Satzungszwecken Gläubigerschutz und Rechtssicherheit entgegensteht.

Schließlich ist auch eine Beseitigung von Anfechtungsmängeln möglich. Diese kann zwar nicht durch Zustimmung der von dem Beschlussmangel betroffenen Gesellschafter erfolgen, da es insbesondere an einer entsprechenden gesetzlichen Grundlage fehlt. Ein fehlerhafter Beschluss, der auf einem Verfahrensfehler beruht, kann aber von der Vollversammlung durch Bestätigung in analoger Anwendung des § 244 I AktG geheilt werden.

4. Kapitel: Geltendmachung von Beschlussmängeln in der GmbH

A. Einleitung

Mit dem Eintritt in eine Gesellschaft erwerben die Gesellschafter nicht nur Rechte, sondern auch Pflichten.[1047] Sie unterwerfen sich der Gesellschaft und deren Mitgliedern, so dass der Eintritt in eine Gesellschaft mit einem teilweisen Verzicht auf Freiheiten einhergeht.[1048] Der erworbene Anteil ist zwar Eigentum des Gesellschafters; eine wie sonst im Eigentumsrecht übliche Verfügungsfreiheit in Bezug auf den Anteil ist jedoch nur in Grenzen möglich; denn diese Freiheit wird beschränkt durch gesellschaftsrechtliche Regelungen und durch die Satzung.[1049] Dennoch muss der Gesellschafter nicht jede unmittelbare oder mittelbare Einwirkung auf seinen Anteil hinnehmen. Jedem Gesellschafter werden gewisse unentziehbare mitgliedschaftliche Rechte und Individualrechte zugestanden.[1050] So kann es ihnen grundsätzlich nicht zugemutet werden, fehlerhafte Beschlüsse hinzunehmen. Denn die Gesellschafter haben ein Recht auf Einhaltung von Gesetz und Satzung. Dieses Recht findet seine Verkörperung im Anfechtungsrecht, das sich seinerseits aus Art. 14 GG als Teilhaberecht an der Gesellschaft ergibt.[1051] In der Mangelhaftigkeit eines Beschlusses ist eine Verletzung des Eigentums und damit des Mitgliedschaftsrechts zu sehen.[1052] Insofern stehen den Gesellschaftern gewisse Kontrollrechte zu, u. a. das Recht zu überprüfen, ob Gesetz und Satzung eingehalten wurden.[1053] Zur Durchsetzung dieser Rechte muss es dem betroffenen Gesellschafter möglich gemacht werden, Beschlussmängel geltend zu machen.[1054] Umstritten ist aber infolge mangelnder gesetzlicher Regelung in der GmbH, auf welche Weise nun zur Anfechtbarkeit führende Mängel geltend zu machen sind. Rechtsprechung und h. L. haben sich bislang auf eine ausschließliche Geltendmachung mittels Anfechtungsklage nach § 246 AktG analog festgelegt.[1055] Demgegenüber werden neuerdings Rufe

---

1047 Roth/Altmeppen/*Roth*, § 45 Rn. 14 ff.; Beck'sches Handbuch der GmbH/*Schmiegelt/Gerber*, § 3 Rn. 124.

1048 Roth/Altmeppen/*Roth*, § 45 Rn. 14 ff.; Beck'sches Handbuch der GmbH/*Schmiegelt/Gerber*, § 3 Rn. 124.

1049 Wiedemann, § 7 I 1, S. 357 f.

1050 Wiedemann, § 7 I 1, S. 357 f.

1051 Spindler/Stilz/*Würthwein*, § 243 Rn. 30.

1052 Spindler/Stilz/*Würthwein*, § 243 Rn. 30; Noack, S. 41 ff.; Casper, ZHR 163, S. 54 (68 f.).

1053 Wiedemann, § 7 II 2 c, S. 379 f.

1054 Wiedemann, § 7 II 2 c, S. 379 f.

1055 RGZ 166, 129 (131); RGZ 172, 76 (77); BGHZ 18, 334 (338); Hüffer, ZGR 2001, S. 833 (864); K. Schmidt, in: FS Stimpel, S. 217 (221 ff.); Schröder, GmbHR 1994, S. 532 (532 ff.).

nach einer anderweitigen Geltendmachung von Beschlussmängeln laut.[1056] Angesichts dieser Kritik und unter Berücksichtigung der neuesten Entwicklung im GmbH-Recht ist es angezeigt, die Geltendmachung von Beschlussmängeln unter Berücksichtigung sämtlicher Gesichtspunkte erneut zu überprüfen.

B. Die Etablierung des Anfechtungsklageerfordernisses

Wie bereits verschiedentlich erwähnt, ist das Beschlussmängelrecht der GmbH nicht kodifiziert. Ebenso wenig ist mithin die Geltendmachung von zur Anfechtbarkeit führenden Mängeln gesetzlich festgelegt. Der Gesetzgeber hat es also der Rechtsprechung überlassen, sich für einen Weg zu entscheiden. Für diese bestand einerseits die Möglichkeit einer Anlehnung an das Personengesellschaftsrecht, andererseits kam eine Heranziehung der aktienrechtlichen Regelungen in Betracht.[1057] In der Entscheidung vom 9.10.1914[1058] erkannte das Reichsgericht für die GmbH, zunächst unter Bezugnahme auf das im ADHGB geregelte Aktienrecht, das Klagerecht und die „inter omnes"-Wirkung des entsprechenden Urteils an. Dies bedeutete eine klare Distanzierung vom Recht der Personengesellschaften; denn dort war bereits damals eine Trennung von Anfechtungs- und Nichtigkeitsgründen nicht vorgesehen und mithin auch keine Geltendmachung mittels Anfechtungsklage anerkannt.[1059] Im Anschluss daran folgten Urteile, in denen die Rechtsprechung fehlerhaften Beschlüssen eine vorläufige Wirksamkeit zugestand und eine Geltendmachung im Wege der Anfechtungsklage zuließ.[1060] Im weiteren Verlauf wurde eine Orientierung der Rechtsprechung an Gesetzentwürfen zur Reform des GmbH-Gesetzes erkennbar, die Regelungsansätze in Anlehnung an das AktG enthielten.[1061] Diese Entwürfe erlangten zwar keinen Gesetzesstatus, aber das Erfordernis der Anfechtungsklage wurde gleichwohl zur ständigen Rechtsprechung.[1062] Diese Entscheidungen wurden zumeist, wenn überhaupt, nur sehr zurückhaltend mit Hinweisen auf Rechtssicherheit und Ähnlichkeit von Sach- und Rechtslage in GmbH und AG begründet.[1063] Diese Rechtsprechung fand auch in der Literatur bislang weitgehende Zustimmung.[1064] So sei das

---

1056 Ulmer/Habersack/Löbbe/*Raiser*, Anh. 47 Rn. 107; Baumbach/Hueck/*Fastrich/Haas/Noack/Zöllner*, Anh. § 47 Rn. 12 ff; Raiser, in: FS 100 Jahre GmbHG, S. 587 (600 f.); Zöllner/Noack, ZGR 1989, 525 (525 ff.); Casper, ZHR 163, S. 54 (54 ff.).

1057 Roth/Altmeppen/*Roth*, Einleitung Rn. 1; Koberg, S. 125 ff.

1058 RGZ 85, 311 (313).

1059 Roth/Altmeppen/*Roth*, § 47 Rn. 91.

1060 RGZ 101, 160 ff.; RGZ 166, 129 ff.; BGHZ 11, 231 (235); BGHZ 18, 334 (338).

1061 RefE eines Gesetzes über Gesellschaften mit beschränkter Haftung 1969, S. 341 ff.; Gessler, BB 1969, S. 589 (589 ff.).

1062 RGZ 166, 129 (131); RGZ 172, 76 (77); BGHZ 18, 334 (338).

1063 RGZ 166, 129 (131); RGZ 172, 76 (77); BGHZ 18, 334 (338).

1064 Lutter/Hommelhoff/*Bayer*, Anh. § 47 Rn. 67; Michalski/*Römermann*, Anh. § 47 Rn. 380 f.; MüKoGmbHG/*Wertenbruch*, Anh. § 47 Rn. 243; Schröder, GmbHR 1994, S. 532 (532 ff.); Hoffmann/Köster, GmbHR 2003, S. 1327 (1334 ff.).

Anfechtungsklageerfordernis für die Herstellung einer möglichst rechtssicheren Lage wesentlich. Dementsprechend sei die Anfechtungsklage das einzige Instrument, mithilfe dessen die Herbeiführung einer solchen Lage tatsächlich möglich sei.[1065] Dies liege in ihrer Ausprägung als Gestaltungsklage mit Wirkung inter omnes begründet, also einer Wirkung des Anfechtungsurteils für und gegen jedermann.[1066] Sie diene dadurch dem Schutz künftiger Anteilerwerber und sonstiger Gläubiger.[1067] Ein solches Bedürfnis nach Rechtssicherheit bestehe ebenso in der GmbH. Auch dort sei also die Anfechtungsklage die einzig akzeptable Maßnahme der Geltendmachung von Beschlussmängeln.[1068]

Kritiker der Rechtsprechungsansicht rügen, dass in einigen Fällen seitens der Rechtsprechung eine alternative Geltendmachung von Beschlussmängeln zugelassen wurde. Dies stehe im Widerspruch zu der bisherigen Rechtsprechung bzw. bedeute gar eine Abkehr.[1069] Es stellt sich nunmehr die Frage, wie es zu bewerten ist, dass die Rechtsprechung in einigen Entscheidungen eine alternative Geltendmachung als zulässig erachtet hat. In diesem Sinne ist ein besonderes Augenmerk auf die gegenwärtige Entwicklung in der Rechtsprechungspraxis zu legen. So hat bereits das RG die Einrede der Beschlussmangelhaftigkeit zugelassen.[1070] In einer Entscheidung des BGH wurde der Einwand eines Gesellschafters, der Beschluss sei aufgrund eines wichtigen Grundes anfechtbar gewesen, gegenüber der Ausschlussklage zugelassen, auch wenn die rechtzeitige Erhebung der Anfechtungsklage versäumt worden war.[1071] Der BGH ließ den allgemeinen Missbrauchseinwand gegenüber dem nicht rechtzeitig angefochtenen Beschluss gelten.[1072] So stelle die Berufung auf die Wirkungen der Unanfechtbarkeit einen Rechtsmissbrauch dar und sei daher unbeachtlich.[1073] Der BGH erkannte in dem Versäumniseinwand einen so schweren Rechtsmissbrauch, dass dieser sich unmittelbar auf die Rechtsstellung des Gesellschafters auswirkte. Es wurde als unzumutbar angesehen, den betroffenen Gesellschafter auf die Anfechtungsklage zu verweisen. Der BGH kam nicht umhin, die Geltendmachung der Rechtswidrigkeit des Beschlusses mittels Einrede zuzulassen; denn er sah sich mit

---

1065 Lutter/Hommelhoff/*Bayer*, Anh. § 47 Rn. 67; Michalski/*Römermann*, Anh. § 47 Rn. 380 f.; MüKoGmbHG/*Wertenbruch*, Anh. § 47 Rn. 243; Schröder, GmbHR 1994, S. 532 (532 ff.); Hoffmann/Köster, GmbHR 2003, S. 1327 (1334 ff.).

1066 Schröder, GmbHR 1994, S. 532 (532 ff.); Hoffmann/Köster, GmbHR 2003, S. 1327 (1334 ff.).

1067 Schröder, GmbHR 1994, S. 532 (532 ff.); Hoffmann/Köster, GmbHR 2003, S. 1327 (1334 ff.).

1068 Lutter/Hommelhoff/*Bayer*, Anh. § 47 Rn. 67; Michalski/*Römermann*, Anh. § 47 Rn. 380 f.; MüKoGmbHG/*Wertenbruch*, Anh. § 47 Rn. 243; Schröder, GmbHR 1994, S. 532 (532 ff.); Hoffmann/Köster, GmbHR 2003, S. 1327 (1334 ff.).

1069 Zöllner/Noack, ZGR 1989, S. 525 (533).

1070 RGZ 89, 377 (377).

1071 BGHZ 101, 113 (120 ff.).

1072 BGHZ 101, 113 (120 ff.).

1073 BGHZ 101, 113 (120 ff.).

einem besonders schwerwiegenden Fall rechtsmissbräuchlichen Verhaltens eines Gesellschafters konfrontiert, der sich nur in Ausnahmesituationen ergeben könne.[1074] Von einer Abkehr von der bisherigen Rechtsprechung kann also keine Rede sein. Es handelt es sich bei den Entscheidungen um derart gesonderte Einzelfälle, dass eine generelle Zulässigkeit einer alternativen Geltendmachung von Beschlussmängeln bei Eingriffen in die mitgliedschaftliche Rechtsstellung sowie bei der Geltendmachung eines eigenen Anspruchs, dessen Vorliegen die Gesellschaft mittels Beschluss ablehnt, keineswegs gewollt sein kann.[1075]

C. Gegenauffassung

Die Gegenansicht zweifelt das Erfordernis der Erhebung einer Anfechtungsklage an.[1076] In der GmbH sei auf das Anfechtungsklageerfordernis zu verzichten. Es müsse neben der Erhebung der Anfechtungsklage möglich sein, Mängel auch auf anderem Wege geltend zu machen. Es gebe durchaus die Möglichkeit, einen Beschluss anders als durch Gerichtsurteil zu beseitigen.[1077] Begründet wird diese ablehnende Haltung damit, dass die Voraussetzungen für eine analoge Anwendung des § 246 AktG nicht erfüllt seien. Es existiere keine vergleichbare Sach- und Rechtslage und insbesondere keine vergleichbare Interessenlage.[1078] Ferner bedeute die Notwendigkeit der Erhebung einer Klage eine erhebliche Beeinträchtigung der Minderheitsinteressen, da dies für den Gesellschafter mit erheblichen Risiken verbunden sei. So müsse dieser u. a. damit rechnen, die Kosten des Rechtsstreits tragen zu müssen.[1079] Zusätzlich würden die Möglichkeiten, sich auf Mängel zu berufen, erheblich eingeschränkt. Der Schutz der Gesellschafterminderheit sei aber in der GmbH als höherrangig einzustufen im Vergleich zum Interesse der Gläubiger an Rechtssicherheit. Eine Abwägung zwischen Minderheitsinteressen und Rechtssicherheit müsse mithin zugunsten der Minderheitsinteressen ausfallen.[1080] Diese Auffassung finde eine Stütze in der Rechtsprechung, die sich teilweise als widersprüchlich erwiesen habe bzw. zeige, dass in einigen Fällen nicht am Anfechtungsklageerfordernis festgehalten werden könne, da ansonsten unerträgliche Belastungen des betroffenen Gesellschafters die

1074 BGHZ 101, 113 (120 ff.).

1075 MüKoGmbHG/*Wertenbruch*, Anh. § 47 Rn. 246; a. A. Ulmer/Habersack/Löbbe/*Raiser*, Anh. 47 Rn. 194.

1076 Ulmer/Habersack/Löbbe/*Raiser*, Anh. 47 Rn. 107; Baumbach/Hueck/*Fastrich/Haas/Noack/Zöllner*, Anh. § 47 Rn. 12 ff; Raiser, in: FS 100 Jahre GmbHG, S. 587 (600 f.); Zöllner/Noack, ZGR 1989, 525 (525 ff.); Casper, ZHR 163, S. 54 (54 ff.); Joost, ZGR 1984, S. 71 (102 f.).

1077 Ulmer/Habersack/Löbbe/*Raiser*, Anh. 47 Rn. 107; Baumbach/Hueck/*Fastrich/Haas/Noack/Zöllner*, Anh. § 47 Rn. 12 ff; Raiser, in: FS 100 Jahre GmbHG, S. 587 (600 f.); Zöllner/Noack, ZGR 1989, 525 (525 ff.); Casper, ZHR 163, S. 54 (54 ff.).

1078 Zöllner/Noack, ZGR 1989, 525 (532 f.); Joost, ZGR 1984, 71 (102 f.).

1079 Zöllner/Noack, ZGR 1989, S. 525 (533); Noack, S. 109; Casper, ZHR 163, S. 54 (75).

1080 Zöllner/Noack, ZGR 1989, S. 525 (533); Noack, S. 109; Casper, ZHR 163, S. 54 (75).

Konsequenz wären.[1081] Den Gesellschaftern müssten folglich Alternativen für die Geltendmachung an die Hand gegeben werden.[1082]

I. Bedürfnis für eine alternative Geltendmachung

Die Gegner des Anfechtungsklageerfordernisses sind der Ansicht, ein Bedürfnis für die alternative Geltendmachung von Beschlussmängeln sei vor allem auf den hohen Stellenwert von Beschlüssen in der GmbH zurückzuführen. Die Gesellschafterversammlung sei als wichtigstes Organ in der GmbH viel weitgehender in die Geschäftsführung eingebunden als die Teilnehmer der Hauptversammlung in der AG. Zwangsläufig würden in der GmbH wesentlich mehr Beschlüsse gefasst.[1083] Ein Zwang zur Klageerhebung sei daher nicht wünschenswert, da dies zu einer überflüssigen Belastung des Justizsystems führe und den Gesellschaftern dadurch ein Rechtsstreit aufgedrängt werde, den diese unter Umständen gar nicht wollten.[1084] Aufgrund des eher personalistischen Charakters der GmbH hätte dies u.U. zerstörende Auswirkungen auf das Miteinander der Gesellschafter.[1085] Die innergesellschaftlichen Beziehungen würden auf eine harte Belastungsprobe gestellt.[1086] In der AG sei eine Beschränkung der Möglichkeiten zur Geltendmachung durch das starke Bedürfnis nach jederzeitiger Rechtsklarheit und Rechtssicherheit zum Schutz von Aktionären, Gesellschaftsgläubigern und künftigen Anteilseignern angemessen. Es würden in der Hauptversammlung zwar nur wenige Beschlüsse gefasst, dafür handele es sich aber um Beschlüsse mit beträchtlichen Auswirkungen.[1087] In der GmbH sei dahingegen eine Einschränkung nicht gerechtfertigt. So bestünden zwischen GmbH und AG tiefgreifende strukturelle Unterschiede.[1088] Gerade was das Bedürfnis nach Rechtssicherheit angehe, sei keine vergleichbare Situation gegeben.[1089] Die Interessenlagen in der AG würden sich von denen der GmbH wesentlich unterscheiden. In der GmbH sei die Übertragung von Geschäftsanteilen nicht die Regel; insofern bedürfe es keines besonderen Schutzes künftiger Anteilseigner.[1090] Zum anderen würden in der GmbH wesentlich mehr Beschlüsse gefasst als in der AG. Diese würden vorwiegend Fragen der Geschäftsführung betreffen und eben nicht, wie in der AG, hauptsächlich Grundlagengeschäfte. Die meisten Beschlüsse in der GmbH seien also von eher geringem Interesse für die Öffentlichkeit.[1091] In der GmbH bestehe folglich

1081 Zöllner/Noack, ZGR 1989, S. 525 (533); Noack, S. 109; Casper, ZHR 163, S. 54 (75).
1082 Zöllner/Noack, ZGR 1989, S. 525 (533); Noack, S. 109; Casper, ZHR 163, S. 54 (75).
1083 Casper, ZHR 163, S. 54 (75).
1084 Casper, ZHR 163, S. 54 (75).
1085 Casper, ZHR 163, S. 54 (75).
1086 Casper, ZHR 163, S. 54 (75).
1087 Zöllner/Noack, ZGR 1989, S. 525 (533 f.); Casper, ZHR 163, S. 54 (75).
1088 Zöllner/Noack, ZGR 1989, S. 525 (533 f.); Casper, ZHR 163, S. 54 (75).
1089 Zöllner/Noack, ZGR 1989, S. 525 (533 f.); Casper, ZHR 163, S. 54 (75).
1090 Zöllner/Noack, ZGR 1989, S. 525 (533 f.); Casper, ZHR 163, S. 54 (75).
1091 Zöllner/Noack, ZGR 1989, S. 525 (533 f.); Casper, ZHR 163, S. 54 (75).

ein wesentlich geringeres Rechtsicherheitsbedürfnis als in der AG.[1092] Ferner müsse in der GmbH dem Minderheitenschutz Vorrang vor der Rechtssicherheit eingeräumt werden. Dieser werde durch das Anfechtungsklageerfordernis stark verkürzt, da dem betroffenen Gesellschafter Wege des Rechtsschutzes genommen würden.[1093] Die Gefahr eines Missbrauchs sei in der GmbH aufgrund der meist geringen Anzahl an Gesellschaftern weitgehend gebannt, weswegen es gerechtfertigt sei, die Gesellschaft in Handlungszwang zu setzen und nicht dem Minderheitsgesellschafter die Klagelast aufzubürden.[1094]

II. Alternativen zur Anfechtungsklage

Die Gegenauffassung zum Anfechtungsklageerfordernis hält es für unerlässlich, den Gesellschaftern neben der Anfechtungsklage weitere Möglichkeiten zur Geltendmachung von Beschlussmängeln zu eröffnen.[1095] Welche Maßnahmen danach im Einzelnen als Alternativen in Betracht kommen, hängt von den Anforderungen ab, die an eine alternative Geltendmachung zu stellen sind. Eine Orientierung an den Wirkungen der Anfechtungsklage sei sinnvoll, da die Anfechtungsklage, vor allem aufgrund der „inter omnes"-Wirkung des sich anschließenden Gestaltungsurteils, klarstellende Funktion habe.[1096] Entsprechend soll nach Ausüben der jeweiligen Maßnahme zumindest Klarheit darüber herrschen, welche Rechtslage nun gegeben ist.[1097] Es kämen also nur Maßnahmen in Frage, die eine hinreichend rechtssichere Lage herstellen können.[1098]

Zunächst wird von Seiten der Gegenauffassung als weitere Maßnahme der Aufhebungsbeschluss ins Spiel gebracht.[1099] Ein solcher Beschluss ist im Bereich des Beschlussmängelrechts inhaltlich darauf gerichtet, einen mit Mängeln behafteten Beschluss wieder zu beseitigen.[1100] Insoweit stelle ein Aufhebungsbeschluss eine alternative Form der Geltendmachung dar, mit dessen Hilfe eine ähnlich rechtssichere Lage wie mit einer Anfechtungsklage geschaffen werden könne.[1101] Allgemein anerkannt und damit unstreitig ist, dass ein Beschluss wiederum durch Beschluss der

1092 Zöllner/Noack, ZGR 1989, S. 525 (533 f.); Casper, ZHR 163, S. 54 (75).
1093 Wiedemann, § 3 I 2 b, S. 153; Immenga, GmbHR 1973, S. 5 ff.
1094 Wiedemann, § 3 I 2 b, S. 153; Immenga, GmbHR 1973, S. 5 ff.
1095 Ulmer/Habersack/Löbbe/*Raiser*, Anh. 47 Rn. 107; Baumbach/Hueck/*Fastrich/Haas/Noack/Zöllner*, Anh. § 47 Rn. 12 ff; Raiser, in: FS 100 Jahre GmbHG, S. 587 (600 f.); Zöllner/Noack, ZGR 1989, 525 (525 ff.); Casper, ZHR 163, S. 54 (54 ff.).
1096 Zöllner/Noack, ZGR 1989, S. 525 (535).
1097 Zöllner/Noack, ZGR 1989, S. 525 (535).
1098 Zöllner/Noack, ZGR 1989, S. 525 (535).
1099 Zöllner/Noack, ZGR 1989, S. 525 (535).
1100 Zöllner/Noack, ZGR 1989, S. 525 (535).
1101 Zöllner/Noack, ZGR 1989, S. 525 (535 f.).

Gesellschafterversammlung aufgehoben werden kann.[1102] Sofern alle Gesellschafter einverstanden sind, ist eine formlose Aufhebung möglich. Der einen Mangel rügende Gesellschafter kann also vor Erhebung einer Klage Verhandlungen in Bezug auf den Mangel anregen und im besten Falle sämtliche Gesellschafter von der Unrichtigkeit des Beschlusses überzeugen.[1103] Die Gesellschafter können jederzeit einen Aufhebungsbeschluss fassen, ohne dass dies von einer analogen Anwendung des § 243 AktG eingeschränkt wird.[1104] Fraglich ist aber, ob ein solcher Aufhebungsbeschluss eine rückwirkende Nichtigkeit des ursprünglichen Beschlusses anordnen kann. Eine „ex tunc“-Wirkung soll nach der Gegenauffassung mit Einschränkungen möglich sein. Dies habe zur Konsequenz, dass der Aufhebungsbeschluss ähnliche Rechtswirkungen entfalte wie eine Anfechtungsklage.[1105] Der Gesellschafter wäre nicht gezwungen, Klage zu erheben, sondern könnte zunächst versuchen, Überzeugungsarbeit zu leisten, um jegliche Bindungswirkung des Beschlusses zu beseitigen.[1106] Allerdings kreist die Diskussion hier nicht um eine alternative Art der Geltendmachung, sondern streitiger Punkt ist vielmehr die „ex tunc“-Wirkung eines solchen Aufhebungsbeschlusses. Die Zulässigkeit des Aufhebungsbeschlusses bestreitet auch die h. M. nicht, so dass diese Art der Mängelbeseitigung eigentlich nicht mit der Anfechtungsklage konkurriert.[1107] Als echte Alternative zur Anfechtungsklage kann die einvernehmlich beschlossene Aufhebung des Beschlusses also nicht betrachtet werden. Aus diesem Grund ist der Aufhebungsbeschluss in der weiteren Diskussion nicht weiter hervorzuheben.

Des Weiteren ist eine Beschlussanfechtung im Wege der einfachen Anfechtungserklärung mit der Wirkung der unmittelbaren Nichtigkeit des mangelhaften Beschlusses denkbar.[1108] Die Beschlussanfechtung mittels einfacher Erklärung entspricht aber nicht einer Anfechtung i. S. v. § 142 BGB; denn dort geht es immer um die Vernichtung eines Rechtsgeschäfts aufgrund von Willensmängeln,[1109] so dass sich bei der Anfechtung die Nichtigkeitsfolge auf die mangelbehaftete Willenserklärung selbst und nicht unmittelbar auf das Rechtsgeschäft insgesamt bezieht.[1110] Gesetzliche Grundlage für eine Anfechtungserklärung im Gesellschaftsrecht bietet § 142 BGB also nicht; denn der Beschluss soll schließlich unabhängig von Willensmängeln der stimmabgebenden Gesellschafter angefochten werden können.[1111] Dennoch soll

1102 BGHZ 48, 163 (172);Roth/Altmeppen/*Roth*, § 47 Rn. 10 ff.; Beck'sches Handbuch der GmbH/*Müller/Winkeljohann*, § 4 Rn. 159; Schröder, GmbHR 1994, S. 532 (535).

1103 Schröder, GmbHR 1994, S. 532 (535).

1104 Schröder, GmbHR 1994, S. 532 (535).

1105 Zöllner/Noack, ZGR 1989, S. 525 (537 f.).

1106 Zöllner/Noack, ZGR 1989, S. 525 (537 f.).

1107 Schröder, GmbHR 1994, S. 532 (535).

1108 Bork/Schäfer/*Casper*, § 47 Rn. 61 ff.; Casper, ZHR 163, S. 54 (76).

1109 Erman/*Palm*, § 142 Rn. 1.

1110 Erman/ *Palm*, § 142 Rn. 5; Heerstraßen, JuS 1995, S. 197 (197 ff.); a. M. Leenen, Jura 1991, S. 393 (393 ff.)

1111 Casper, ZHR 163, S. 54 (76).

nach einer Auffassung die Beschlussanfechtung mittels einfacher Erklärung möglich sein, und zwar als notwendige Konsequenz eines „standardisierten Anspruchs auf Aufhebung des Beschlusses."[1112] Die Anfechtungserklärung diene der Durchsetzung dieses Anspruchs.[1113] Dem Anfechtenden werde zwar ein „Überschuss an Rechtsmacht" zugebilligt; dies sei aber bei der Anfechtung von Willenserklärungen ebenfalls der Fall, so dass darin kein Ausschlussgrund gesehen werden könne.[1114] Das Bedürfnis nach Rechtssicherheit werde auch nicht über Gebühr belastet; denn die Gesellschaft könne entweder einen neuen fehlerfreien Beschluss fassen oder mittels Feststellungsklage die Wirksamkeit des Beschlusses feststellen lassen.[1115] Auch andere vertreten die Auffassung, die eindeutige Erklärung eines Widerspruchs könne genügen, um eine materielle Wirksamkeit des Beschlusses zu hemmen bzw. dessen Bestandskraft zu hindern.[1116] Die bloße Anfechtungserklärung führe zur Nichtigkeit des Beschlusses mit Wirkung für und gegen jedermann.[1117] Mit der Anerkennung der einfachen Anfechtungserklärung sei der betroffene Gesellschafter nicht mehr gezwungen, die Last eines Prozesses zu tragen, sondern die Gesellschaft sei in Zugzwang, eine Beschlussfeststellungsklage zu erheben.[1118]

Sofern die weiteren Ausführungen ergeben, dass eine anderweitige Geltendmachung von Beschlussmängeln in Frage kommt, ist einer einfachen Anfechtungserklärung als Alternative der Vorrang einzuräumen. Die Durchsetzung des Anspruchs auf Aufhebung des Beschlusses ist dann als ergänzender Anfechtungsgrund zu den §§ 119 ff. BGB im Bereich des Gesellschaftsrechts anzuerkennen; denn im Gesellschaftsrecht wird in den seltensten Fällen die Anfechtbarkeit eines Beschlusses auf dem Willensmangel eines einzelnen Gesellschafters beruhen. Insoweit erscheint eine dahingehende Anpassung gerechtfertigt. Mit der Anerkennung von zur Anfechtbarkeit führenden Mängeln in der GmbH ist im Grunde auch der Weg hin zur Durchsetzung mittels einfacher Anfechtungserklärung geschaffen, sofern diese nicht aus noch zu erörternden Gründen ausgeschlossen werden muss.

Darüber hinaus wird die Ansicht vertreten, die Fehlerhaftigkeit eines Beschlusses sei einer gerichtlichen Überprüfung auch dann zugänglich, wenn in einem anhängigen Prozess Einreden oder Einwendungen mit dem Hinweis auf die Anfechtbarkeit des Beschlusses erhoben werden.[1119] Möglich soll es zudem sein, im Verfahren der einstweiligen Verfügung ein Verbot zur Anmeldung in das Handelsregister durchzusetzen, da die Eintragung des Beschlusses während des anhängigen Rechtsstreites

1112 Casper, ZHR 163, S. 54 (76).
1113 Casper, ZHR 163, S. 54 (76).
1114 Casper, ZHR 163, S. 54 (77).
1115 Casper, ZHR 163, S. 54 (77).
1116 Zöllner/Noack, ZGR 1989, S. 525 (543 f.).
1117 Casper, ZHR 163, S. 54 (86).
1118 Casper, ZHR 163, S. 54 (86).
1119 Ulmer/Habersack/Löbbe/*Raiser,* Anh. 47 Rn. 192 ff.

zu einer Gefährdung der prozessualen Stellung des Antragstellers führen würde.[1120] Ferner soll z. B. die Verhinderung einer Auftragsvergabe mittels Gesellschafterklage[1121] oder eine Klage auf Zustimmung, etwa zur Übertragung eines Anteils, möglich sein.[1122] Alle diese Fälle erfordern eine inzidente gerichtliche Überprüfung der Beschlusswirksamkeit.[1123]

D. Analogie zu § 243 AktG

Die h. M. sieht die Lösung trotz Kritik nach wie vor in einem Anfechtungsklageerfordernis und stützt dies auf eine entsprechende Anwendung der aktienrechtlichen Regelungen.[1124] Demnach bedarf es zur Rechtfertigung dieser Auffassung des Vorliegens der Analogievoraussetzungen planwidrige Regelungslücke und vergleichbare Interessenlage.[1125] Eine Regelung im Hinblick auf die Geltendmachung von Beschlussmängeln existiert im GmbHG nicht. Eine Regelungslücke ist daher ohne Zweifel gegeben.[1126] Diese ist auch planwidrig, da die Anwendung der allgemeinen Vorschriften den Verhltnissen in der GmbH nicht gerecht werden kann und dies nicht dem Willen des Gesetzgebers entspricht.[1127] Angezweifelt wird von einigen Autoren indes das Bestehen einer vergleichbaren Interessenlage.[1128] Daher ist es erforderlich, zur Beurteilung der Frage, ob die Geltendmachung von Beschlussmängeln in der GmbH ausschließlich mittels Anfechtungsklage möglich sein soll, sich zunächst die Situation in der AG zu verdeutlichen und die Motive des Gesetzgebers für die Festsetzung dieser Regelung in der AG zu erforschen. Anschließend hat ein tatsächlicher Vergleich zwischen AG und GmbH im Hinblick auf die Vergleichbarkeit der Interessen stattzufinden.

I. Sinn und Zweck der Anfechtungsklage in der AG

Die aktienrechtlichen Regelungen wurden aufgrund eines gesteigerten Bedürfnisses nach Rechtssicherheit eingeführt, dem die allgemeinen Regelungen über

---

1120 Baumbach/Hueck/*Fastrich/Haas/Noack/Zöllner*, Anh. § 47 Rn. 14; Zöllner/Noack, ZGR 1989, S. 525 (542); Heinze, ZGR 1979, S. 293 (315 ff.).

1121 Zöllner, ZGR 1988, S. 392 (420 ff.); Raiser, ZHR 153, S. 1 (31).

1122 OLG Koblenz, DB 1989, S. 672.

1123 Zöllner, ZGR 1988, S. 392 (420 ff.); Raiser, ZHR 153, S. 1 (31).

1124 BGHZ 101, 113 (116 ff.); Lutter/Hommelhoff/*Bayer*, Anh. § 47 Rn. 67; Michalski/*Römermann*, Anh. § 47 Rn. 380 f.; MüKoGmbHG/*Wertenbruch*, Anh. § 47 Rn. 243; Schröder, GmbHR 1994, S. 532 (532 ff.); Hoffmann/Köster, GmbHR 2003, S. 1327 (1334 ff.).

1125 Kaufmann, S.37 ff.

1126 Baumbach/Hueck/*Zöllner*, Anh. §47 Rn. 3; Fleischer, GmbHR 2008, S. 673 (673 ff.).

1127 Baumbach/Hueck/*Zöllner*, Anh. §47 Rn. 3; Fleischer, GmbHR 2008, S. 673 (673 ff.).

1128 Baumbach/Hueck/*Zöllner*, Anh. §47 Rn. 3; Noack, S. 79 ff.; Zöllner/Noack, ZGR 1989, S. 525 (537 f.); Casper, ZHR 163, S. 54 (58 ff.); Fehrenbach, S. 301 ff.

Rechtsgeschäfte nicht hinreichend Rechnung tragen konnten.[1129] In diesem Sinne hat sich der Gesetzgeber mit Einführung des AktG in § 243 AktG aufgrund eines starken Interesses der Öffentlichkeit an Rechtsklarheit und Rechtsbeständigkeit von Hauptversammlungsbeschlüssen ausdrücklich für ein Anfechtungsklageerfordernis in der AG entschieden.[1130] Dieses verstärkte Bedürfnis nach Rechtsklarheit und Rechtsbeständigkeit ist ein Resultat AG-typischer Gegebenheiten.[1131] So steht etwa im Vordergrund dieser Gesellschaftsform das Kapital, das durch den Verkauf von Gesellschaftsanteilen realisiert wird.[1132] Die Folge davon ist eine große Anzahl an Anteilseignern und häufig ein ständiger Mitgliederwechsel.[1133] Aufgrund der Vielzahl an Gesellschaftern kann auf die „inter omnes"-Wirkung eines Anfechtungsurteils in der AG nicht verzichtet werden, da nicht gegenüber jedem einzelnen Gesellschafter ein Urteil ergehen kann.[1134] Ferner verhindert die große Zahl an Gesellschaftern grundsätzlich die Möglichkeit eines außergerichtlichen Übereinkommens; denn es existiert meist kein persönlicher Kontakt der Gesellschafter untereinander, so dass die Schaffung einer Vertrauensbasis in der Regel nicht möglich ist.[1135] Zudem erhöht der Mangel an persönlichem Kontakt die Gefahr von Missbräuchen erheblich. Gesellschaftern, die ihr Mitgliedschaftsrecht zum Schaden der Gesellschaft nutzen, darf kein zu großer Spielraum eingeräumt werden.[1136] Diese Gefahr kann nur annähernd durch Beschränkung der Möglichkeiten zur Geltendmachung von Beschlussmängeln gebannt werden.[1137] In diesem Zusammenhang kann das Beispiel des „räuberischen Aktionärs" genannt werden, welcher die Gesellschaft mit der Androhung der Erhebung einer Klage „erpressen" möchte.[1138] Würde man den Anteilseignern die Möglichkeit einräumen, mittels einfacher Anfechtungserklärung einen gesamten Beschluss zu Fall zu bringen, so würde dies die ohnehin in der AG bestehende hohe Missbrauchsgefahr noch erheblich verstärken.[1139] An dieser Stelle ist auch das stark formalisierte Beschlussverfahren in der AG hervorzuheben. Eine erneute Einberufung der Hauptversammlung ist mit einem erheblichen Zeitaufwand verbunden und verursacht des Weiteren erhebliche Kosten.[1140] Dies ist auch Grundlage für die Erpressbarkeit der AG, welche eine erneute Einberufung der Hauptversammlung unter allen Umständen vermeiden möchte.[1141] Folglich ist das

---

1129 MüKoAktG/*Hüffer*, § 241 Rn. 6; Hüffer/*Koch*, AktG, § 241 Rn. 1.
1130 Hüffer/*Koch*, AktG, § 243 Rn. 1; KölnKommAktG/*Zöllner*, § 241 Rn. 2.
1131 Hüffer/*Koch*, AktG, § 243 Rn. 1; KölnKommAktG/*Zöllner*, § 241 Rn. 2.
1132 Hüffer/*Koch*, AktG, § 243 Rn. 1; KölnKommAktG/*Zöllner*, § 241 Rn. 2.
1133 Hüffer/*Koch*, AktG, § 243 Rn. 1; KölnKommAktG/*Zöllner*, § 241 Rn. 2.
1134 Hüffer/*Koch*, AktG, § 243 Rn. 1; KölnKommAktG/*Zöllner*, § 241 Rn. 2.
1135 Zöllner/Noack, ZGR 1989, S. 525 (532 ff.); Timm, in: FS Fleck, S. 365 (368 ff.).
1136 Zöllner/Noack, ZGR 1989, S. 525 (532 ff.); Timm, in: FS Fleck, S. 365 (368 ff.).
1137 Casper, ZHR 163 S. 54 (78 ff,).
1138 Casper, ZHR 163 S. 54 (78 ff,).
1139 Casper, ZHR 163 S. 54 (78 ff,).
1140 Casper, ZHR 163, S. 54 (79).
1141 Casper, ZHR 163, S. 54 (79).

stark formalisierte Beschlussverfahren in der AG ebenfalls als Motiv für die Einführung des Anfechtungsklageerfordernisses zu nennen.[1142] Darüber hinaus betreffen Beschlüsse der Hauptversammlung vorwiegend Grundlagenbeschlüsse, an deren Bestand infolge ihrer starken Breitenwirkung ein hohes Interesse der Öffentlichkeit besteht.[1143] Maßgeblich betroffen sind insofern Gläubiger der Gesellschaft sowie künftige Anteilseigner, denen oftmals als einzige Auskunftsquelle das Handelsregister dient.[1144] Ferner ist nach § 130 I 1 AktG jeder Beschluss der Hauptversammlung durch eine notarielle Niederschrift zu beurkunden. Es gilt also eine Richtigkeitsgewähr für Beschlüsse der Hauptversammlung.[1145] Dieser Richtigkeitsgewähr kann man ausschließlich mittels Anfechtungsklageerfordernis gerecht werden, da nur dieses eine entsprechende Sicherheitswirkung entfaltet.[1146] Vor diesem Hintergrund kann dem betroffenen Anteilseigner auch durchaus die Klagelast auferlegt werden.[1147] Es ist ein berechtigtes Interesse der AG, dass der Aktionär dazu veranlasst wird, sich genauestens zu überlegen, ob er Klage erheben wird oder nicht.[1148] Die Interessen der Öffentlichkeit sind somit höher einzustufen als der Schutz der Minderheit.[1149] Mithin kann den bestehenden Bedürfnissen in der AG ausschließlich mit dem Erfordernis der Erhebung einer Anfechtungsklage zur Geltendmachung von Beschlussmängeln ausreichend Rechnung getragen werden.[1150]

II. Vergleichbarkeit der Interessenlagen in GmbH und AG

Fraglich ist, ob eine Vergleichbarkeit der Interessenlagen von GmbH und AG gegeben ist. Um zu einer Klärung dieser Fragestellung zu gelangen, ist zu überprüfen, ob die für die Einführung des Anfechtungsklageerfordernisses bei der AG genannten Gründe auch für die GmbH zutreffen. Zunächst ist zu diesem Zweck ein Vergleich der wichtigsten Beschlussfassungsorgane der beiden Kapitalgesellschaften, Gesellschafterversammlung und Hauptversammlung, durchzuführen. Die Gesellschafterversammlung ist, anders als die Hauptversammlung, wichtigstes Organ in der GmbH.[1151] Dies wird insbesondere durch die Allzuständigkeit der Gesellschafterversammlung deutlich. In § 46 GmbHG ist ein Aufgabenkatalog enthalten, der bestimmt, welche Tätigkeiten dem Zuständigkeitsbereich der GmbH-Gesellschafter unterfallen. Der Katalog in § 46 GmbHG ist dabei nicht als abschließend zu

1142 Casper, ZHR 163, S. 54 (79).
1143 Zöllner/Noack, ZGR 1989, S. 525 (534); Casper, ZHR 163, S. 54 (82).
1144 Zöllner/Noack, ZGR 1989, S. 525 (534); Casper, ZHR 163, S. 54 (82).
1145 Casper, ZHR 163, S. 54 (78).
1146 Casper, ZHR 163, S. 54 (78).
1147 Casper, ZHR 163 S. 54 (78 ff,).
1148 Casper, ZHR 163 S. 54 (78 ff,).
1149 Casper, ZHR 163 S. 54 (78 ff,).
1150 Casper, ZHR 163 S. 54 (78 ff,).
1151 Michalski/*Römermann* , Systematische Darstellung Rn. 31; Roth/Altmeppen/*Roth*, § 45 Rn. 2.

verstehen. Die Gesellschafterversammlung kann auch in anderen Bereichen einen direkten Einfluss auf die Geschäftsführung nehmen.[1152] Dahingegen sind die Zuständigkeiten der Hauptversammlung enumerativ in § 119 I AktG aufgeführt. Eine direkte Einflussnahme auf die Geschäftsführung ist dort ausgeschlossen.[1153] Es werden mithin in der GmbH im Vergleich zur AG nicht nur wesentlich mehr Beschlüsse gefasst, sondern die zu fassenden Beschlüsse beschäftigen sich zudem vorwiegend mit Fragen der Geschäftsführung.[1154] Die Gesellschafterversammlung wird folglich viel intensiver in die gewöhnliche Geschäftsführungstätigkeit eingebunden als die Hauptversammlung der AG.[1155] Dies ist möglich, weil der Großteil der Beschlüsse, die in der GmbH gefasst werden, kaum Breitenwirkung hat, so dass ein wesentlich geringeres Interesse der Öffentlichkeit an GmbH-Beschlüssen besteht.[1156] Dennoch darf nicht übersehen werden, dass strukturändernde Beschlüsse, die in aller Regel auch Drittinteressen betreffen, auch in der GmbH gefasst werden.[1157] Unabhängig von der Größe der jeweiligen GmbH besteht in allen Ausprägungsformen auch immer ein Interesse der Öffentlichkeit.[1158] Es kann bereits an dieser Stelle festgehalten werden, dass je größer die Anzahl an Gesellschaftern und je höher der Kapitalbedarf einer GmbH ist, desto eher sind durch Beschlüsse auch Drittinteressen, so etwa Interessen von Gläubigern oder künftigen Anteilseignern, betroffen. Dennoch besteht in der GmbH ein wesentlich geringeres Schutzbedürfnis künftiger Anteilseigner, da dort die Übertragung von Gesellschafteranteilen nicht ohne Weiteres möglich ist.[1159] Diese ist häufig an die Zustimmung der übrigen Gesellschafter gebunden.[1160] Auch daraus folgt also ein geringeres Interesse an der Rechtsbeständigkeit von GmbH-Beschlüssen.[1161] Durch die umfassende Einbindung der Gesellschafter einer GmbH in Fragen der Geschäftsführung ist im Rahmen der Beschlussfassung in der GmbH im Übrigen auch ein erhöhtes Maß an Flexibilität erforderlich, um die Durchsetzungskraft einer GmbH am Markt zu gewährleisten.[1162] Folglich sind die Förmlichkeiten bei der Beschlussfassung in der AG wesentlich umfangreicher als in der GmbH, sofern nicht Strukturänderungen betroffen sind.[1163] So ist die Einberufung der Gesellschafterversammlung nach §§ 49–51 GmbHG erheblich leichter durchführbar als nach § 121 ff. AktG. Folglich können Beschlüsse in der GmbH um ein Vielfaches

---

1152 Michalski/*Römermann*, § 46 Rn. 8; MüKoGmbHG/*Liebscher*, § 46 Rn. 1; Baumbach/Hueck/*Zöllner*, § 46 Rn. 1 ff.
1153 Hüffer/*Koch*, AktG, § 119 Rn. 1; Raiser/Veil, Kapges. § 13 Rn. 11.
1154 Zöllner/Noack, ZGR 1989, S. 525 (534); Casper, ZHR 163, S. 54 (81).
1155 Zöllner/Noack, ZGR 1989, S. 525 (534); Casper, ZHR 163, S. 54 (81).
1156 Zöllner/Noack, ZGR 1989, S. 525 (534); Casper, ZHR 163, S. 54 (81).
1157 Casper, ZHR 163, S. 54 (81 ff.).
1158 Casper, ZHR 163, S. 54 (81 ff.).
1159 Noack, S. 143 f.; Casper, ZHR 163, S. 54 (82).
1160 Noack, S. 143 f.; Casper, ZHR 163, S. 54 (82).
1161 Noack, S. 143 f.; Casper, ZHR 163, S. 54 (82).
1162 Casper, ZHR 163, S. 54 (78).
1163 Casper, ZHR 163, S. 54 (78).

leichter gefasst werden.[1164] Der Aufwand bei der Beschlussfassung ist also bei der GmbH nicht in einem vergleichbaren Maß gegeben. In der GmbH ist infolge eines vereinfachten Beschlussverfahrens zudem von einer geringeren „Erpressbarkeit“ auszugehen.[1165] Auch hieraus lässt sich mithin ein Anfechtungsklageerfordernis nicht rechtfertigen. Die Gefahr eines Missbrauchs hält sich in der GmbH im Übrigen aufgrund einer zumeist eher geringen Anzahl an Gesellschaftern in Grenzen; denn infolge des persönlichen Kontakts der Gesellschafter untereinander dürfte der Weg dort regelmäßig offen für die Bildung eines Vertrauensverhältnisses sein, das die Gefahr eines Missbrauchs erheblich minimiert.[1166] Dies gilt zumindest, solange es bei einer überschaubaren Gesellschafterzahl verbleibt.[1167] Es gilt zu beachten, dass bei einer Vielzahl an Gesellschaftern auch in der GmbH die Gefahr missbräuchlichen Verhaltens seitens einzelner Gesellschafter steigt.[1168] Anders als dies in der AG der Fall ist, ist in der GmbH an eine außergerichtliche Streitbeilegung durchaus zu denken, zumindest soweit es sich um eine GmbH mit überschaubarer Gesellschafterzahl handelt; denn dort ist die Schaffung eines Vertrauensverhältnisses wegen eines regelmäßig persönlichen Kontakts der Gesellschafter untereinander sehr wahrscheinlich.[1169] Die überwiegende Anzahl der Gesellschaften m. b. H., und zwar in etwa 95 %, bestehen aus nicht mehr als fünf Gesellschaftern.[1170] Diese Gesellschaften sind also derart personalistisch strukturiert, dass sich ein Streit meist durch Verhandeln beilegen lässt.[1171] Nicht außer Acht zu lassen sind aber diejenigen Gesellschaften m. b. H., die sich durch einen großen Kreis an Gesellschaftern auszeichnen, auch wenn der Anteil an derart großen Gesellschaften m. b. H. gerademal ca. fünf % beträgt.[1172] Eine solche Struktur verhindert ebenso wie in der AG eine außergerichtliche Streitbeilegung.[1173]

Bei der Beurteilung der Frage, ob eine vergleichbare Interessenlage zwischen GmbH und AG gegeben ist, kommt man nicht umhin, zwischen personalistisch und kapitalistisch strukturierter GmbH zu differenzieren.[1174] Die personalistisch strukturierte GmbH zeichnet sich durch eine geringe Anzahl an Gesellschaftern aus

1164 Casper, ZHR 163, S. 54 (78).
1165 Casper, ZHR 163, S. 54 (78 ff.).
1166 Casper, ZHR 163, S. 54 (78 ff.).
1167 Timm, in: FS Fleck, S. 365 (368).
1168 Timm, in: FS Fleck, S. 365 (368).
1169 Casper, ZHR 163, S. 54 (78 ff.).
1170 MüKoGmbHG/*Fleischer*, Einleitung Rn. 202; Kornblum/Hampf/Naß, GmbHR 2000, S. 1240 (1245); Wedemann, S. 12 f.
1171 Casper, ZHR 163, S. 54 (78 ff.); Zöllner/Noack, ZGR 1989, S. 525 (534);vgl. ausführlich zur Prävention und Lösung von Gesellschafterkonflikten in der GmbH: Wedemann.
1172 MüKoGmbHG/*Fleischer*, Einleitung Rn. 202; Kornblum/Hampf/Naß, GmbHR 2000, S. 1240 (1245).
1173 Timm, in: FS Fleck, S. 365 (368 ff.).
1174 Timm, in: FS Fleck, S. 365 (368).

und dadurch, dass sie nicht vorwiegend auf die Beschaffung von Kapital ausgerichtet ist.[1175] Besteht eine GmbH aus nur wenigen Gesellschaftern und ist ihr Interesse an Kapitalbeschaffung eher gering, so werden Drittinteressen durch Beschlüsse kaum berührt sein, selbst wenn es sich um strukturändernde Beschlüsse handelt.[1176] Ferner wird es aufgrund eines meist bestehenden Vertrauensverhältnisses kaum zu Missbräuchen seitens der Gesellschafter kommen. Eine außergerichtliche Streitbeilegung ist dort gut möglich und sinnvoll; denn dies ist einer harmonischen Zusammenarbeit auch für die Zukunft dienlich.[1177] Somit überwiegen das Interesse an einem selbstbestimmten Agieren und der Minderheitenschutz gegenüber dem Interesse der Öffentlichkeit.[1178] Daher ist eine vergleichbare Interessenlage in der personalistisch strukturierten GmbH nicht gegeben, so dass dort das Vorliegen der Analogievoraussetzungen verneint werden muss.[1179]

Die kapitalistisch ausgestaltete GmbH besteht aus einer großen Anzahl an Gesellschaftern und ist ferner durch ein starkes Interesse an Kapitalbeschaffung geprägt.[1180] Im Gegensatz zur personalistisch strukturierten GmbH ist also die Nähe zur AG deutlich erkennbar.[1181] Der hohe Stellenwert, welcher der Beschaffung von Kapital eingeräumt wird, hat eine verstärkte Drittwirkung von Beschlüssen zur Folge. Daher bedarf es hier eines intensiveren Drittschutzes. Ferner ist hier ebenso wie in der AG, bedingt durch die Vielzahl an Gesellschaftern, nicht nur die Schaffung einer Vertrauensbasis und damit eine außergerichtliche Streitbeilegung kaum realisierbar, sondern es ist auch eine erhöhte Missbrauchsgefahr durch einzelne Gesellschafter gegeben. Eine Interessenabwägung muss hier zugunsten der Rechtssicherheit ausfallen. In der kapitalistisch ausgeprägten GmbH existiert mithin ein mit der AG vergleichbares Interesse an Rechtsbeständigkeit und Rechtssicherheit, so dass die Analogievoraussetzungen dort als erfüllt anzusehen sind.[1182]

III. Ergebnis

Bei dem vorliegenden Vergleich ist deutlich geworden, dass eine Bejahung der Analogievoraussetzungen nicht für sämtliche Ausprägungen der GmbH in Frage kommt. So ist ein Anfechtungsklageerfordernis, gestützt auf eine analoge Anwendung des § 243 AktG, für die personalistisch strukturierte GmbH zu verneinen. Anders ist die Lage bei der kapitalistisch strukturierten GmbH; dort sind die entsprechenden

1175 Michalski/*Michalski*,Systematische Darstellung Rn. 7.
1176 Timm, in: FS Fleck, S. 365 (368 f.).
1177 Casper, ZHR 163, S. 54 (78 ff.).
1178 Timm, in: FS Fleck, S. 365 (368 ff.).
1179 Timm, in: FS Fleck, S. 365 (368 ff.); auch *Fehrenbach* verneint das Vorliegen der Analogievoraussetzungen, differenziert jedoch nicht zwischen kapitalistisch und personalistisch strukturierter GmbH, S. 301 ff.
1180 MüKoGmbHG/*Liebscher*, § 45 Rn. 20; MüKoGmbHG/*Fleischer*, Einleitung Rn. 44 f.
1181 MüKoGmbHG/*Liebscher*, § 45 Rn. 20 f.
1182 Timm, in: FS Fleck, S. 365 (368 ff.).

Voraussetzungen als erfüllt anzusehen. Angesichts dieses Abgrenzungsbedürfnisses kann keine der bisher dargestellten Ansichten eine zufriedenstellende Lösung vorweisen. Daher ist es erforderlich, weitere Lösungsansätze zu diskutieren. Dies soll im Folgenden geschehen.

E. Lösungskonzepte vor dem Hintergrund eines Abgrenzungsbedürfnisses

Es ist mit dem oben Gesagten deutlich geworden, dass GmbH nicht gleich GmbH ist und dass die unterschiedlichen Ausprägungen dieser Gesellschaftsform auch verschiedenen Anforderungen gerecht werden müssen. Insofern liegt eine unterschiedliche Behandlung beider Formen nahe. Schwierigkeiten bereitet der Umstand, dass es bislang keine gesetzliche Abgrenzung der personalistisch von der kapitalistisch strukturierten GmbH gibt. In der aktuellen Diskussion wurden bereits Möglichkeiten diskutiert, um den Bedürfnissen der einzelnen GmbH-Ausprägungen gerecht werden zu können.[1183] So stellt sich beispielsweise die Problematik einer Abgrenzung nach Auffassung *Karsten Schmidt* gar nicht erst; denn er ist der Ansicht, das Anfechtungsklageerfordernis sei ein allgemeines Prinzip des Verbandsrechts, das auch auf die Personengesellschaften auszudehnen sei.[1184] *Casper* und *Timm* halten es dahingegen für zweckmäßig, ein möglichst klares Abgrenzungskriterium herauszufiltern.[1185] Im Folgenden sollen nun alle diese Ansichten auf ihre Tauglichkeit hin untersucht werden. Zunächst soll das Anfechtungsklageerfordernis als allgemeines Prinzip des Verbandsrechts näher betrachtet werden.

I. Anfechtungsklageerfordernis als allgemeines Prinzip des Verbandsrechts

Verstünde man das Anfechtungsklageerfordernis tatsächlich als Ausdruck eines durch Rechtsfortbildung gewonnenen allgemeinen Prinzips des Verbandsrechts, so hätte dies zwangsläufig die Geltung dieses Prinzips sowohl für die Personengesellschaften als auch für die GmbH in all ihren Erscheinungsformen zur Folge. Es würde ein von der jeweiligen Gesellschaftsform unabhängiges Beschlussmängelrecht begründet. Eine Abgrenzungsproblematik würde sich also gar nicht erst stellen. *Karsten Schmidt* jedenfalls ist davon überzeugt.[1186] Dies sei einem besonderen Bedürfnis nach Rechtssicherheit geschuldet, das nicht nur in den Kapitalgesellschaften,

1183 K. Schmidt, GesR, § 47 V 2 c), S. 1397; ders in: FS Stimpel, S. 217 (217 ff.); Casper, ZHR 163 S. 54 (54 ff,); Timm, in: FS Fleck, S. 365 (365 ff.).
1184 K. Schmidt, GesR, § 47 V 2 c), S. 1397; ders in: FS Stimpel, S. 217 (217 ff.).
1185 Casper, ZHR 163 S. 54 (54 ff,); Timm, in: FS Fleck, S. 365 (365 ff.).
1186 K. Schmidt, GesR, § 47 V 2 c), S. 1397; ders in: FS Stimpel, S. 217 (217 ff.); zustimmend: MüKoHGB/*Enzinger*, § 119 Rn. 107.

sondern auch in den Personengesellschaften vorherrsche.[1187] Diesem Bedürfnis könne man ausschließlich durch die Einführung eines Anfechtungsklageerfordernisses gerecht werden; denn die Anfechtungsklage sei als Gestaltungsklage mit Wirkung für und gegen jedermann Instrument zur Gewährleistung von Rechtssicherheit.[1188] Eine Ausdehnung auf Personengesellschaften sei daher erforderlich, jedoch nicht ohne Einschränkung. Das Anfechtungsklageerfordernis solle nur eingreifen, sofern die Gefahr von Mehrheits-Minderheits-Konflikten bestehe, da erst dann eine Abwägung zwischen dem Interesse, ein möglichst hohes Maß an Rechtssicherheit zu gewährleisten, und dem Interesse am Erhalt der Elastizität der Gesellschaft sowie dem Minderheitenschutz zu erfolgen habe.[1189] Diese Gefahr sei zweifelsohne nicht im Regelfalle des § 119 I HGB gegeben. Soweit jedoch von dem Prinzip der Einstimmigkeit nach § 119 II HGB abgewichen werde, gestalte sich die Situation in der Personengesellschaft schon anders.[1190] Nach *Karsten Schmidt* soll das allgemeine Prinzip auf alle Gesellschaften anwendbar sein, bei denen eine Verbandsorganisation bestehe, in denen Mehrheitsentscheidungen getroffen würden und in denen ein geeigneter Beklagter vorhanden sei.[1191] Es könne nicht als zweckmäßig angesehen werden, dass in den Personengesellschaften keine Differenzierung zwischen Anfechtbarkeit und Nichtigkeit stattfinde und mithin sämtliche Fehler unmittelbar zur Nichtigkeit führten, und zwar unabhängig davon, wie schwer sie wiegen.[1192] Insoweit sei angesichts der Vielzahl der zu treffenden Beschlüsse zugunsten einer besseren „Regierbarkeit" der Gesellschaften Abhilfe zu schaffen.[1193] Erforderlich sei also auch in der Personengesellschaft eine Differenzierung zwischen zur Anfechtbarkeit und zur Nichtigkeit führenden Mängeln.[1194]

1. *Verfassungsmäßigkeit der Institutionenbildung*

Fraglich ist, ob es sich bei der Institutionenbildung um eine verfassungsrechtlich zulässige Form der Rechtsfortbildung handelt. Dabei ist unter Rechtsfortbildung eine über den Wortsinn hinausgehende Rechtsgewinnung zu verstehen.[1195] In der Literatur unterscheidet man drei Stufen der Rechtsfortbildung. Zunächst ist die Auslegung des Gesetzes mithilfe ausgewählter Methoden zu nennen.[1196] Auf der

---

1187 K. Schmidt, in: FS Stimpel, S. 217 (223).
1188 K. Schmidt, in: FS Stimpel, S. 217 (223).
1189 Scholz/*Schmidt*, § 45 Rn. 36.
1190 K. Schmidt, in: FS Stimpel, S. 217 (223).
1191 K. Schmidt, GesR, § 47 V 2 c), S. 335; ders., in: FS Stimpel, S. 217 (232).
1192 K. Schmidt, in: FS Stimpel, S. 217 (223).
1193 K. Schmidt, in: FS Stimpel, S. 217 (223).
1194 K. Schmidt, GesR, § 15 II 3 a), S. 447 f. ; zustimmend MüKoBGB/*Enzinger*, § 119 Rn. 98; Priester, in: FS Hadding , S. 607 (617).
1195 Canaris, S. 17 f.; Larenz/Canaris, S. 187 ff.; Zippelius, S. 43 f.; Menger, S. 22.
1196 Fikentscher, 701 ff; Larenz/Canaris, S. 187 f.; Canaris, S. 31 ff.; Zippelius, S. 78 ff; Menger, S.18 f.

nächsten Stufe befasst man sich dann mit der planwidrigen Unvollständigkeit des Gesetzestextes. Gefordert ist in diesem Bereich eine gesetzesimmanente Rechtsfortbildung.[1197] Auf dritter Stufe begegnet man bereits einer gesetzesübersteigenden Rechtsfortbildung, extra legem oder contra legem.[1198] Dort geht es zwar um das Erkennen der Beurteilungsmaßstäbe des Gesetzes, aber auch eigene Wertungen des Rechtsanwenders finden Eingang.[1199] Der Umstand, dass eigene Wertungen des Rechtsanwenders Eingang finden, ist schwer in Einklang zu bringen mit den Prinzipien der Verfassung.[1200] Je höher also die Stufe, auf der man sich befindet, umso schwerer fällt die Rechtfertigung.[1201] Nun stellt sich die Frage, auf welcher Stufe der Rechtsfortbildung sich die von *Karsten Schmidt* konzipierte sog. Institutionenbildung befindet. So wird diese von einigen nicht mehr als „Ausdruck gesetzgeberischer Interessenbewertung im Sinne eines Zuendedenkens lückenhafter, aber im Gesetz zum Ausdruck gekommener Wertentscheidung" verstanden.[1202] Die Institutionenbildung entferne sich derart weit von der Bindung an das Gesetz, dass eine verfassungsrechtliche Legitimation nicht in Betracht komme.[1203] Zu einer anderen Beurteilung kann man nur dann gelangen, wenn es bei der Institutionenbildung darum geht, verallgemeinerungsfähige Rechtsgedanken unter Heranziehung ungeschriebener oder teilweise in den gesellschaftsrechtlichen Organisationsgesetzen zum Ausdruck kommenden Grundregeln sowie der in Wissenschaft und Rechtsprechung gebildeten Erkenntnisse herauszufiltern.[1204] Das Anfechtungsklageerfordernis als Ausdruck eines allgemeinen Prinzips des Verfassungsrechts müsste sich mithin aus allgemeinen Prinzipien herleiten lassen. So ist in erster Linie an eine Herleitung aus der Verbandsautonomie zu denken.[1205] Dem kann jedoch entgegengehalten werden, dass die sich daraus ergebende eigene Rechtspersönlichkeit lediglich zur Folge hat, dass eine Anfechtung gegenüber der Gesellschaft erfolgen muss. Ein Anfechtungsklageerfordernis ist dem aber nicht zu entnehmen.[1206] Keine Stütze findet das Prinzip mithin in der körperschaftlichen Struktur eines Verbandes.[1207] Auch lässt sich das Anfechtungsklageerfordernis nicht auf ein Prinzip der Kapitalgesellschaften zurückführen; denn es ist keine Verbindung zwischen dem Beschlussmängelsystem

1197 Fikentscher, 701 ff; Larenz/Canaris, S. 187 f.; Canaris, S. 31 ff.; Zippelius, S. 78 ff; Menger, S.18 f.
1198 Fikentscher, 701 ff; Larenz/Canaris, S. 187 f.; Canaris, S. 31 ff.; Zippelius, S. 78 ff; Menger, S.18 f.
1199 Fikentscher, 701 ff; Larenz/Canaris, S. 187 f.; Canaris, S. 31 ff.; Zippelius, S. 78 ff; Menger, S.18 f.
1200 Menger, S. 18 f.; S. 57.
1201 Menger, S. 18 f.; S. 57.
1202 Menger, S. 57.
1203 Menger, S. 57.
1204 Menger, S. 57; so in etwa K. Schmidt, in: FS Stimpel, S. 217 (219 f.).
1205 Casper, ZHR 163, S. 54 (73).
1206 Casper, ZHR 163, S. 54 (73).
1207 Noack, S. 105 ff.; Casper, ZHR 163, S. 54 (73 ff.).

und der Kapitalstruktur einer Gesellschaft erkennbar.[1208] Vorwiegend wird mit dem Mehrheitsprinzip, also der Möglichkeit zur mehrheitlichen Beschlussfassung, das Anfechtungsklagerfordernis begründet.[1209] Auch dies kann aber nicht überzeugen. Zwar entstehen erst durch eine mehrheitliche Beschlussfassung Konflikte zwischen Mehrheits- und Minderheitsgesellschaftern, und auch das Bedürfnis nach Rechtssicherheit gewinnt damit an Bedeutung;[1210] dieser Umstand zwingt indes nicht unmittelbar zur ausschließlichen Geltendmachung von Beschlussmängeln mittels Anfechtungsklage. Es besteht kein unmittelbarer Zusammenhang zwischen Mehrheitsprinzip und Anfechtungsklageerfordernis.[1211] Die klageweise Geltendmachung ergibt sich mithin nicht aus dem Mehrheitsprinzip. Folglich lässt sich die Institutionenbildung nicht auf einen allgemeinen Rechtsgedanken stützen.

2. Grenzen

Da sich das Anfechtungsklageerfordernis nicht auf einen allgemeinen Rechtsgedanken stützen lässt, handelt es sich bei der von *Karsten Schmidt* entwickelten Auffassung um eine gesetzesübersteigende Form der Rechtsfortbildung; denn bei der Institutionenbildung kommen „außerrechtliche Wertungen und Seinsvorstellungen“ zum Ausdruck, deren Herkunft ungeklärt ist.[1212] Damit ist dies nicht Ausdruck gesetzgeberischer Interessenbewertung im Sinne eines „Zuendedenkens lückenhafter Wertentscheidungen“, es kommt hier vielmehr eine Eigenwertung zum Ausdruck.[1213] Eine solche ist verfassungsrechtlich problematisch; denn der einzelne Richter hat sich bei seiner Entscheidungsfindung gemäß Art. 20 III GG an Recht und Gesetz zu halten.[1214] Die Institutionenbildung findet mithin keine Legitimation.[1215]

II. Umsetzbarkeit bereits entwickelter Abgrenzungskriterien

Es stellt sich nun also doch die Frage nach der Umsetzbarkeit bereits entwickelter Abgrenzungskriterien. *Casper* kommt im Rahmen seiner Untersuchung zu dem Schluss, dass die Analogievoraussetzungen für eine entsprechende Anwendung des § 246 AktG in der GmbH nur teilweise erfüllt sind.[1216] So seien Gläubigerinteressen durch die gewöhnliche Beschlussfassung in der GmbH regelmäßig nicht betroffen,

---

1208 Koch, S. 122; Casper, ZHR 163, S. 54 (73); Noack, S. 107.
1209 K. Schmidt, in: FS Stimpel, S. 217 (220 ff.).
1210 MüKoAktG/*Hüffer*, § 241 Rn. 100; GroßKommHGB/*Fischer*, § 119 Rn. 17; Hüffer, ZGR 2001, S. 833 (839).
1211 MüKoAktG/*Hüffer*, § 241 Rn. 100; GroßKommHGB/*Fischer*, § 119 Rn. 17; Hüffer, ZGR 2001, S. 833 (839).
1212 Menger, S. 57.
1213 Ipsen, S. 59, 117 f.; Wank, S. 82 ff.
1214 Ipsen, S. 59, 117 f.; Wank, S. 82 ff.
1215 Menger, S. 57.
1216 Casper, ZHR 163, S. 54 (54 ff.).

so dass bei der Mehrzahl der Beschlüsse ein Erfordernis zur Erhebung der Anfechtungsklage nicht gegeben sei.[1217] Für strukturändernde Beschlüsse bejaht er jedoch das Vorliegen der Analogievoraussetzungen; denn in diesem Entscheidungsbereich sei davon auszugehen, dass Gläubigerinteressen grundsätzlich berührt seien. Das Gläubigerinteresse am Bestand des Beschlusses sei in diesen Fällen derart hoch, dass eine der AG ähnliche Interessenlage zu bejahen sei.[1218] In diesem Sinne sieht *Casper* die Lösung in einer Abgrenzung von strukturändernden Beschlüssen zu sonstigen Beschlüssen.[1219]

Die Heranziehung strukturändernder Beschlüsse als Abgrenzungskriterium kann hier allerdings nicht überzeugen. Dagegen ist nämlich einzuwenden, dass eine Drittbetroffenheit nicht ausschließlich auf strukturändernde Beschlüsse beschränkt ist. Zwar wird eine solche bei strukturändernden Beschlüssen grundsätzlich zu bejahen sein; dies schließt aber die Möglichkeit einer Drittbetroffenheit bei einfachen Beschlussfassungen nicht aus. Dies findet jedoch nach dieser Ansicht keine Berücksichtigung. Unberücksichtigt bleibt ferner, dass auch bei strukturändernden Beschlüssen eine Interessenabwägung zuungunsten von Rechtssicherheitsinteressen ausfallen kann. Insofern bietet diese Form der Abgrenzung keine sämtlichen Interessen gerecht werdende Lösung.

Auch *Timm* stellt die unkritische Übernahme aktienrechtlicher Anfechtungsregeln im GmbH-Recht in Frage.[1220] Er ist der Ansicht, es sei bei Anerkennung der entsprechenden Anwendung aktienrechtlicher Regeln eine teleologische Reduktion erforderlich. So solle zumindest bei personalistisch strukturierten Gesellschaften auf das Erfordernis der Anfechtungsklage verzichtet werden; denn bei der personalistischen GmbH sei eine Analogie zum Personengesellschaftsrecht weit näher liegend.[1221] In diesem Sinne fordert er „eine Abkehr vom Aktienrecht und eine Angleichung der personalistischen GmbH an das Personengesellschaftsrecht."[1222] *Timm* differenziert also zwischen personalistisch und kapitalistisch strukturierter GmbH.[1223] Hinsichtlich einer personalistisch strukturierten GmbH sieht er die Voraussetzungen für eine Analogie zum Aktienrecht als nicht erfüllt an. Es fehle an der vergleichbaren Interessenlage, also an einem vergleichbaren Regelungsbedürfnis. Zum einen bestehe nicht die Gefahr einer Verunsicherung der Gesellschafter durch unbegrenzte Mängelgeltendmachung wie es in der AG der Fall sei, da die Mängelgeltendmachung in Anbetracht der geringen Gesellschafterzahl überschaubar sei.[1224] Es sei deshalb eher eine entsprechende Anwendung von Personengesellschaftsrecht

1217 Casper, ZHR 163, S. 54 (73 ff.).
1218 Casper, ZHR 163, S. 54 (73 ff.).
1219 Casper, ZHR 163, S. 54 (83).
1220 Timm, in: FS Fleck, S. 365 (369).
1221 Timm, in: FS Fleck, S. 365 (368).
1222 Timm, in: FS Fleck, S. 365 (369).
1223 Timm, in: FS Fleck, S. 365 (368 ff.).
1224 Timm, in: FS Fleck, S. 365 (368 ff.).

sinnvoll.[1225] Die Anwendung von Personengesellschaftsrecht auf die GmbH sei auch grundsätzlich möglich, was auch durch die Rechtsprechung Bestätigung gefunden habe.[1226] Mit Blick auf die kapitalistisch strukturierte GmbH bejaht *Timm* das Vorliegen der Analogievoraussetzungen zu § 243 AktG.[1227] Bei der kapitalistisch strukturierten GmbH sei eine Differenzierung zwischen Anfechtungs- und Nichtigkeitsgründen und die ausschließliche Geltendmachung von Mängeln mittels Anfechtungsklage angebracht.[1228] Zur Abgrenzbarkeit der beiden GmbH-Ausprägungen hat sich *Timm* auf bestimmte Kriterien festgelegt. So solle zum einen eine geringe Anzahl an Gesellschaftern (nicht mehr als fünf), ein Familienunternehmen i. S. v. § 76 VI BetrVG 1952 oder eine Anteilsvinkulierung als Kriterium für eine personalistisch strukturierte GmbH gelten. Zum anderen solle die persönliche Mitarbeit bzw. die Beteiligung an der Geschäftsführung durch mindestens einen Gesellschafter ein Kriterium für eine personalistisch strukturierte GmbH sein.[1229]

Doch auch gegen die Ausführungen *Timms* gibt es Einwände. So ist zunächst eine Anwendung des Personengesellschaftsrechts im Hinblick auf eine personalistisch strukturierte GmbH abzulehnen; denn in der GmbH besteht unabhängig von ihrer jeweiligen Erscheinungsform ein Bedürfnis für eine Trennung in Anfechtbarkeits- und Nichtigkeitsgründe (vgl. 3. Kapitel C., S. 36 ff.). Eine solche Abgrenzung zwischen Nichtigkeit und Anfechtbarkeit ist grundsätzlich im Personengesellschaftsrecht nicht vorgesehen. Das Personengesellschaftsrecht enthält keine Regelungen zur Geltendmachung von zur Anfechtbarkeit führenden Mängeln. Insofern kann also eine Heranziehung des Personengesellschaftsrechts den Bedürfnissen in der GmbH nicht gerecht werden. In Übereinstimmung mit den obigen Ausführungen zum Vorliegen der Analogievoraussetzungen hält *Timm* eine Differenzierung zwischen personalistisch und kapitalistisch strukturierter GmbH für sinnvoll.[1230] Jedoch bereitet die Umsetzung einer solchen Abgrenzung erhebliche Schwierigkeiten. *Timm* hat zwar Kriterien für eine Abgrenzung entwickelt; diese Grenzziehung scheint aber recht willkürlich zu sein. Insbesondere die Zahl „fünf" als Grenzzahl kann nicht überzeugen. Eine GmbH mit einer Gesellschafteranzahl von sechs Personen kann ebenfalls eine personalistische Struktur aufweisen. Des Weiteren gibt es keinerlei Anzeichen dafür, dass eine derart künstliche Grenzziehung vom Gesetzgeber gewollt sein könnte. Die genannten Kriterien für eine Abgrenzung sind daher abzulehnen.

1225 Immenga, GmbHR 1973 S. 5 (6); Timm, in: FS Fleck, S. 365 (369).
1226 BGH NJW 1987, S. 189 (189); Timm, in: FS Fleck, S. 365 (369).
1227 Timm, in: FS Fleck, S. 365 (368 ff.).
1228 Timm, in: FS Fleck, S. 365 (370, 372).
1229 Timm, in: FS Fleck, S. 365 (370, 372).
1230 Timm, in: FS Fleck, S. 365 (370, 372).

III. Neuer Lösungsansatz

Die obigen Untersuchungen haben ergeben, dass die Analogievoraussetzungen für bestimmte Ausprägungen der GmbH, nämlich für die kapitalistisch strukturierte GmbH, erfüllt sind. Dies hat zur Folge, dass es einer Abgrenzung bedarf, soweit man es für notwendig erachtet, den Bedürfnissen sämtlicher Erscheinungsformen der GmbH gerecht zu werden. Die Abgrenzungsvorschläge *Caspers* und *Timms* können nicht überzeugen, da die Festlegung der Kriterien eher willkürlich und nicht dem Willen des Gesetzgebers entsprechend erfolgt. Eine allen Aspekten gerecht werdende Lösung könnte nur in einer trennscharfen Abgrenzung zu sehen sein. Dies können die bislang dargebotenen Abgrenzungsversuche jedoch nicht leisten. Es stellt sich mithin die Frage, ob nicht andere Lösungswege denkbar sind. Eine allen Interessen gerecht werdende Lösung enthält möglicherweise das MoMiG (Gesetz zur Modernisierung des GmbH-Rechts und zur Bekämpfung von Missbräuchen), das zum 01.11.2008 in Kraft getreten ist. Die Ziele, die mit Einführung des MoMiG in das deutsche Gesellschaftsrecht umgesetzt werden sollten, sind u. a. „die nachhaltige Beschleunigung und Erleichterung von Unternehmensgründungen, die Modernisierung und Deregulierung des GmbHG zur Steigerung der internationalen Wettbewerbsfähigkeit der GmbH und die Einschränkung und Bekämpfung der Missbrauchsfälle“.[1231] Hauptintention des Gesetzgebers war dabei die Etablierung einer Konkurrenz zur britischen Limited und die Vereinfachung der GmbH-Gründung. Diesem Zweck entsprechend wurde mit dem MoMiG eine Sonderform der GmbH, die Unternehmergesellschaft (UG), eingeführt.[1232] Möglicherweise hat der Gesetzgeber durch die Einführung der UG indirekt einen neuen Weg für die künftige Entwicklung des Beschlussmängelrechts der GmbH aufgezeigt. So ist die Vermutung nicht fernliegend, dass die UG als Sonderform der GmbH in Zukunft ausschließlich jene Formen der GmbH erfassen wird, die eher personalistisch ausgeprägt sind. Dies hätte zur Konsequenz, dass für diejenigen Gesellschaften, die sich unter der Sonderform UG ansiedeln, die Analogievoraussetzungen für das Anfechtungsklageerfordernis als nicht erfüllt anzusehen wären. Ob dies zutreffend sein kann, soll im Folgenden näher erforscht werden.

1. Die UG als Abgrenzungskriterium

Sollte es zutreffen, dass unter der UG ausschließlich personalistisch strukturierte Gesellschaften m. b. H. firmieren bzw. künftig firmieren werden, so wäre als neues Lösungskonzept die unterschiedliche Behandlung von UG und GmbH in Bezug auf die Geltendmachung von Beschlussmängeln denkbar. Für die GmbH würde dann

---

1231 BT-Drucks. 16/6140 v. 23.05.2007, S. 31 f., Gesetzesentwurf der BReg; Bork/Schäfer/*Schäfer*, Einleitung Rn. 15; Edelbrock, S. 8.

1232 BT-Drucks. 16/6140 v. 23.05.2007, S. 31 f., Gesetzesentwurf der BReg; MüKoGmbHG/*Rieder*, § 5a Rn. 1; Bork/Schäfer/*Schäfer*, Einleitung Rn. 15; Edelbrock, S. 8.

weiterhin das Erfordernis der Anfechtungsklage gelten, wohingegen in der UG Alternativen der Geltendmachung zur Verfügung stünden. Die Rechtsform der UG könnte insofern als Abgrenzungskriterium bei der Unterscheidung zwischen personalistisch und kapitalistisch strukturierter GmbH herangezogen werden. Damit wäre ein Weg geschaffen, der den einzelnen Erscheinungsformen der GmbH, wenn auch nicht vollkommen, so doch zumindest annähernd gerecht werden könnte. Zu klären ist also anhand der einzelnen Merkmale der UG, ob sich unter der Bezeichnung „UG" tatsächlich ausschließlich personalistisch strukturierte Gesellschaften m. b. H. vereinen und auch künftig vereinen werden.

Bei der UG handelt es sich nicht um eine eigenständige Rechtsform, sondern lediglich um eine Variante der GmbH.[1233] Diese Sonderform der GmbH kann nach § 5 II i. V. m. III GmbHG ab einem Kapital von einem Euro gegründet werden und muss nach § 5 a I GmbHG den entsprechenden Zusatz „UG (haftungsbeschränkt)" tragen. Im Gegenzug ist die UG gemäß § 5 a III GmbHG verpflichtet, Rückstellungen in Höhe von 25 % der jährlichen Gewinne zu bilden, und zwar solange, bis ein Stammkapital von 25.000 Euro erreicht ist. Die Gesellschaft hat danach die Möglichkeit, nach § 5 a V GmbHG eine Umfirmierung in eine „normale" GmbH zu vollziehen, ein dahingehender Zwang besteht allerdings nicht. Dem niedrigen Stammkapital ist ferner geschuldet, dass gemäß § 5 a IV GmbHG bei drohender Zahlungsunfähigkeit unverzüglich eine Gesellschafterversammlung abzuhalten ist. Zahlungsunfähigkeit ist hier bereits dann zu bejahen, wenn auch nur eine Rechnung nicht innerhalb der Zahlungsfrist bezahlt werden kann.[1234] Dahingegen muss dies bei der GmbH nach § 49 III GmbHG nur erfolgen, wenn sich aus der Bilanz ergibt, dass die Hälfte des Stammkapitals verloren ist. Im Übrigen gelten die Vorschriften des GmbHG.[1235] Die UG konnte bislang einen wahren Gründungserfolg für sich verbuchen.[1236] Seit Inkrafttreten des MoMiG am 1. November 2008 wurden in den ersten 10 Monaten bereits über 16.000 Unternehmergesellschaften gegründet, am 1. November 2009 waren es bereits 19.933.[1237] Mit Stichtag zum 1. November 2014 lag die Zahl der UG's bereits bei 103.686.[1238] In ihrem ersten Gründungsjahr wurde ein Großteil der UGs, etwa 60 %, mit einem Stammkapital von unter 500 Euro gegründet und insgesamt 80 % mit einem Stammkapital von unter 1000 Euro.[1239] Letztlich bedeutet dies

---

1233 Baumbach/Hueck/*Fastrich*, § 51 Rn. 3; Henssler/Strohn/*Schäfer*, § 5a Rn. 4; Roth/Altmeppen/*Roth*, § 5a Rn. 5; Bork/Schäfer/*Schäfer*, Einleitung Rn. 15; Edelbrock, S. 25.

1234 Baumbach/Hueck/*Fastrich*, § 5a Rn. 27; Henssler/Strohn/*Schäfer*, § 5a Rn. 27.

1235 Baumbach/Hueck/*Fastrich*, § 51 Rn. 3; Henssler/Strohn/*Schäfer*, § 5a Rn. 4; Roth/Altmeppen/*Roth*, § 5a Rn. 5; Bork/Schäfer/*Schäfer*, § 5 a Rn. 7.

1236 Bork/Schäfer/*Schäfer*, Einleitung Rn. 10; Edelbrock, S. 64.

1237 Edelbrock, S. 64.

1238 Der aktuelle Stand wird von der rechtswissenschaftlichen Fakultät der Universität Jena auf der Internetseite http//www.rewi.uni-jena.de/Forschungsprojeht_Unternehmergesellschft.html veröffentlicht.

1239 Brunnemann/Zirngibl, § 1 Rn. 4; Edelbrock, S. 7.

natürlich auch, dass diese mit niedrigem Stammkapital gegründeten Unternehmen recht insolvenzanfällig sind.[1240] Von den vielen Gründungen waren bislang viele im Dienstleistungsbereich tätig, in welchem häufig ein Auskommen mit wenig Kapital denkbar ist.[1241] Nur wenige Neugründungen kamen bislang aus der Handwerksbranche.[1242] Die UG ist also für Gründerinnen und Gründer kleiner Unternehmen, vor allem aus der Dienstleistungsbranche, geeignet, die ihre Haftung beschränken möchten und deren Unternehmen mit geringem Kapital auskommen sollen.[1243] Die UG wird also vermutlich auch in Zukunft vorwiegend von personalistisch strukturierten Gesellschaften m. b. H. gewählt werden. Dafür, dass Gesellschaften m. b. H. mit kapitalistischer Ausprägung von vornherein nicht unter der Bezeichnung „UG“ firmieren werden, spricht vor allem, dass Gesellschaftsgründer, die 25.000 € bzw. die Hälfte des Stammkapitals gleich zu Anfang aufbringen können, wohl eher direkt als GmbH auftreten wollen.[1244] Zwar müssen dann auch die Eintragungsvoraussetzungen erfüllt werden; eine größere Gesellschaft kann aber das der Vereinfachung dienende Musterprotokoll für die Gründung der UG nicht verwenden; denn dieses ist nur für drei Personen vorgesehen.[1245] Dies bedeutet höhere Kosten.[1246] Ferner ist die Kreditwürdigkeit existentiell für ein Unternehmen mit hohem Kapitalbedarf. Die Gläubiger einer UG wissen von vornherein, dass das Stammkapital unter dem Mindeststammkapital, welches für eine GmbH benötigt wird, liegt. Dies führt dazu, dass ein Kreditgeber genauestens abwägen wird, ob er einen Kredit vergibt oder nicht.[1247] Angesichts der Unsicherheiten, die für ein Kreditinstitut mit einer UG verbunden sind, wird eine positive Kreditentscheidung wohl häufig an enge Voraussetzungen für eine Kreditvergabe geknüpft sein und auch sonstige Gläubiger werden bei der Aufnahme von Geschäftsbeziehungen zu einer UG Vorsicht walten lassen. Einer Gesellschaft mit hohem Kapitalbedarf wird aber in aller Regel an einer Ausstattung mit genügend Fremdkapital sehr gelegen sein, so dass auch dies dafür spricht, dass eine GmbH, die auf eine kapitalistische Prägung ausgelegt ist, sich gegen die Sonderform UG entscheiden wird. Eine Trennung von personalistisch und kapitalistisch strukturierter GmbH wäre damit vollzogen. Sicherlich kann nicht ausgeschlossen werden, dass weiterhin personalistisch strukturierte Gesellschaften m. b. H. existieren, aber für die UG kann durchaus angenommen werden, dass zumindest keine kapitalistisch organisierten Gesellschaften m. b. H. die Rechtsform der UG annehmen werden. Die Rechtsform UG ist mithin geeignetes Abgrenzungskriterium.

1240 Brunnemann/Zirngibl, § 1 Rn. 4; Edelbrock, S. 7.
1241 Brunnemann/Zirngibl, § 1 Rn. 4; Edelbrock, S. 7.
1242 Brunnemann/Zirngibl, § 1 Rn. 4; Edelbrock, S. 7.
1243 Brunnemann/Zirngibl, § 1 Rn. 4; Edelbrock, S. 7.
1244 Brunnemann/Zirngibl, § 1 Rn. 4; Edelbrock, S. 7.
1245 Bork/Schäfer/Schäfer, Einleitung Rn. 8.
1246 Brunnemann/Zirngibl, § 1 Rn. 4; Edelbrock, S. 7.
1247 Michalski/*Miras*, § 5a Rn. 57 f.

2. *Ergebnis*

Nach dem obigen Lösungsansatz erscheint eine unterschiedliche Behandlung von UG und GmbH hinsichtlich der Anwendbarkeit aktienrechtlicher Vorschriften sinnvoll. Fraglich ist, ob es gerechtfertigt ist, die Gesellschafter der GmbH weiterhin auf das Anfechtungklageerfordernis zu verweisen, obwohl nach wie vor auch personalistisch strukturierte Gesellschaften diese Bezeichnung tragen und für diese die Analogievoraussetzungen ja gerade nicht erfüllt sind. Diese Frage kann mit „ja" beantwortet werden; denn für die GmbH kommt, insbesondere aus Rechtssicherheitserwägungen, nur eine einheitliche Lösung in Betracht. Die Abgrenzungsvorschläge von *Timm* oder *Casper* konnten unter diesem Gesichtspunkt nicht überzeugen (vgl. 4. Kapitel E. II., S. 106 ff.). Gesellschaften, die sich für die Rechtsform der GmbH entscheiden, werden dies vor allem wegen der besseren Kreditwürdigkeit tun. Insofern kann verallgemeinernd gesagt werden: Je höher sich der Kapitalbedarf einer Gesellschaft gestaltet, desto eher werden auch die Interessen Dritter durch Beschlüsse der Gesellschaft berührt. Das Interesse am Bestand von Gesellschafterbeschlüssen und an Rechtssicherheit steigt somit und gewinnt im Rahmen einer Abwägung immer mehr an Gewicht. Folglich hat die Entscheidung dort zugunsten des Anfechtungsklageerfordernisses mit den von der Rechtsprechung zugelassenen Ausnahmen auszufallen. Beschlussmängel in der GmbH, die nicht bereits zur Nichtigkeit führen, sind ausschließlich im Wege der Anfechtungsklage geltend zu machen. Für die Gesellschaften, die unter der Sonderform UG zu finden sind, ist eine Analogie zu § 243 AktG hinsichtlich des Anfechtungsklageerfordernisses abzulehnen. Die Geltendmachung von zur Anfechtbarkeit führenden Beschlussmängeln sollte dort auch auf andere Weise zulässig sein, da es sich bei einer UG in der Regel um eine personalistisch strukturierte Gesellschaft mbH handelt, bei der die Analogievoraussetzungen als nicht erfüllt anzusehen sind. Denn es mangelt dort an einer mit der AG vergleichbaren Interessenlage. Der Minderheitenschutz, die Elastizität der Gesellschaft und die Selbstbestimmung wiegen als Interessen bei der UG höher als das Interesse an Rechtssicherheit. Die Gesellschafter einer UG können demnach Beschlussmängel mittels einfacher Anfechtungserklärung oder im Wege einer inzidenten gerichtlichen Überprüfung geltend machen.

F. Zusammenfassung

Die Untersuchung hat gezeigt, dass nicht für sämtliche Erscheinungsformen der GmbH die Voraussetzungen für eine analoge Anwendung des § 243 I AktG als erfüllt anzusehen sind. So ist zwischen kapitalistisch und personalistisch strukturierter GmbH zu unterscheiden. Lediglich bei der kapitalistisch ausgeprägten GmbH kann das Vorliegen der Voraussetzungen bejaht werden. Schwierigkeiten bereitete bislang die Abgrenzung zwischen beiden Erscheinungsformen, da es insoweit an gesetzlich festgelegten Grenzen mangelte. Es wurden zwar verschiedentlich Versuche einer Abgrenzung unternommen, diese sind aber wegen ihres sehr willkürlichen Charakters und des Verstärkens von Rechtsunsicherheiten nicht überzeugend. Mit der

Einführung des MoMiG und damit auch der UG kann nun eine solche Abgrenzung vollzogen werden. Ob sich in Zukunft tatsächlich ausschließlich solche Gesellschaften mbH unter der Bezeichnung UG formieren werden, die ausschließlich personalistisch strukturiert sind, muss abgewartet werden. Vieles spricht dafür.

5. Kapitel: Zusammenfassung wesentlicher Ergebnisse und Ausblick

Ausgangspunkt der dieser Arbeit zugrunde liegenden Betrachtungen ist die Einordnung des Beschlusses als Rechtsgeschäft. Diese hat zwar grundsätzlich die Anwendbarkeit der allgemeinen Normen des BGB über Rechtsgeschäfte zur Folge; indes konnte festgestellt werden, dass die bürgerlich-rechtlichen Vorschriften den Bedürfnissen der GmbH nicht gerecht werden können. Fehler bei der Beschlussfassung führten dann nämlich ausschließlich zur Nichtigkeit eines Beschlusses, was mit Rücksicht auf die Handlungsfähigkeit der GmbH nicht hinnehmbar sein kann. Andererseits wäre es bei einer Vielzahl von Beschlussfehlern gar nicht erst möglich, diese zu rügen. Da die Gesellschafter aber ein Recht auf Einhaltung von Gesetz und Satzung haben, wäre es ihnen nicht zumutbar, derartige Beschlussfehler hinzunehmen. In diesem Sinne erscheint eine Unterteilung von Beschlussfehlern in der GmbH in Anfechtbarkeit und Nichtigkeit unumgänglich zu sein.

Die effektive Abgrenzung zwischen zur Nichtigkeit und zur Anfechtbarkeit führenden Beschlussfehlern in der GmbH erfordert zunächst eine genaue Bestimmung derjenigen Mängel, die zur Nichtigkeit eines Beschlusses führen. Die aktienrechtlichen Nichtigkeitsvorschriften sind speziell auf die Bedürfnisse von Kapitalgesellschaften zugeschnitten. Daher hat sich die Nichtigkeit von Beschlüssen auch in der GmbH nach aktienrechtlichen Bestimmungen zu richten. So verdrängen die aktienrechtlichen Nichtigkeitsvorschriften, insbesondere die §§ 241, 250, 253, 256 AktG, als Sondervorschriften die bürgerlich-rechtlichen Nichtigkeitsregelungen.

Führt ein Mangel nicht zur Nichtigkeit eines Beschlusses, so gelangt man zu der Vorfrage der Anfechtungsfähigkeit eines Beschlusses. Die Anfechtung eines Beschlusses aufgrund eines Beschlussmangels knüpft unmittelbar an diese Vorfrage an. Für eine wirksame Beschlussanfechtung muss der Anfechtungsgegenstand nämlich eindeutig bestimmbar sein und zudem Verbindlichkeitswirkung entfalten. Ein Beschluss ist grundsätzlich verbindlich, sofern er festgestellt wurde. Für eine wirksame Feststellung bedarf es in der GmbH keiner Dokumentation des Beschlussergebnisses. Der den Beschluss feststellende Versammlungsleiter muss jedoch hinreichend legitimiert sein, die Beschlussfeststellung vorzunehmen. Fehlt es an einer Feststellung durch den Versammlungsleiter, so ist ein einstimmig gefasster Beschluss einer verbindlichen Feststellung gleichzustellen. Der Grund dafür ist darin zu sehen, dass bei einer solchen Konstellation schließlich alle Gesellschafter von demselben Beschlussergebnis ausgehen, so dass der Anfechtungsgegenstand hinreichend bestimmt ist. Sodann bewirkt die Anfechtung festgestellter Beschlüsse zunächst einmal keine Veränderung des Beschlussinhalts. Der Beschluss bleibt vorläufig wirksam, dessen Beseitigung erfolgt erst durch rechtskräftige Nichtigerklärung. Bei nicht festgestellten Beschlüsse gilt zwar grundsätzlich das gefundene

Ergebnis, ist dieses aber umstritten, so dass ein offener Schwebezustand eintritt, hat einer Anfechtung eine Beschlussfeststellungsklage vorauszugehen.

Ist die Anfechtungsfähigkeit festgestellt, gilt es, sich denjenigen Beschlussmängeln zuzuwenden, welche die Anfechtbarkeit eines Beschlusses begründen. Diese lassen sich vor allem durch eine effektive Abgrenzung von denjenigen Mängeln bestimmen, die unmittelbar zur Nichtigkeit eines Beschlusses führen. Der in § 241 I AktG aufgeführte Katalog von Nichtigkeitsgründen ist im Wesentlichen auf die GmbH übertragbar. Zur Nichtigkeit eines Beschlusses können vor allem Verstöße gegen Einberufungsvorschriften nach § 241 Nr. 1 AktG, Verstöße gegen Formvorschriften gemäß § 241 Nr. 2, wesentliche Rechtsverstöße nach § 241 Nr. 3 AktG, inhaltliche Verstöße gegen die guten Sitten nach § 241 Nr. 4 AktG und auch Verstöße bei der Wahl von Aufsichtsratsmitgliedern oder Fehler bei der Feststellung des Jahresabschlusses führen.

Ein Verstoß gegen Einberufungsvorschriften ist unter anderem dann anzunehmen, wenn nach § 121 II AktG eine Einberufung der Gesellschafterversammlung durch Unbefugte stattgefunden hat. Wurde die Gesellschafterversammlung beispielsweise durch einen lediglich faktisch als Geschäftsführer tätigen Gesellschafter einberufen, so hat man sich zur Bestimmung der Befugnis an den Grundsätzen zur fehlerhaften Gesellschaft zu orientieren. Eine Anwendung dieser Grundsätze kommt jedoch nicht in Betracht, wenn der Gesellschafter erst mit der Einberufung der Gesellschafterversammlung zum faktischen Geschäftsführer wurde. Aber auch eine fehlerhafte Einladung kann in der GmbH gemäß § 121 III 1 AktG analog zur Nichtigkeit eines Beschlusses führen, sofern die Fehlerhaftigkeit der Einladung einer Nichtladung gleichkommt. Des Weiteren können nach § 121 IV AktG analog Fehler bei der Bekanntmachung die Nichtigkeit eines Beschlusses herbeiführen. Dies gilt jedoch nicht bei Verstößen gegen das Erfordernis eines Einschreibens, und ebenfalls nicht bei einer Einladung im Wege einer elektronischen Mitteilung.

§ 241 Nr. 2 AktG ahndet Verstöße gegen Formvorschriften. In der GmbH hat diese Bestimmung ausschließlich Bedeutung im Hinblick auf Verstöße gegen das Erfordernis der notariellen Beurkundung satzungsändernder Beschlüsse (§ 53 II GmbHG). Zu beachten ist insbesondere der Nichtigkeitsgrund des § 241 I Nr. 3 AktG als Ausgangspunkt des aktienrechtlichen Beschlussmängelrechts. Unterteilt ist dieser Nichtigkeitsgrund in drei Alternativen: Unvereinbarkeit mit dem Wesen der AG, Verstöße gegen gläubigerschützende Vorschriften und gegen das öffentliche Interesse. Der Wesensalternative ist dabei eine eigenständige Bedeutung im Verhältnis zu den anderen Alternativen zuzugestehen. Dies lässt sich unter anderem auf die Entstehungsgeschichte der Vorschrift zurückführen. So stützte die frühere Rechtsprechung Entscheidungen über die Nichtigkeit eines Beschlusses nicht allein auf das „öffentliche Interesse" und auch bei der Fassung des AktG von 1937 überwogen die Zweifel daran, dass das „öffentliche Interesse" sämtliche Wesensverstöße erfasst. Ein Verstoß gegen das Wesen der GmbH ist insbesondere bei der Verletzung bedeutender Strukturprinzipien, wie etwa der Kompetenzverteilung der einzelnen Organe der GmbH untereinander, oder der Entziehung wesentlicher Mitgliedschaftsrechte, zu bejahen. Eine Verletzung von gläubigerschützenden Vorschriften ist vor allem dann anzunehmen, wenn Bestimmungen, die der Beschaffung und Erhaltung des Stammkapitals dienen, nicht eingehalten wurden. Das öffentliche Interesse ist wiederum bei Verstößen gegen Vorschriften des Mitbestimmungsgesetzes, gegen das Strafrecht, das Ordnungswidrigkeitengesetz und gegen zwingende Vorschriften des Verwaltungs-, Steuer- oder Sozialrechts betroffen.

Ferner führen gemäß § 241 Nr. 4 AktG auch Verstöße gegen die guten Sitten zur Nichtigkeit eines Beschlusses. Es ist jedoch bei der Bestimmung der Sittenwidrigkeit eines gefassten Beschlusses allein auf den inneren Gehalt des Beschlusses und nicht auf die Motive der Gesellschafter abzustellen, die diese zur Fassung des Beschlusses bewogen haben. Dies gilt auch für die Fälle der sogenannten Firmenbestattung, in denen die Gesellschafter über die Abberufung der bisherigen und Berufung neuer Geschäftsführer beschließen, um die „Bestattung" der Gesellschaft mit der Absicht, Gläubiger „abzuschütteln" und einer Bestrafung wegen Insolvenzverschleppung zu entgehen, voranzutreiben. Auch hier hat die Motivation der Gesellschafter keine Auswirkungen auf den inneren Gehalt des Beschlusses. Zur näheren Bestimmung derjenigen Mängel, die zur Anfechtbarkeit eines Beschlusses führen, sind ebenfalls die aktienrechtlichen Anfechtungsgründe entsprechend heranzuziehen, da diese speziell auf die Notwendigkeiten einer Kapitalgesellschaft zugeschnitten sind und insofern auch den Bedürfnissen in der GmbH am ehesten Rechnung tragen können. Die Anfechtungsgründe können im Wesentlichen in formelle und materielle Anfechtungsgründe unterteilt werden.

Formelle Anfechtungsgründe können bei der Vorbereitung und bei der Durchführung einer Gesellschafterversammlung sowie bei der Feststellung des Abstimmungsergebnisses auftreten. Auch eine mangelhafte Auskunftserteilung kann die Fehlerhaftigkeit eines Beschlusses begründen. Eine Einschränkung erfährt diese Rügemöglichkeit jedoch durch eine analoge Anwendung des § 243 AktG.

Als materielle Anfechtungsgründe sind Verstöße gegen das Gesetz und gegen die Satzung zu nennen. Satzungsverstöße sind insbesondere dann einschlägig, wenn ein Beschluss nicht mit dem Gesellschaftszweck oder dem Unternehmensgegenstand in Einklang steht. Bewegt sich also der Tätigkeitsbereich einer GmbH ständig außerhalb des Unternehmensgegenstandes, so ist ein Verstoß zu bejahen.

Als Verstöße gegen das Gesetz sind im Wesentlichen Verstöße gegen die guten Sitten, die Verpflichtung zur Gleichbehandlung und gegen die gesellschafterliche Treuepflicht anzuführen. So ist eine willkürliche Ungleichbehandlung der Gesellschafter nicht zulässig. Die gesellschafterliche Treuepflicht besagt, dass den Interessen der Gesellschaft grundsätzlich Vorrang vor den Interessen des einzelnen Gesellschafters einzuräumen ist. Ein Verstoß gegen eine schuldrechtliche Nebenabrede kann dahingegen auch nicht ausnahmsweise die Anfechtbarkeit eines Beschlusses bewirken. Die Formulierung in § 243 AktG, wonach eine Verletzung des Gesetzes oder der Satzung mittels Anfechtungsklage angegriffen werden kann, ist eindeutig. Bei einer schuldrechtlichen Nebenabrede ist jedoch keinerlei Satzungsähnlichkeit gegeben. Auch fehlt es an der Schutzbedürftigkeit der Gesellschafter, die sich aufgrund der Vorzüge einer schuldrechtlichen Nebenvereinbarung in Kenntnis der damit verbundenen Unsicherheiten für diese entschieden haben.

Bestimmte Beschlüsse sind ferner einer materiellen Inhaltskontrolle zu unterwerfen. Ein Beschluss muss, um der Anfechtbarkeit zu entgehen, sachlich berechtigt und nicht willkürlich gefasst worden sein. Erfasst werden von der materiellen Inhaltskontrolle jedoch ausschließlich Grundlagenentscheidungen. Ferner ist eine Inhaltskontrolle nur dann durchzuführen, wenn durch den in Frage stehenden Beschluss ein Abhängigkeitsverhältnis zwischen der Gesellschaft und einem anderem Unternehmen entstehen würde.

Um eine interessengerechte Entscheidung mit Blick auf die Geltendmachung von Beschlussmängeln treffen zu können, ist eine Unterteilung in personalistisch und kapitalistisch strukturierte GmbH notwendig; dies vor dem Hintergrund, dass die Voraussetzungen für eine analoge Anwendung des § 243 AktG nur für die kapitalistisch ausgeprägte GmbH als erfüllt anzusehen sind. So fehlt es vor allem an der Vergleichbarkeit der Interessenlage bei AG und personalistisch ausgeprägter GmbH. Eine unterschiedliche Behandlung dieser beiden Erscheinungsformen der GmbH hinsichtlich der Geltendmachung von Beschlussmängeln ist aber nur denkbar, sofern denn eine trennscharfe Abgrenzung möglich ist. Nicht vollständig überzeugen können insoweit die Abgrenzungsversuche von *Timm* und *Casper*, da diese im Endeffekt zu großen Rechtsunsicherheiten führen. Taugliches Abgrenzungskriterium kann dahingegen die Rechtsform UG als neue Erscheinungsform der GmbH sein. So konnte festgestellt werden, dass als UG ausschließlich Gesellschaften mit einer geringen Anzahl von Gesellschaftern und einem eher niedrigen Kapitalbedarf, also personalistisch strukturierte Gesellschaften m. b. H., firmieren und vermutlich auch in Zukunft firmieren werden. Der Minderheitenschutz, die Elastizität der Gesellschaft und die Selbstbestimmung sind als Interessen in der UG höher einzustufen als das Interesse an Rechtssicherheit, so dass es sachgerecht erscheint, den Gesellschaftern einer UG die Möglichkeit zu eröffnen, Beschlussmängel mittels einfacher Anfechtungserklärung oder im Wege einer inzidenten gerichtlichen Überprüfung geltend zu machen. Die Gesellschafter einer GmbH sind dahingegen nach wie vor auf die ausschließliche Geltendmachung mittels Anfechtungsklage zu verweisen, auch wenn nicht ausgeschlossen werden kann, dass sich auch in Zukunft personalistisch strukturierte Gesellschaften nach wie vor für die GmbH als Rechtsform entscheiden werden. Dies erscheint insofern gerechtfertigt, als die Entscheidung für die GmbH in der Regel aufgrund der verbesserten Kreditwürdigkeit ausfallen wird und somit das Interesse an der Rechtssicherheit im Rahmen einer Abwägung immer mehr an Bedeutung gewinnt.

Literaturverzeichnis

Armbrüster, Christian: Treuhänderische GmbH- Beteiligungen, GmbHR 2001, S. 1021–1032 (zit. Armbrüster, GmbHR 2001).

Baltzer, Johannes: Der Beschluss als rechtstechnisches Mittel organschaftlicher Funktion im Privatrecht, Marburg 1964 (zit. Baltzer).

–: Zur Anfechtung von Gesellschafterbeschlüssen bei Antragsablehnung, GmbHR 1972, S. 57–63 (zit. Baltzer, GmbHR 1972).

Bamberger, Georg/ Roth, Herbert: Kommentar zum Bürgerlichen Gesetzbuch, Band 1, §§ 1–610, 2. Auflage, München 2007 (zit. Bamberger/Roth/*Bearbeiter*).

Bartl, Harald: Kommentar zum Gesetz betreffend die Gesellschaft mit beschränkter Haftung, 7. Aufl., Heidelberg 2013 (zit. Bartl/ *Bearbeiter*).

Barz, C. H.: Anmerkungen zu BGH II ZR 105/66, Urteil vom 29.5.1967, GmbHR 1968, S. 99–101 (zit. Barz, Anm. BGH GmbHR 1986).

Baumbach, Adolf /Hueck, Alfred: Kurzkommentar zum GmbH-Gesetz, 20. Auflage, München 2013 (zit. Baumbach/Hueck/*Bearbeiter*).

Baums, Theodor: Der Geschäftsleitervertrag, Köln 1987 (zit. Baums).

–: Der unwirksame Hauptverhandlungsbeschluss, ZHR 142, S. 582–588 (zit. Baums, ZHR 142).

Behrens, Peter: Stimmrecht und Stimmbindung, Festschrift 100 Jahre GmbH Gesetz, Köln 1992, S. 539–558 (zit. Behrens, in: FS 100 Jahre GmbHG).

Berner, Klaus/ Stadler, Markus: Die uneinheitliche Stimmabgabe beim GmbH-Geschäftsanteil- Gesetzesverstoß oder sinnvolles, gleichermaßen auch zulässiges Gestaltungsmittel?, GmbHR 2003, S. 1407–1412 (zit. Berner/Stadler, GmbHR 2003).

Berger, Christian: GmbH-rechtliche Beschlussmängelstreitigkeiten vor Schiedsgerichten, ZHR 164, S. 295–320 (zit. Berger, ZHR 164).

Bokelmann, Gunther: Rechtsmissbrauch des Anfechtungsrechts durch den Aktionär?, Bielefeld 1970 (zit. Bokelmann).

Bork, Reinhard/ Schäfer, Carsten: Kommentar zum Gesetz betreffend die Gesellschaft mit beschränkter Haftung, 3. Auflage, Köln 2015 (zit. Bork/Schäfer/*Bearbeiter*).

Böttcher, Lars/ Greve, Daniel: Der Versammlungsleiter in der Gesellschaft mit beschränkter Haftung, NZG 2002, S. 1086–1090 (zit. Böttcher/Greve, NZG 2002).

Brete, Raik/ Thomsen, Michael: Nichtigkeit und Heilung von Jahresabschlüssen der GmbH, GmbHR 2008, S. 176–183 (zit. Brete/Thomsen, GmbHR 2008).

Brox, Hans/ Walker, Wolf-Dietrich: Allgemeiner Teil des BGB, 37. Auflage, München 2013 (zit. Brox/Walker).

Bunnemann, Jan/ Zirngibl, Nikolas: Auswirkungen des MoMiG auf bestehende GmbH`s, München 2008 (zit. Bunnemann/Zirngibl).

Burgard, Ulrich: Die Förder- und Treupflicht des Alleingesellschafters einer GmbH, ZIP 2002, S. 827–839 (zit. Burgard, ZIP 2002).

Canaris, Claus-Wilhelm: Die Feststellung von Lücken im Gesetz, 2. Auflage, Berlin 1983 (zit. Canaris).

Casper, Matthias: Die Heilung nichtiger Beschlüsse im Kapitalgesellschaftsrecht, Köln 1998 (zit. Casper).

–: Das Anfechtungsklageerfordernis im GmbH-Beschlussmängelrecht, ZHR 163, S. 54–86 (zit. Casper, ZHR 163).

Däubler, Wolfgang: Fehlerhafte Gesellschafterbeschlüsse bei der GmbH im Lichte des neuen Aktienrechts, GmbHR 1968, S. 4–11 (zit. Däubler, GmbHR 1968).

Dreher, Meinrad: Die gesellschaftsrechtliche Treuepflicht bei der GmbH, DStR 1993, S. 1632–1636 (zit. Dreher, DStR 1993).

Dürr, Martin: Nebenabreden im Gesellschaftsrecht, Frankfurt 1994 (zit. Dürr).

–: Nebenabreden und die Willensbildung in der GmbH, BB 1995, S. 1365–1370 (zit. Dürr, BB 1995).

Edelbrock, Thomas: Die Auswirkungen der Unternehmergesellschaft in Deutschland, München, 2009 (zit. Edelbrock).

Ehlke, Michael: Stammkapitalerhöhung bis zum 31.12.1985 oder Auflösung, GmbHR 1985, S. 284–293 (zit. Ehlke, GmbHR 1985).

Emde, Raimond, Die Bestimmtheit von Gesellschafterbeschlüssen, ZIP 2000, S. 59–64 (zit. Emde, ZIP 2000).

Emmerich, Volker/ Habersack, Mathias: Konzernrecht, 9. Auflage, München 2008 (zit. Emmerich/Habersack).

Erman, Walter: Handkommentar zum Bürgerlichen Gesetzbuch, Band 1, 12. Auflage, Münster 2008 (zit.: Erman/*Bearbeiter*).

Fehrenbach, Markus: Der fehlerhafte Gesellschafterbeschluss in der GmbH, Köln 2011 (zit. Fehrenbach).

Fikentscher, Wolfgang: Methoden des Rechts, Band 3, Tübingen 1976 (zit. Fikentscher).

Fischer, Robert: Fragen aus dem Recht der GmbH, JZ 1956, S. 362–364 (zit. Fischer, JZ 1956).

Fleck, Hans Joachim: Stimmrechtsabspaltung in der GmbH?, in: Festschrift für Robert Fischer, Berlin, New York 1979, S. 107–129 (zit. Fleck, in: FS R. Fischer).

–: Zur Anfechtungsfrist für Gesellschafterbeschlüsse bei der GmbH – Angemessenheit der Geschäftsführer-Bezüge, EWiR 1990, 701–702 (zit. Fleck, EWiR 1990).

Flume, Werner: Allgemeiner Teil des Bürgerlichen Rechts, Band 1/ Teil 2, Die juristische Person, Berlin, Heidelberg 1983 (zit. Flume, AT BGB).

–: Allgemeiner Teil des BGB, Band 2, Das Rechtsgeschäft, 4. Auflage, Berlin 1992 (zit. Flume, AT BGB II).

Geßler, Ernst/ Hefermehl, Wolfgang/Eckardt, Ulrich/Kropff, Bruno: Aktiengesetz Kommentar, Band 5, §§ 241–290, München 1994 (zit. Geßler/Hefermehl/Eckardt/Kropff/*Bearbeiter*).

–: Die Reform des GmbH-Rechts, BB 1969, S. 589–595 (zit. Geßler, BB 1969).

–: Nichtigkeit von Hauptversammlungsbeschlüssen und Satzungsbestimmungen, ZGR 1980, S. 427–454 (zit. Geßler, ZGR 1980).

Gierke, Julius von: Handelsrecht und Schiffahrtsrecht, 7. Auflage, Berlin 1955 (zit. Gierke).

Gierke, Otto von: Deutsches Privatrecht, Band I, Allgemeiner Teil und Personenrecht, 3. Auflage, Berlin Nachdruck von 1936 (zit. Gierke, Dt. Privatrecht I).

Goette, Wulf: Die GmbH, 2. Auflage, München 2002 (zit. Goette).

–: Satzungsdurchbrechung und Beschlussanfechtung, RWS Forum 8, Gesellschaftsrecht, Köln 1995, S. 113–129 (zit. Goette, RWS Forum 8).

Götze, Cornelius: Anmerkung zu OLG Karlsruhe, Urteil vom 23.06.1997 – II ZR 353/95, WiB 1997, S. 1086–1087 (zit. Götze, OLG Karlsruhe WiB 1997).

Großkommentar AktG: Großkommentar zum Aktiengesetz, 4. Auflage, Band 1, §§ 1–53, Berlin 2004; 3. Auflage, Band 3, §§ 179–290, Berlin 1973, 4. Auflage, Band 7, §§ 241–277, Berlin 2012 (zit. GroßKommAktG/*Bearbeiter*).

Grunewald, Barbara: Gesellschaftsrecht, 6. Auflage, Tübingen 2005 (zit. Grunewald).

Habersack, Mathias: Grenzen der Mehrheitsherrschaft in Stimmrechtskonsortien, ZHR 164, S.1–22 (zit. Habersack, ZHR 164).

–: Unwirksamkeit „ zustandsbegründender" Durchbrechungen der GmbH Satzung sowie darauf gerichteter schuldrechtlicher Nebenabreden, ZGR 1994, S. 354–374 (zit. Habersack, ZGR 1994).

Happ, Wilhelm: Stimmbindungsverträge und Beschlussanfechtung, ZGR 1984, S. 169–178 (zit. Happ, ZGR 1984).

Heckelmann, Dieter: Die uneinheitliche Abstimmung bei Kapitalgesellschaften, AcP 170, S. 306–346 (zit. Heckelmann, AcP 170).

Heerstraßen, Frank: Arglistige Täuschung beim Kunstkauf – OLG Hamm, NJW-RR 1993, 628, JuS 1995, S. 197–202 (zit. Heerstraßen, JuS 1995).

Heinze, Meinhard: Einstweiliger Rechtsschutz in aktienrechtlichen Anfechtungs- und Nichtigkeitsverfahren, ZGR 1979, S. 293–333 (zit. Heinze, ZGR 1979).

Heitsch, Joachim: Das Bezugsrecht der Gesellschafter der GmbH bei Kapitalerhöhungen, Berlin 1997 (zit. Heitsch).

Henssler, Martin/ Strohn, Lutz: Gesellschaftsrecht, Band 62, 2. Auflage, München 2014 (zit. Hessler/Strohn/*Bearbeiter*).

Henze, Hartwig: Treupflichten der Gesellschafter im Kapitalgesellschaftsrecht, ZHR 162, S.186–196 (zit. Henze, ZHR 162).

–: Treuepflichtwidrige Stimmrechtsausübung und ihre rechtlichen Folgen, RWS Forum 8, GesR 1995, S. 1–21 (zit. Henze, RWS Forum 8).

Hirte, Heribert: Bezugsrechtsausschluss und Konzernbildung, München 1986 (zit. Hirte).

–: Gesellschaftsinteresse und Gleichbehandlung beim Bezugsrechtsausschluss, ZHR 154, S. 374–389 (zit. Hirte, ZHR 154).

–: Missbrauch aktienrechtlicher Anfechtungsklagen, BB 1988, S. 1469–1477 (zit. Hirte, BB 1988).

Hoffmann-Becking, Michael: Der Einfluss schuldrechtlicher Gesellschaftervereinbarungen auf die Rechtsbeziehungen in der Kapitalgesellschaft, ZGR 1994, S. 442–464 (zit. Hoffmann-Becking, ZGR 1994).

Hoffmann, Jochen/ Köster, Jan: Beschlussfeststellung und Anfechtungsklageerfordernis im GmbH-Recht, GmbHR 2003, S. 1327–1336 (zit. Hoffmann/Köster, GmbHR 2003).

Hommelhoff, Peter: Die Ergebnisverwendung in der GmbH nach dem Bilanzrichtliniengesetz, ZGR 1986, S. 418–462 (zit. Hommelhoff, ZGR 1986).

Huber, Ulrich: Entstehungsgeschichte und aktuelle Auslegungsprobleme des § 241 Nr. 3 AktG, Festschrift für Helmut Coing, Band II, München 1982 (zit. Huber, in: FS Coing, Band II).

Hueck, Alfred: Mangelhafte Gesellschafterbeschlüsse bei der GmbH, Festschrift für Erich Molitor, München, Berlin 1962, S. 410–427 (zit. Hueck, in: FS Molitor).

Hueck, Götz: Der Grundsatz der gleichmäßigen Behandlung im Privatrecht, München, Berlin 1958 (zit. Hueck).

–: Minderheitsschutz bei der Ergebnisverwendung in der GmbH, Festschrift für Ernst Steindorff, Berlin 1990, S. 45–58 (zit. Hueck, in: FS Steindorff).

Hüffer, Uwe: Kurzkommentar zum Aktiengesetz, 11. Auflage, München 2014 (zit. Hüffer/*Bearbeiter*).

–: Zur gesellschaftsrechtlichen Treupflicht als richterrechtlicher Generalklausel, Festschrift für Ernst Steindorff, Berlin 1990, S. 59–78 (zit. Hüffer, in: FS Steindorff).

–: Die Unabhängigkeit von Aufsichtsratsmitgliedern nach Ziffer 5-4-2 DCGK, ZIP 2006, S. 637–644 (zit. Hüffer, ZIP 2006).

–: Beschlussmängel im Aktienrecht und im Recht der GmbH – eine Bestandsaufnahme unter Berücksichtigung der Beschlüsse von Leitungs- und Überwachungsorganen, ZGR 2001, S. 833–874 (zit. Hüffer, ZGR 2001).

Immenga, Ulrich: Die Problematik der Anfechtungsklage im GmbH-Recht, GmbHR 1973, S. 5–11 (zit. Immenga, GmbHR 1973).

Ipsen, Jörn: Richterrecht und Verfassung, Berlin 1975 (zit. Ipsen).

Jauernig, Kommentar zum BGB, 15. Auflage, München 2014 (zit. Jauernig/*Bearbeiter*).

Joost, Detlev: Die Parteirolle der personalistischen GmbH und ihrer Gesellschafter bei gesellschaftsinternen Klagen, ZGR 1984, S. 71–103 (zit. Joost, ZGR 1984).

Kaufmann, Arthur: Analogie und Natur der Sache, 2. Auflage, Heidelberg 1982 (zit. Kaufmann).

Koberg, Peter: Die Entstehung der GmbH in Deutschland und Frankreich, Köln 1992 (zit. Koberg).

Kölner Kommentar: Kölner Kommentar zum Aktiengesetz, Band 2/1, §§ 76–94, 3. Auflage 2010; Band 2, §§ 148–290, Köln 1985 (zit. KölnKommAktG/*Bearbeiter*).

Koppensteiner, Hans- Georg: Treuwidrige Stimmabgaben bei Kapitalgesellschaften, ZIP 1994, S. 1325–1330 (zit. Koppensteiner, ZIP 1994).

Kornblum, Udo/ Hampf, Thorsten/ Naß, Nicole: Neue württembergische Rechtstatsachen zum Unternehmens- und Gesellschaftsrecht, GmbHR 2000, S. 1240–1251 (zit. Kornblum/ Hampf/ Naß, GmbHR 2008).

Kübler, Friedrich/ Assmann, Heinz-Dieter: Gesellschaftsrecht, 6. Auflage, Heidelberg 2006 (zit. Kübler/Assmann).

Langenbucher, Katja: Wettbewerbsverbote, Unabhängigkeit und die Stellung des Aufsichtsratsmitglieds, ZGR 2007, S. 571–601 (zit. Langenbucher, ZGR 2007).

Larenz, Carl/ Canaris, Claus-Wilhelm: Methodenlehre der Rechtswissenschaft, 3. Auflage, Berlin Heidelberg, New York, 1995 (zit. Larenz/Canaris).

Lawall, Lars: Satzungsdurchbrechende Beschlüsse im GmbH-Recht, DStR 1996, S. 1169–1175 (zit. Lawall, DStR 1996).

Leenen, Detlef: Die Anfechtung von Verträgen, Jura 1991, S. 393–399 (zit. Leenen, Jura 1991).

Liebs, Rüdiger: Die Anpassung des Gesellschaftsvertrags der GmbH an das Bilanzrichtlinien-Gesetz, DB 1986, S. 2421–2425 (zit. Liebs, DB 1986).

Limbach, Jutta: Theorie und Wirklichkeit der GmbH, Berlin 1966 (zit. Limbach).

Lindemann, Birgit Silvia: Die Beschlussfassung in der Einmann-GmbH, Heidelberg 1996 (zit. Lindemann).

Lübbert, Hartmut: Abstimmungsvereinbarungen in den Aktien- und GmbH- Rechten der EWG- Staaten, der Schweiz und Großbritanniens, Baden-Baden, 1971 (zit. Lübbert).

Lutter, Marcus/ Hommelhoff, Peter: Kommentar zum GmbH- Gesetz, 14. Auflage 1995, 18. Auflage 2012, jeweils Köln (zit. Lutter/Hommelhoff/*Bearbeiter*).

Lutter, Marcus: Theorie der Mitgliedschaft, AcP 180 (1980), S. 84–159 (zit. Lutter, AcP 180).

–: Die Treupflicht des Aktionärs, ZHR 153 (1989), S. 446–471 (zit. Lutter, ZHR 153).

–: Die entgeltliche Ablösung von Anfechtungsrechten – Gedanken zur aktiven Gleichbehandlung im Aktienrecht -, ZGR 1978, S. 347–372 (zit. Lutter, ZGR 1978).

–: Materielle und förmliche Erfordernisse eines Bezugsrechtsausschlusses – Besprechung der Entscheidung BGHZ 71, 40 (Kali und Salz), ZGR 1979, S. 401–418 (zit. Lutter, ZGR 1979).

–: Zur inhaltlichen Begründung von Mehrheitsentscheidungen, ZGR 1981, S. 171–182 (zit. Lutter, ZGR 1981).

Lutter, Marcus/ Timm, Wolfram: Konzernrechtlicher Präventivschutz im GmbH-Recht, NJW 1982, S. 409–420 (zit. Lutter/Timm, NJW 1982).

Maier-Reimer, Georg: Negative „Beschlüsse" von Gesellschafterversammlungen, Festschrift für Walter Oppenhoff, München 1985 (zit. Maier-Reimer, in: FS Oppenhoff).

Martens, Klaus-Peter: Die GmbH und der Minderheitsschutz, GmbHR 1984, S. 265–272 (zit. Martens, GmbHR 1984).

Mayer, Dieter: Die Zulässigkeit von Stimmrechtsvereinbarungen im GmbH-Recht, GmbHR 1990, S. 61–65 (zit. Mayer, GmbHR 1990).

Medicus, Dieter: Allgemeiner Teilt des BGB, 9. Auflage, Heidelberg, München 2006 (zit. Medicus).

Menger, Matthias: Zulässigkeit und Grenzen der Lückenausfüllung im Innenrecht der Personengesellschaften, Tübingen 1996 (zit. Menger).

Mennicke, Petra: Zum Weisungsrecht der Gesellschafter und der Folgepflicht des Geschäftsführers in der mitbestimmungsfreien GmbH, NZG 2000, S. 622–626 (zit. Mennicke, NZG 2000).

Mertens, H.-J.: Anmerkung zu Urteil BGH v. 29.5.1967 – II ZR 105/66, JR 1967, S. 459–463 (zit. Mertens, Anm. BGH JR 1967).

Meyer-Landrut, Joachim / Milller, Georg/Niehus, Rudolf: Kommentar zum Gesetz betreffend die Gesellschaft mit beschränkter Haftung, Berlin, New York 1987 (zit. Meyer-Landrut/ Miller/ Niehus/*Bearbeiter*).

Michalski, Lutz: Kommentar zum Gesetz betreffend die Gesellschaft mit beschränkter Haftung Band 1, §§ 1–34, 2. Auflage, Band 2, §§ 35–85, 2. Auflage, jeweils München 2010 (zit. Michalski/Bearbeiter).

Müller, Klaus J.: Stimmbindungen von GmbH- Gesellschaftern, GmbHR 2007, S. 113–117 (zit. Müller, GmbHR 2007).

Münchner Handbuch des Gesellschaftsrechts: Band 3, Gesellschaft mit beschränkter Haftung, 3. Auflage 2009; Band 4, Aktiengesellschaft, 3. Auflage 2007, jeweils München (zit. MünchHdbGesR [Band]/ *Bearbeiter*).

Münchener Kommentar zum BGB: Band 1, Allgemeiner Teil §§ 1–240, 5. Auflage 2006; Band 5, Schuldrecht Besonderer Teil III, §§ 705–853, 5. Auflage 2009, jeweils München (zit. MünchKommBGB/*Bearbeiter*).

Münchener Kommentar zum Aktiengesetz: Band 2, §§ 76–117, 3. Auflage 2008; Band 4, §§ 179–277, 3. Auflage 2011 (zit. MünchKommAktG/ *Bearbeiter*).

Münchener Kommentar zum HGB: Band 2, §§ 105–160, 2. Auflage, München 2006 (zit. MünchKommHGB/ *Bearbeiter*).

Münchener Kommentar zur ZPO: Band 1, §§ 1–354, 2. Auflage, München 2000 (zit. MünchKommZPO/ *Bearbeiter*).

Münchener Kommentar zum Gesetz betreffend die Gesellschaft mit beschränkter Haftung, Band 1, 2. Auflage, §§ 1–34, München 2015, Band 2, §§ 35–52, 2. Auflage, München 2016, Band 3, §§ 53–85, München 2011 (zit. MüKoGmbHG/*Bearbeiter*).

Nehls, Albrecht: Die Anfechtungsfrist für GmbH-Gesellschafterbeschlüsse, GmbHR 1995, 703–708 (zit. Nehls, GmbHR 1995).

Noack, Ulrich: Fehlerhafte Beschlüsse in Gesellschaften und Vereinen, München 1989 (zit. Noack).

–: Gesellschaftervereinbarungen bei Kapitalgesellschaften, Tübingen 1994 (zit. Noack, GesVereinb. bei Kapges.).

Oelrichs, Carsten: Muss der Versammlungsleiter bei der Feststellung von Haupt- oder Gesellschafterversammlungsbeschlüssen treuwidrig abgegebene Stimmen mitzählen?, GmbHR 1995, S. 863–869 (zit. Oelrichs, GmbHR 1995).

Odersky, Walter, Stimmbindungen in Pool und Unterpool, in: Festschrift für Marcus Lutter, Köln 2000, S. 557–560 (zit. Zöllner, in: FS Lutter).

Palandt, Otto: Bürgerliches Gesetzbuch, Kommentar, 74. Auflage, München 2015 (zit. Palandt/ *Bearbeiter*).

Peters, Egbert: Anmerkungen zu BGH, Urteil vom 29.5.1967, II ZR 105/66, JZ 1968, S. 24–28 (zit. Peters, Anm. BGH, JZ 1968).

Priester, Hans-Joachim: Nichtkorporative Satzungsbestimmungen bei Kapitalgesellschaften, DB 1979, S. 681–687 (zit. Priester, DB 1979).

–,: Drittbindung des Stimmrechts und Satzungsautonomie, Festschrift für Winfried Werner, New York, Berlin 1984, S. 657–679 (zit. Priester, in: FS Werner).

–: Feststellung des Jahresabschlusses bei Personengesellschaften, Festschrift für Walther Hadding, Berlin 2007, S. 607–619 (zit. Priester, in: FS Hadding).

Priester, Hans-Joachim/ Hommelhoff, Peter: Bilanzrichtlinien Gesetz und GmbH-Satzung, ZGR 1986, S. 463–517 (zit. Priester/ Hommelhoff, ZGR 1986).

Prütting, Hanns/ Helms, Tobias: Kommentar zum FamFG, 3. Auflage, Köln 2014 (zit. Prütting/Helms/*Bearbeiter*, FamFG).

Raiser, Thomas: Nichtigkeits- und Anfechtungsklagen, Festschrift 100 Jahre GmbH-Gesetz, Köln 1992, S. 587–606 (zit. Raiser, in: FS 100 Jahre GmbHG).

–: Die Einrede der Anfechtbarkeit von Gesellschafterbeschlüssen in der GmbH, in: Festschrift für Theodor Heinsius, Berlin, New York 1991, S. 645- 658 (zit. Raiser, in: FS Heinsius).

–: Das Recht der Gesellschafterklagen, ZHR 153, S. 1–34 (zit. Raiser, ZHR 153).

–: 100 Bände BGHZ – GmbH-Recht, ZHR 151, S. 422–443 (zit. Raiser, ZHR 151).

Raiser, Thomas /Veil, Rüdiger: Recht der Kapitalgesellschaften, München 2010 (zit. Raiser/Veil, Kapges.).

Renkl, Günter: Der Gewinnanspruch der Gesellschafter einer GmbH nach der Neuregelung des § 29 GmbHG, DB 1986, S. 1108–1110 (zit. Renkl, DB 1986).

Reul/Heckschen/Wienberg: Insolvenzrecht in der Gestaltungspraxis, 1. Auflage, München 2012 (zit. Reul/Heckschen/Wienberg/*Bearbeiter*).

Rohleder, Michael: Zur Anfechtungsklage gegen einen fehlerhaften Gesellschafterbeschluss in der GmbH, GmbHR 1989, S. 236–242 (zit. Rohleder, GmbHR 1989).

Roth, Günter /Altmeppen, Holger: Kommentar zum Gesetz betreffend die Gesellschaften mit beschränkter Haftung, 7. Auflage, München 2012 (zit. Roth/ Altmeppen/ *Bearbeiter*).

Rottnauer, Achim: Ausgabebetragsbemessung bei effektiver Kapitalerhöhung in einer personalistischen Kapitalgesellschaft, ZGR 2007, S. 401–439 (zit. Rottnauer, ZGR 2007).

Rowedder, Heinz/ Schmidt-Leithoff: Christian, Kommentar zum Gesetz betreffend die Gesellschaft mit beschränkter Haftung, 4. Auflage, München 2002 (zit. Rowedder/ Schmidt-Leithoff /*Bearbeiter*).

Schäfer, Carsten: Stimmrechtslose Anteile in der GmbH, GmbHR 1998, S. 113–119 (zit. Schäfer, GmbHR 1998).

–: Antragsrecht und Bescheidungsanspruch des GmbH-Gesellschafters, ZHR 167, S. 66–88 (zit. Schäfer, ZHR 167).

Schäfer, Franz: Nichtigkeit und Anfechtbarkeit von Hauptversammlungsbeschlüssen der Aktiengesellschaft unter Ausschluss der Beschlüsse über die Bilanzfeststellung und Gewinnverwendung, Würzburg 1969 (zit. Schäfer).

Scheuerle, Wilhelm: Das Wesen der GmbH, AcP 163, S. 429–471 (zit. Scheuerle, AcP 163).

Schmidt, Karsten / Lutter, Marcus: Kommentar zum Aktiengesetz, Band II, §§ 150–410, Köln 2008 (zit. Schmidt/ Lutter/ *Bearbeiter*).

Schmidt, Karsten: Gesellschaftsrecht, 4. Auflage, Köln 2002 (zit. K. Schmidt, GesR).

–: Zum Streitgegenstand von Anfechtungsklagen und Nichtigkeitsklagen im Gesellschaftsrecht, JZ 1977, S. 769–777 (K. Schmidt, JZ 1977).

–: Die Beschlussanfechtungsklage bei Vereinen und Personengesellschaften, Festschrift für Walter Stimpel, S. 217–243, Berlin, New York 1985 (zit. K. Schmidt, in: FS Stimpel).

–: Rechtsschutz des Minderheitsgesellschafters gegen rechtswidrige ablehnende Beschlüsse, NJW 1986, S. 2018–2021 (zit. K. Schmidt, NJW 1986).

–: Die Behandlung treuwidriger Stimmen in der Gesellschafterversammlung und im Prozess, GmbHR 1992, S. 9–14 (zit. K. Schmidt, GmbHR 1992).

Schockenhoff, Martin: Gesellschaftsinteresse und Gleichbehandlung beim Bezugsrechtsausschluss, München 1988 (zit. Schockenhoff).

Scholz, Franz: Kommentar zum GmbH – Gesetz, Band 2, §§ 45–85, 6. Auflage 1983, Band 2, §§ 35–52, 11. Auflage 2014; Band 3, §§ 53–85, 10. Auflage 2010, jeweils Köln (zit. Scholz/ *Bearbeiter*).

–: Nichtigkeit von Gesellschafterbeschlüssen und Rechtssicherheit, GmbHR 1952, S. 161–165 (zit. Scholz, GmbHR 1952).

Schopp, Heinrich: Einberufung einer GmbH- Gesellschafterversammlung durch eine Minderheit, GmbHR 1976, S. 126–130 (zit. Schopp, GmbHR 1976).

Schröder, Christian, Die strafrechtliche Haftung des Notars als Gehilfe bei der Entsorgung einer insolvenzreifen GmbH außerhalb des Insolvenzverfahrens, DNotZ 2005, S. 596–610 (zit. Schröder, DNotZ 2005).

Schröder, Oliver: Neue Konzepte zum Beschlussmängelrecht der GmbH und der Personengesellschaften, GmbHR 1994, S. 532–537 (zit. Schröder, GmbHR 1994).

Schubert, Werner: Das GmbH- Gesetz von 1892- „eine Zierde unserer Reichsgesetzsammlung“, in: Festschrift 100 Jahre GmbH-Gesetz, Köln 1992, S. 1–47 (zit. Schubert, in: FS 100 Jahre GmbHG).

Schulze- Osterloh, Joachim: Die verdeckte Gewinnausschüttung bei der GmbH als kompetenzrechtliches Problem, Festschrift für Walter Stimpel, S. 487–506 Berlin, New York 1985 (zit. Schulze- Osterloh, in: FS Stimpel).

Schwab, Karl-Heinz/ Walter, Gerhard: Schiedsgerichtsbarkeit, 7. Auflage, München 2005 (zit. Schwab).

Seibt, Christoph: Geschlechterquote im Aufsichtsrat und Zielgrößen für die Frauenbeteiligung in Organen und Führungsebenen in der Privatwirtschaft, ZIP 2015, S. 1193–1208 (zit. Seibt, ZIP 2015).

Seidel, Thorsten: Zur Anfechtungsfrist bei Beschlüssen der GmbH- Gesellschafterversammlung, EWiR 2004, S. 577–578 (zit. Seidel, EWiR 2004).

Semler, Johannes/ Asmus, Thomas: Der stimmlose Beschluss, NZG 2004, S. 881–892 (zit. Semler, NZG 2004).

Soergel, Hans Theodor: Bürgerliches Gesetzbuch, Kommentar, Allgemeiner Teil 2, §§ 104–240, 13. Auflage, Stuttgart 1999 (zit. Soergel/*Bearbeiter*).

Spindler, Gerald/ Stilz, Eberhard: Kommentar zum Aktiengesetz, Band 2, §§ 150–410, 2. Auflage, München 2010 (zit. Spindler/ Stilz/ *Bearbeiter*).

Staudinger, Julius von: Kommentar zum Bürgerlichen Gesetzbuch, Allgemeiner Teil 4, §§ 134–163, Berlin 2003; Allgemeiner Teil 4a, §§ 134–138, Berlin 2011 (zit. Staudinger/Bearbeiter).

Steinhübel-Metzger, Magdalena: Erläuterte Entscheidungen, JA 1990, S. 354–355 (Steinhübel - Metzger, JA 1990).

Teichmann, Arndt: Gestaltungsfreiheit in Gesellschaftsverträgen, München 1970 (zit. Teichmann).

Timm, Wolfram: Die Aktiengesellschaft als Konzernspitze, München 1980 (zit. Timm).

–: Wettbewerbsverbot und „Geschäftschancen“ - Lehre im Recht der GmbH, GmbHR 1981, S. 177–186 (zit. Timm, GmbHR 1981).

–: Zur Sachkontrolle von Mehrheitsentscheidungen im Kapitalgesellschaftsrecht, ZGR 1987, S. 403–442 (zit. Timm, ZGR 1987).

–: Beschlussanfechtungsklage und Schiedsfähigkeit im Recht der personalistische strukturierten Gesellschaften, Festschrift für Hans-Joachim Fleck, Ort, 1988, S. 365–381 (Timm, in: FS Fleck).

Thomas, Heinz/ Putzo, Hans: Kommentar zur ZPO, 36. Auflage, München 2015 (zit. Thomas/ Putzo/ *Bearbeiter*).

Ulmer, Peter/Habersack, Mathias/Löbbe, Marc: Großkommentar zum Gesetz betreffend die Gesellschaft mit beschränkter Haftung, Band 2, §§ 29–52, 2. Auflage, 2014; Band 3, §§ 53–87, Tübingen 2008 (zit. Ulmer/Habersack/*Löbbe/Bearbeiter*).

Ulmer, Peter/Habersack, Mathias: Großkommentar zum Gesetz betreffend die Gesellschaft mit beschränkter Haftung, Band 3, §§ 53–87, Tübingen 2008 (zit. Ulmer/Habersack/*Bearbeiter*).

Ulmer, Peter: Begründung von Rechten für Dritte in der Satzung einer GmbH?, Festschrift für Winfried Werner, Berlin, New York 1984, S. 911–931 (zit. Ulmer, in: FS Werner).

–: Verletzung schuldrechtlicher Nebenabreden als Anfechtungsgrund im GmbH-Recht?, NJW 1987, S. 1849–1855 (zit. Ulmer, NJW 1987).

–: Gesellschafterbeschlüsse in Personengesellschaften – Zur Bindung der Gesellschafter an ihre Stimmabgabe-, Festschrift für Hubert, Heidelberg 1991, S. 415–434 (zit. Ulmer, in: FS Niederländer).

–: *„Satzungsgleiche“ Gesellschaftervereinbarungen bei der GmbH?, Fes*tschrift für Volker Röhricht, S. 633–654, Köln 2005 (zit. Ulmer, in: FS Röhricht).

Vogel, Wolfgang: Gesellschafterbeschlüsse und Gesellschafterversammlung, 2. Auflage, Köln 1986 (zit. Vogel).

–: Die Praxis der Gesellschafterversammlung bei GmbH und GmbH & Co. KG, Köln 1976 (zit. Vogel, Die Praxis der GV).

Vomhof, Martina: Keine Anfechtung eines Beschlusses der Gesellschafter der GmbH, der gegen vereinbarte Stimmbindung verstößt, GmbHR 1984, S. 181–182 (zit. Vomhof, GmbHR 1984).

Vorwerk, Klaus, Wimmers, Jörg: Treubindung des Mehrheitsgesellschafters oder der Gesellschaftermehrheit bei Beschlussfassung in der GmbH- Gesellschafterversammlung, GmbHR 1998, S. 717–723 (zit. Vorwerk/Wimmers, GmbHR 1998).

Wank, Rolf: Grenzen richterlicher Rechtsfortbildung, Berlin 1978 (zit. Wank).

Wedemann, Frauke: Gesellschafterkonflikte in geschlossenen Kapitalgesellschaften, Tübingen 2013 (zit. Wedemann).

Wertenbruch, Johannes: Die Haftung von Gesellschaften und Gesellschaftsanteilen in der Zwangsvollstreckung, Köln 2000 (zit. Wertenbruch).

–: Beschlussfassung und Pflichtverletzungen im Stimmrechtskonsortium, NZG 2009, S. 645–649 (zit. Wertenbruch, NZG 2009).

–: GmbH, Geschäftsführer, Bestellung, Insolvenzverschleppung, Firmenbestattung, OLG Karlsruhe EWiR § 46 GmbHG 1/13, S. 721–722 (zit. Wertenbruch, OLG Karlsruhe EWiR § 46 GmbHG 1/13).

–: Quorumsabänderung und zweistufige Beschlusskontrolle ohne Bestimmtheitsgrundsatz, NZG 2013, S. 641–646 (zit. Wertenbruch, NZG 2013).

–: BGB Allgemeiner Teil, 3. Auflage, Heidelberg, München 2014 (zit. Wertenbruch, BGB AT).

Westermann, Harm Peter: Das Konsortium als Verteidigungs- und Kampfinstrument in der GmbH, Festschrift für Gerold Bezzenberger, Berlin, New York 2000, S. 449–465 (zit. Westermann, in: FS Bezzenberger).

Wicke, Hartmut: Kommentar zum Gesetz betreffend die Gesellschaft mit beschränkter Haftung, München 2008 (zit. Wicke).

Wiedemann, Herbert: Gesellschaftsrecht, Grundlagen, Band 1, München 1980 (zit. Wiedemann).

–: Rechtsethische Maßstäbe im Unternehmens- und Gesellschaftsrecht, ZGR 1980, S. 147–176 (zit. Wiedemann, ZGR 1980).

–: Anfechtbarkeit von Hauptversammlungsbeschlüssen einer Aktiengesellschaft wegen mangelnder Rücksichtnahme des Mehrheitsaktionärs auf die Minderheitsgesellschafter, JZ 1989, S. 447–449 (zit. Wiedemann, JZ 1989).

Wilhelm, Jan: Stimmrechtsausschluss und Verbot des Insichgeschäfts, JZ 1976, S. 674–678 (zit. Wilhelm, JZ 1976).

Winter, Martin: Mitgliedschaftliche Treuebindungen im GmbHR, München 1988 (zit. Winter).

–: Organisationsrechtliche Sanktionen bei Verletzung schuldrechtlicher Gesellschaftervereinbarungen?, ZHR 154, S. 259–283 (zit. Winter, ZHR 154).

–: Verdeckte Gewinnausschüttungen im GmbH- Recht, ZHR 148, S. 579–602 (zit. Winter, ZHR 148).

Zeiliger, Andreas: Die Einberufung der Gesellschafterversammlung – Fallstricke für die Wirksamkeit von Gesellschafterbeschlüssen, GmbHR 2001, S. 541–551 (zit. Zeiliger, GmbHR 2001).

Zippelius, Reinhold: Juristische Methodenlehre, 10. Auflage, München 2006 (zit. Zippelius).

Zöllner, Wolfgang: Die Schranken mitgliedschaftlicher Stimmrechtsmacht bei den privatrechtlichen Personenverbänden, München, Berlin 1963 (zit. Zöllner).

–: Zu Schranken und Wirkung von Stimmbindungsverträgen, insbesondere bei der GmbH, ZHR 155, S. 168–189 (zit. Zöllner, ZHR 155).

–: Wechselwirkungen zwischen Satzung und Gesellschaftervereinbarung, RWS Forum 8, Gesellschaftsrecht, Köln 1995, S. 89–111 (zit. Zöllner, RWS Forum 8, GesR).

–: Die sogenannten Gesellschafterklagen im Kapitalgesellschaftsrecht, ZGR 1988, S. 392–440 (zit. Zöllner, ZGR 1988).

–: Beschluss, Beschlussergebnis und Beschlussergebnisfeststellung, Festschrift für Marcus Lutter, Köln 2000, S. 821–831 (zit. Zöllner, in: FS Lutter).

Zöllner, Wolfgang / Noack, Ulrich: Geltendmachung von Beschlussmängeln im GmbHR, ZGR 1989, S. 525–544 (zit. Zöllner/ Noack, ZGR 1989).

www.ingramcontent.com/pod-product-compliance
Ingram Content Group UK Ltd.
Pitfield, Milton Keynes, MK11 3LW, UK
UKHW021903290926
8980IPUK00015B/1034

9 783631 674048